# Apprendre
# dans l'entreprise

La collection « Apprendre » a pour vocation d'établir des ponts entre la recherche et les pratiques en éducation. Elle propose une approche pluridisciplinaire des questions actuelles qui préoccupent les acteurs du champ de l'éducation, de l'enseignement et de la formation. Elle fait pour cela appel aux meilleurs spécialistes au fait des développements les plus récents de la recherche dans le domaine. Elle se dote d'une charte rédactionnelle qui assure la plus grande lisibilité et accessibilité des contenus à tous les professionnels du champ.

Sous la direction de
**Étienne Bourgeois**
**Sandra Enlart**

# Apprendre dans l'entreprise

Presses Universitaires de France

Collection « Apprendre »
Codirigée par Étienne Bourgeois et Gaëtane Chapelle

Autres titres parus dans cette collection :

Étienne Bourgeois et Gaëtane Chapelle (dirs.), *Apprendre et faire apprendre*, collection « Apprendre », Paris, Puf, 2006.

Gaëtane Chapelle et Denis Meuret (dirs.), *Améliorer l'école*, collection « Apprendre », Paris, Puf, 2006.

Benoît Galand et Étienne Bourgeois (dirs.), *(Se) motiver à apprendre*, collection « Apprendre », Paris, Puf, 2006.

Vincent Dupriez et Gaëtane Chapelle (dirs.), *Enseigner*, collection « Apprendre », Paris, Puf, 2007.

Michel Fayol et Jean-Pierre Jaffré (dirs.), *Orthographier*, collection « Apprendre », Paris, Puf, 2008.

Denis Bédard et Jean-Pierre Béchard (dirs.), *Innover dans l'enseignement supérieur*, collection « Apprendre », Paris, Puf, 2009.

Gilles Brougère et Anne-Lise Ulmann (dirs.), *Apprendre de la vie quotidienne*, collection « Apprendre », Paris, Puf, 2009.

Gaëtane Chapelle et Marcel Crahay (dirs.), *Réussir à apprendre*, collection « Apprendre », Paris, Puf, 2009.

Bernadette Charlier et France Henri (dirs.), *Apprendre avec les technologies*, collection « Apprendre », Paris, Puf, 2009.

Fabrizio Butera, Céline Buchs et Céline Darnon (dirs.), *L'évaluation, une menace ?*, collection « Apprendre », Paris, Puf, 2011.

Étienne Bourgeois et Gaëtane Chapelle (dirs.), *Apprendre et faire apprendre*, collection « Apprendre », Paris, Puf, 2011 (2e éd. mise à jour).

Benoît Galand, Cécile Carra et Marie Verhoeven (dirs.), *Prévenir les violences à l'école*, collection « Apprendre », Paris, Puf, 2012.

Étienne Bourgeois et Marc Durand (dirs.), *Apprendre au travail*, collection « Apprendre », Paris, Puf, 2012.

ISBN 978-2-13-061895-9
ISSN 1951-3062
Dépôt légal – 1re édition : 2014, janvier
© Presses Universitaires de France, 2014
6, avenue Reille, 75014 Paris

# Sommaire

INTRODUCTION : Apprendre dans l'entreprise, SANDRA ENLART ET ÉTIENNE BOURGEOIS ... 9
UNE CHARTE RÉDACTIONNELLE .................................................................................. 14

## Première partie :
## Pratiques et discours précurseurs

**Chapitre 1 : Ingénierie : de l'élargissement à l'évanouissement ?**, SANDRA ENLART .......... 17
EN PRATIQUE  Objectifs et évaluation : le cas d'un atelier de montage ........... 24

**Chapitre 2 : Entre compétences et formation : comprendre les usages pour décrire les liens,**
SANDRA ENLART ............................................................................................................ 25
EN PRATIQUE  Les parcours de développement des futurs dirigeants ............. 34

**Chapitre 3 : De l'organisation apprenante au *Knowledge Management*,** STÉPHANE
JACQUEMET ................................................................................................................... 37
VU D'AILLEURS  Un centre de recherche incontournable .................................. 48

**Chapitre 4 : Le réseau d'échanges réciproques de savoirs en entreprise,** MARYANNICK
VAN DEN ABEELE et MICHEL VAN DEN ABEELE ....................................................... 51
EN PRATIQUE  Un mode de formation de plus ou une autre manière d'apprendre ? ..................................................................................................................... 55

**Chapitre 5 : Du didacticiel au jeu sérieux : le *e-learning* dans tous ses états,** MIREILLE
BÉTRANCOURT, DANIEL PERAYA et NICOLAS SZILAS .............................................. 65
UNE RECHERCHE REMARQUABLE  L'efficacité des jeux sérieux à l'épreuve ........ 73
EN PRATIQUE  De l'importance de l'ingénierie pédagogique .......................... 76

## Deuxième partie :
## État des lieux des pratiques émergentes

**Chapitre 6 : Les apprentissages professionnels informels. À la découverte du continent
englouti,** PHILIPPE CARRÉ et ANNE MULLER ............................................................ 79

**Chapitre 7 : Les pratiques d'apprentissage en situation de travail,** PASCALE FOTIUS et
SOPHIE PAGÈS .............................................................................................................. 89
EN PRATIQUE  AST pour les vendeurs au sein de la branche Voyages de la SNCF .. 92

**Chapitre 8 : L'apprenance : une autre culture de la formation,** PHILIPPE CARRÉ ............. 99
UNE MÉTHODE REMARQUABLE  Pratique de la *pleine conscience* (« mindfulness ») et disposition à apprendre ......................................................... 109

**Chapitre 9 : Le contexte organisationnel : un facteur déterminant de la mise en œuvre des
dispositifs de *coaching*,** JEAN NIZET et PAULINE FATIEN DIOCHON ...................... 111

EN PRATIQUE L'accompagnement des deux directrices d'un Centre d'éducation à la santé ................................................................................................ 117

**Chapitre 10 : Les pratiques de transmission dans l'organisation**, SOPHIE MARSAUDON .... 121
EN PRATIQUE Une observation qui en dit long... ......................................... 132

**Chapitre 11 : L'impact des TIC sur les manières d'apprendre dans l'entreprise**, OLIVIER CHARBONNIER et SANDRA ENLART .................................................. 133
EN PRATIQUE Peut-on déléguer des opérations cognitives complexes ? ......... 135
EN PRATIQUE Le savoir sur Internet : des paquets en vrac ......................... 138
EN PRATIQUE Apprendre avec les médias sociaux ..................................... 145

## Troisième partie :
## Les questions transversales de recherche

**Chapitre 12 : Les figures de l'apprentissage au travail. Au-delà de la réflexivité**, ÉTIENNE BOURGEOIS ............................................................................................. 149
J'AI LU *Handbook of Reflection and reflective Inquiry. Mapping a Way of Knowing for professional reflective Inquiry*, de Nona Lyons (dir.) ............... 164

**Chapitre 13 : L'autorégulation des apprentissages**, LAURENT COSNEFROY ..................... 167

**Chapitre 14 : La sécurité psychologique ou comment démystifier l'apprentissage en situation de travail**, CECILIA MORNATA .......................................................... 177
EN PRATIQUE Un dispositif de formation en contexte humanitaire ............... 191

**Chapitre 15 : Le soutien organisationnel perçu à la formation**, ISABELLE BOSSET ........... 193
UNE RECHERCHE REMARQUABLE Quels comportements des praticiens pour soutenir le transfert d'apprentissage ? Le point de vue des collaborateurs-apprenants .......................................................................................... 204

**Chapitre 16 : Développement des compétences et reconstruction de l'activité collective**, PHILIPPE LORINO ............................................................................................ 207
J'AI LU *The local and variegated Nature of Learning in Organizations : a Group-Level Perspective*, d'Amy C. Edmondson ........................................ 218

**Chapitre 17 : Travailleurs âgés et apprentissage dans l'entreprise**, CAROLINE MEURANT et ISABEL RAEMDONCK .................................................................. 221
EN PRATIQUE L'optimisation sélective avec compensation : une stratégie pour favoriser l'apprentissage des travailleurs âgés ? ............................................ 225

CONCLUSION ........................................................................................... 235

LISTE DES AUTEURS ................................................................................... 241

# Introduction

### Sandra Enlart et Étienne Bourgeois

C e livre a pour ambition d'aborder les multiples manières d'apprendre dans l'entreprise. Il traitera ce thème sous l'angle à la fois des pratiques et des recherches.

Il s'inscrit dans la continuité de l'ouvrage *Apprendre au travail*[1] qui notait déjà l'engouement qui concerne la formation en situation de travail. L'articulation entre formation et activité professionnelle, les liens intimes entre travailler et apprendre formaient la trame de ce livre cherchant à les illustrer, les éclairer et les discuter.

Nous poursuivrons ici cette réflexion, reprenant la distinction, essentielle à nos yeux, entre former et apprendre. *Former* renvoie à un dispositif – c'est-à-dire un ensemble de moyens organisés de façon séquentielle, délibérée et systématique autour de l'intention de *faire* apprendre – toujours pensé à partir d'une position extérieure à l'apprenant, celle du formateur, du pédagogue ou de l'expert. *Apprendre* déplace la question au niveau de l'apprenant, des processus qu'il met *effectivement* en place lorsqu'il apprend, de son engagement et de sa capacité à se saisir de ressources que l'environnement lui propose ou qu'il va lui-même chercher.

Il s'agira donc de décrire et de *comprendre* comment on apprend *réellement* dans les entreprises. Le fait de poser la question à partir de l'apprenant oblige à ouvrir le spectre très largement, et même plus largement encore que lorsque l'on s'intéresse au fait d'apprendre au travail. Un peu comme si nous faisions passer notre regard par trois cercles concentriques : de la formation formelle à l'apprentissage en situation de travail puis à toute forme d'apprentissage dans l'entreprise. Cet élargissement sous-tend plusieurs orientations.

Il représente tout d'abord un choix épistémologique important : il oblige à partager une vision sur ce qu'est apprendre et savoir, sur comment se fabrique la connaissance en milieu professionnel, sur la valeur des apprentissages qui se réalisent dans et hors de la formation. Cette question est loin d'être évidente. On admet facilement que le travail est apprenant : la formation « sur le tas » est une forme traditionnelle de cette croyance, l'apprentissage « en situation de travail » en est la forme moderne, pour ne pas dire à la mode. Mais apprendre dans l'entreprise pose aussi la question de ce qui se passe en dehors du travail, bien que dans l'organisation. Il s'agit donc de porter son regard sur d'autres expériences, d'autres lieux que la formation et le travail.

> **Apprendre dans l'entreprise pose aussi la question de ce qui se passe en dehors du travail.**

À quelles conditions le contexte devient-il formateur ? Quelles sont les situations, les organisations qui favorisent l'apprentissage ? Comment caractériser et décrire ces fameux « environnements capacitants » dont on nous parle tant ? On le voit, le regard ici englobe les thèmes précédents – et continue d'ailleurs leur exploration – mais les élargit aussi à d'autres situations que le travail : les réseaux d'échanges de savoirs, le *Knowledge Management*, l'usage d'Internet, le *coaching*, etc. On pourra à chaque fois se demander s'il s'agit bien de pratiques apprenantes et à quelles conditions elles le deviennent. En effet le risque est à l'inverse de voir de l'apprentissage partout et en tous lieux et de ne plus parvenir à distinguer la vie quotidienne de l'apprentissage. Si toute expérience humaine est apprenante, alors inutile de s'en soucier en particulier ! Nous nous démarquerons ainsi d'une posture de plus en plus répandue aujourd'hui dans la foulée de la popularité que connaît le courant de « l'analyse de l'activité » en formation des adultes. Autant il nous semble pertinent, comme Pierre Rabardel et d'autres l'ont si bien formalisé, de considérer l'apprentissage comme une dimension inhérente à l'activité humaine, au même titre que sa dimension *productive* (on se transforme en transformant le monde), autant il nous semble très dangereux de se mettre à confondre purement et simplement les deux, sans autre forme de procès. Comme si, pour paraphraser le fameux aphorisme de l'École de Palo Alto à propos de la communication, on ne pouvait pas ne pas apprendre ! Non, ni l'apprentissage, ni encore moins le sujet, ne sont solubles dans l'activité. Oui, il arrive que des personnes engagées dans leur activité de travail n'apprennent pas pour autant. Ou mal. Le nier nous paraît non seulement absurde, mais également particulièrement problématique au plan éthique, prenant le risque de laisser sur le bord de la route beaucoup de monde et, *in fine*, de vider de sa substance toute réflexion sur comment faire (mieux) apprendre. Là encore, nous sommes donc aussi sur une question d'ordre épistémologique : quelles sont les frontières de l'apprendre au sein de l'entreprise ? Comment les choix organisationnels rétrécissent-ils ou élargissent-ils l'espace des apprentissages ?

**Ni l'apprentissage, ni encore moins le sujet, ne sont solubles dans l'activité de travail.**

Le flou qui règne encore autour de ces questions a amené les chercheurs à se déporter vers l'individu comme centre du questionnement. Ou pour le dire de manière positive, l'élargissement de la question va de pair avec l'idée que le processus d'apprentissage se déroule chez l'apprenant – dans sa tête, son corps et, pourquoi pas, son cœur – et que, du même coup, tout peut devenir opportunité d'apprentissage dans l'environnement professionnel. C'est la deuxième orientation amenée par l'élargissement du périmètre de ce livre à l'entreprise. Les travaux sur l'*apprenance*, l'individualisation ou la réflexivité illustrent cette piste qui consiste à se focaliser sur les comportements individuels – en particulier du point de vue cognitif – pour expliquer et donc proposer une autre manière de penser l'apprentissage en entreprise. Les ressources mises à disposition de cet apprenant *engagé et réflexif* deviennent alors une question secondaire – du moment qu'elles sont *nombreuses, variées et accessibles*. Ce qui compte est de comprendre pourquoi et comment les individus y accèdent, s'en saisissent et se les approprient. Il est plus important pour chacun de connaître ses propres mécanismes d'apprentissage et de savoir s'en servir que d'être pris en charge par un dispositif toujours un peu anonyme. Ce postulat nous renvoie au paradigme dit « social-cognitif » proposé par le psychologue Albert Bandura il y a plus de quarante ans, et qui invite à penser l'apprentissage à la croisée des interactions entre les caractéristiques de l'individu (ses dispositions, ses représentations), de son environnement (notamment en termes d'opportunités d'apprentissage) et de son comportement, son action réelle.

L'élargissement à l'entreprise amène une troisième orientation, celle considérant que l'apprentissage peut porter non seulement sur des contenus de connaissance, désignés dans un espace social donné comme « dignes » d'être appris (et donc plus ou moins formalisés, transmis, stockés, distribués ou monopolisés), mais également sur tout objet participant à la transformation du sujet au cours de son activité. Nous adopterons donc ici l'acception la plus générique du terme « apprentissage », telle qu'utilisée notamment en psychologie cognitive, pour désigner toute forme de transformation des schèmes déclaratifs ou procéduraux qui accompagnent et sous-tendent l'action et le comportement du sujet dans l'entreprise ou, dit autrement, toute transformation repérable dans ses manières de penser et d'agir, qu'elle mette ou non en jeu des contenus socialement valorisés comme objets d'apprentissage au sein de l'entreprise.

> Le terme « apprentissage » désigne toute transformation repérable dans les manières de penser et d'agir.

Une quatrième orientation découlant de cet élargissement est nécessaire pour saisir la complexité de notre objet : sa construction dans le temps, sa dimension historique. En effet, nous faisons ici l'hypothèse qu'apprendre dans l'entreprise est une problématique se posant de manière large depuis bien longtemps. Il nous a semblé indispensable de retracer *a minima* les signes précurseurs de ce que nous voyons aujourd'hui comme des avancées. La centration sur l'individu fait effet de « nouveauté » si on la compare à la place qu'a occupée l'ingénierie des dispositifs de formation depuis la fin des années 1970. Mais cet intérêt pour l'individu hors dispositif était déjà présent depuis une bonne dizaine d'années, ne serait-ce que du fait de l'émergence du *e-learning*.

Par ailleurs les évolutions organisationnelles et les transformations du travail expliquent pour une bonne part la manière dont se pose la question de la formation. Quand le travail est pensé et organisé sur un mode taylorien, la formation fait de même. Quand le travail invente l'équipe et les petits collectifs, la formation propose des modalités pédagogiques en petits groupes. Plus le travail devient subjectif et s'individualise, plus le travailleur est sommé d'être mobile, flexible et « acteur de sa propre carrière », plus la formation s'intéresse à l'individu-apprenant. Il y a donc sans cesse un isomorphisme entre les formes d'organisation du travail, la nature même du travail et les « (re)découvertes » pédagogiques. Rien d'étonnant à cela, si l'on forme les travailleurs, c'est bien pour qu'ils travaillent plus et mieux ! Si l'on développe les compétences, c'est pour qu'elles soient utilisées ! Réfléchir à la question d'apprendre dans l'entreprise ne revient pas à s'exonérer de lucidité sur les retournements pratiques et théoriques du sujet. Ceci nous amène à une dernière précision, particulièrement importante à nos yeux.

Prendre le parti de regarder l'apprentissage – sous toute ses formes – du point de vue de l'apprenant, comme nous le proposons ici, n'épuise absolument en rien la question axiologique de l'apprendre dans l'entreprise : qu'y apprend-on ? Pour quoi ? Pour qui ? À quelles fins ? À qui « profite le crime » ? Même si nous avons fait le choix de ne pas aborder frontalement ces questions, restant principalement focalisés sur le « comment », nous sommes parfaitement conscients que notre enquête n'entame en rien la question des finalités de l'apprendre dans l'entreprise. Prétendre le contraire serait non seulement bien prétentieux mais surtout malhonnête et suspect. Ne perdons jamais de vue que la formation – que ce soit à l'échelle d'une organisation ou d'une société – a ceci de très particulier qu'elle peut constituer un instrument redoutable tout autant d'aliénation que d'émancipation, individuelle et collective. Nous invitons donc le lecteur à replacer ce questionnement sur le *comment* (faire) apprendre dans l'entreprise dans un questionnement plus large sur le *pourquoi*.

> La formation peut constituer un instrument tout autant d'aliénation que d'émancipation.

Dans un contexte de profondes mutations des discours et des pratiques autour de la formation dans l'entreprise, l'objectif de l'ouvrage est double. Il s'agit de faire, d'une part, un état des lieux sans complaisance, loin des discours incantatoires, des pratiques *réelles* de formation (au sens le plus large du terme) et d'ingénierie de formation dans l'entreprise, portant à la fois un regard rétrospectif et prospectif sur leur évolution ; d'autre part, à partir de ce bilan, et sans prétendre à l'exhaustivité, de dégager quelques-unes des questions vives qui se posent aujourd'hui et en quoi des travaux de recherche actuels peuvent apporter des éléments de réponse.

> Il s'agit de faire un état des lieux sans complaisance des pratiques *réelles* de formation.

L'ouvrage comportera ainsi trois parties. Dans un premier temps, nous essayerons de retracer, le plus objectivement possible, l'évolution d'un certain nombre de pratiques et de discours « précurseurs » qui ont marqué le champ de la formation dans l'entreprise au cours des vingt dernières années, avec un succès pour le moins variable.

Dans un deuxième temps, nous ferons le point sur les nouveaux modes d'apprentissage en émergence aujourd'hui dans l'entreprise, pour tenter d'en identifier le potentiel de développement pour le futur de la formation et de saisir les questions qu'ils posent.

Dans ces deux premières parties, nous avons donné la parole à des chercheurs, mais aussi à des praticiens qui, tous, ont à la fois une connaissance et une expérience approfondies du terrain de l'entreprise. Ils se sont employés à fonder leurs analyses sur des travaux de recherche empirique et lorsque ce n'était pas possible – faute de données scientifiques disponibles –, sur leur propre expertise du terrain.

Enfin dans une troisième partie, en écho aux deux premières, nous évoquerons un certain nombre de travaux de recherche qui, souvent avec un temps d'avance sur les pratiques, permettent d'apporter des éléments de réponse pertinents à ces questions, d'identifier les thématiques transversales émergentes, de faire ainsi progresser la compréhension du sujet et de nourrir les pratiques.

---

**UNE CHARTE RÉDACTIONNELLE**
Comme tous les ouvrages de la collection « Apprendre », celui-ci a été conçu et rédigé pour répondre au mieux aux préoccupations des professionnels dans le champ, et à celles des étudiants qui souhaitent approfondir leurs connaissances dans le domaine. Au niveau du contenu, les travaux et réflexions présentés ici ont été sélectionnés pour leur pertinence par rapport aux questions et intérêts, pas uniquement des chercheurs, mais aussi – et surtout – des professionnels de terrain. Quant à la forme, plusieurs options éditoriales ont été adoptées pour faciliter la communication avec le public des professionnels : travail approfondi sur l'écriture – avec l'aide de Gilles Marchand, journaliste renommé, spécialiste de la « vulgarisation » scientifique ; insertion de nombreux encadrés accompagnant les chapitres principaux de l'ouvrage, et présentant des pratiques et dispositifs remarquables, des recherches particulièrement emblématiques et des ouvrages incontournables.

---

**NOTE**

1. É. Bourgeois et M. Durand (dirs.), *Apprendre au travail*, collection « Apprendre », Paris, Puf, 2012.

# Première partie

# Pratiques et discours précurseurs

# Chapitre 1
# Ingénierie : de l'élargissement à l'évanouissement ?

**Sandra Enlart**

L'histoire de l'ingénierie pédagogique dans l'entreprise se confond avec celle de la reconnaissance de la formation comme un investissement. Avant cela elle était surtout un droit individuel permettant développement individuel ou promotion sociale. Mais dans les années 1980-1990, la formation obtient une légitimité gestionnaire, au sens où elle quitte le champ d'un droit individuel pour devenir une condition de la compétitivité des entreprises, confrontées à un rythme nouveau de changements organisationnels et technologiques. En parallèle, la société découvre le chômage de masse. De part et d'autre la formation apparaît comme une solution – pour ne pas dire LA solution. Mais, dans ce cas, comment la rendre la plus efficace possible ? Comment en faire un réel outil d'accompagnement du changement et d'adaptation de la main-d'œuvre aux besoins en compétences ? Ce vocabulaire nouveau – adaptation, compétence, efficacité – oblige à interroger les pratiques de formation. Cela ne s'est pas fait du jour au lendemain et pendant un certain temps, les dispositifs de formation en entreprise resteront relativement standards. Mais ici et là, des expérimentations puis des formalisations vont venir construire une expertise autour de l'ingénierie, qui *grosso modo* a donné satisfaction. Ce n'est que récemment que cette expertise a parfois buté sur des besoins nouveaux de professionnalisation, des problématiques ou des attentes différentes qui ont remis en cause les modèles dominants jusqu'ici.

Sans chercher à faire une « histoire de l'ingénierie à travers les âges » ni même un tableau exhaustif des pratiques, nous tenterons de pointer la manière dont l'évolution de l'ingénierie reflète différents regards sur l'apprentissage dans les organisations. Nous avons donc choisi de présenter non pas un récit historique linéaire mais de comprendre comment l'élargissement de la notion d'ingénierie est le symptôme d'un changement profond de la formation.

*L'élargissement de la notion d'ingénierie est le symptôme d'un changement profond de la formation.*

Nous distinguerons trois temps qui ont rythmé l'élargissement de la notion d'ingénierie de formation : les années 1980, 1990 et 2000.

## L'ingénierie pédagogique ou le modèle de l'ingénieur-expert

Ce premier temps est celui des années 1980. Le terme d'ingénierie va faire fortune dans une période où, comme nous l'avons dit plus haut, la formation devient un investissement utile pour l'entreprise et non un luxe ou une récompense pour l'individu. Le vocabulaire autour de la formation n'a alors de cesse que de traduire cette entrée dans le monde sérieux : investissement, atout stratégique, ingénieur de formation. Désigner une partie des formateurs comme des ingénieurs, n'est-ce pas là les placer d'égal à égal avec les professionnels les plus reconnus de l'entreprise industrielle ? Le terme d'ingénierie est donc d'abord la marque de cette reconnaissance sociale tant souhaitée par le monde de la formation. Mais c'est aussi faire passer l'idée que la formation relève d'une technique, d'une expertise, d'une approche quasi mathématique... Comme si construire une formation relevait de calculs et de connaissances particulières, propres à la modernité et à la science. Ce positionnement va se concrétiser dans les pratiques d'ingénierie consistant à agencer des moments de formation et des modalités à partir de savoirs et de savoir-faire complexes. La boîte à outils du formateur s'enrichit et se structure :

– les objectifs (de formation, pédagogiques, etc.) explicités par Daniel Hameline[1] ;

– les taxonomies telles que Benjamin Bloom les définit :

> Vue sous l'angle de la classification des objectifs pédagogiques, la taxonomie est comparable à un plan de classement des ouvrages d'une bibliothèque. Ou, de façon moins prosaïque, à une liste de symboles désignant des classes d'objets, chaque catégorie englobant des objets apparentés. Dans une bibliothèque, ces symboles seraient, par exemple, les mots romans, ou ouvrages scientifiques, et s'appliqueraient à des catégories d'ouvrages apparentés[2] ;

– les modalités diverses et catégorisées, par exemple par Alain Meignant[3], répondant de manière parfois un peu mécanique à la nature des objectifs ;
– les niveaux et outils d'évaluation, eux aussi en parfaite cohérence avec les objectifs et hiérarchisés par Donald Kirkpatrick[4].

Nous sommes donc dans un monde hyper-rationnel que l'ingénieur structure, organise, classe, norme et nomme. Le message sous-jacent consiste à faire de la formation un univers totalement maîtrisé, donc sous contrôle. On retrouve ici les conceptions anciennes de type TWI (*Training Within Industry*) ou behavioriste dans lesquelles chaque apprentissage est décrit très précisément et où il ne peut échouer si le formateur s'y prend comme cela a été prescrit.

**Le message consiste à faire de la formation un univers totalement maîtrisé, donc sous contrôle.**

## De l'ingénierie pédagogique à l'ingénierie de formation

Il s'agit du second temps, les années 1990, qui voient l'ingénieur devenir gestionnaire de projet. Les difficultés autour de l'emploi vont s'accumuler, la formation va être de plus en plus présentée comme une solution qui seule permet d'éviter l'exclusion et facilite le retour à l'emploi. Les acteurs de la formation sont sollicités sur des projets de plus en plus ambitieux et difficiles. Plus que jamais ils doivent se montrer rigoureux, maîtrisant des techniques précises. On comprend donc le succès persistant de ce terme d'ingénierie, qui assoit la crédibilité de la formation en toute cohérence avec la hauteur des enjeux qui lui sont assignés. Cette recherche d'efficacité va amener les pédagogues à ouvrir le champ de leur action. L'ampleur des sujets à traiter va amener un élargissement de la notion d'ingénierie pédagogique à l'ingénierie de formation. Celle-ci va dépasser la stricte vision de l'ingénieur pour prendre en charge des démarches plus complexes, plus globales, mieux pilotées dans leur ensemble. Concrètement, dans les entreprises, on va passer du modèle de l'ingénieur à celui de la gestion de projet.

Pierre Caspar, quand il définit ce qu'est une «véritable» ingénierie de formation – qu'il assimile d'ailleurs à une ingénierie éducative –, souligne quatre points : l'ampleur des chantiers, la complexité des problèmes, le temps nécessaire à ces chantiers, le nombre de partenaires impliqués[5]. Face à ces différents niveaux de complexité, la première exigence concerne l'organisation de la formation et ses aspects logistiques : combien de jours ? Dans quel endroit ? Avec combien de formateurs ? Quel matériel ? Ces questions de logistique nécessitent une maîtrise de l'agencement des différents éléments qui permettent de réussir une formation, en particulier les modalités pédagogiques.

> Le modèle de la gestion de projet va progressivement s'imposer, y compris dans sa technicité propre.

Le modèle de la gestion de projet va progressivement s'imposer, y compris dans sa technicité propre. La question centrale sera la capacité des ingénieurs de formation de développer une méthode de pilotage des chantiers de formation. Les phases amont (analyse du contexte, de la demande, etc.), conception ou design, déploiement des formations et aval (évaluation) vont constituer le découpage des étapes qu'il faut maîtriser pour prétendre être un bon expert de l'ingénierie. Les ouvrages destinés à la formation de formateurs des années 1990 seront fortement marqués par ce modèle, encore une fois très instrumenté, rigoureux et contrôlé. Citons par exemple le sous-titre d'un chapitre sur le pilotage des politiques de formation, de Bernard Masingue, qui s'intitule « L'ingénierie des politiques de formation : une démarche de conduite de projet[6] ». Citons encore Alain Meignant, qui dans son ouvrage de référence n'utilise pas le terme d'ingénierie mais celui de « management[7] ». Il structure ses premiers chapitres en se référant implicitement à la gestion de projet : analyse des besoins, plan de formation, méthodes et techniques pédagogiques. Il est intéressant de noter que le parent pauvre de toutes ces étapes est bien souvent la conception pédagogique, dont finalement on ne dit pas grand-chose en dehors de la présentation de « catalogues des modalités » dans lesquels chacun puisera à sa guise. L'émergence de l'ingénierie de formation a en fait petit à petit noyé l'ingénierie pédagogique, qui a cessé de progresser.

# Les ingénieries au service de la gestion

Dix ans plus tard, lors des années 2000, les choses ont beaucoup évolué dans les entreprises :
– la formation s'inscrit plus que jamais comme une « partie » de la GRH – concrètement, les directions de la formation dépendent presque toutes des DRH[8]. En témoigne par exemple le sous-titre d'une contribution de Nathalie Delobbe : « la formation comme composante de la gestion des compétences[9] » ;
– le concept de compétence est devenu central dans les pratiques de gestion des ressources humaines. Et avec lui l'attention se porte, d'un côté, sur l'individu au travail et de l'autre, sur les référentiels de compétences.

Ceux-ci vont représenter un important effort de description et de classement qui semble à l'époque un point de passage nécessaire pour gérer dans le temps, et donc prévoir et anticiper. Les référentiels de compétences vont en effet devenir un outil indispensable aux politiques de gestion prévisionnelle des emplois et des compétences (GPEC), qui se développent dans tous les grands groupes et aboutiront dix ans plus tard à l'obligation triennale de négocier des accords de GPEC dans toutes les entreprises de plus de 150 salariés. Cette centration sur les compétences va amener d'autres sujets, au croisement des dimensions individuelles et collectives. Ainsi les thèmes de l'employabilité, de la professionnalisation et des parcours professionnels vont devenir majeurs dans la GRH, à une époque où les carrières classiques sont de plus en plus rares et où la mobilité semble devoir remplacer la stabilité du poste. Dans ce contexte, comment l'ingénierie s'adapte-t-elle ?

C'est sans doute Guy Le Boterf qui va donner toute son ampleur au concept d'ingénierie. En 1985, il avance la définition suivante : « L'ingénierie de formation est l'ensemble coordonné des activités de conception d'un dispositif de formation en vue d'optimiser l'investissement qu'il constitue et d'assurer les conditions de sa viabilité[10] ». On remarquera que l'activité centrale est ici celle de la conception d'un dispositif, ce qui s'inscrit bien dans le deuxième temps que nous avons décrit. Vingt ans plus tard, il propose le concept de « navigation professionnelle » à l'individu nouvellement

**Le concept de compétence est devenu central dans les pratiques de gestion des ressources humaines.**

reconnu comme « acteur du développement de ses compétences[11] ». Il s'agit là d'une sorte d'« ingénierie personnelle » du parcours, avec les outils permettant à tout un chacun de gérer lui-même sa professionnalisation. Guy Le Boterf intègre également l'ingénierie au sein du développement des compétences du fait de :
– l'ingénierie des parcours de professionnalisation ;
– l'ingénierie d'une organisation professionnalisante.

Ces ingénieries marquent une rupture forte avec les approches antérieures par le fait qu'elles sont toutes deux des « ingénieries de contexte » et non plus de « programme », et des « ingénieries concourantes » et non plus séquentielles. Ces évolutions élargissent le champ bien au-delà des problèmes de conception ou d'apprentissage au sens de la psychopédagogie[12]. Le terme d'ingénierie évolue d'une expertise précise à une notion beaucoup plus générale, plus large même que la gestion de projet, allant jusqu'aux concepts de « gestion » ou « politique ».

À partir de là, le succès du terme d'ingénierie va finir par le desservir. On distinguera l'ingénierie pédagogique, l'ingénierie de formation bien sûr, mais on parlera aussi d'ingénierie de parcours, d'ingénierie des systèmes d'apprentissage, d'ingénierie de dispositif, d'ingénierie financière, d'environnement technologique, d'ingénierie de développement, etc. Le terme d'ingénierie va en quelque sorte se détacher de la formation au sens traditionnel pour devenir un synonyme un peu flou de l'idée de démarche organisée et maîtrisée. Il perd alors sa connotation d'expertise pointue ou de gestion de projet pour devenir un mot-valise dont la polysémie ne garantit plus grand-chose.

> Le terme d'ingénierie va se détacher de la formation pour devenir un synonyme de l'idée de démarche organisée et maîtrisée.

## Quatrième temps : le retour de l'ingénierie ?

Où en est-on aujourd'hui dans les entreprises en matière d'ingénierie pédagogique ou de formation ? Cet usage extensif du terme d'ingénierie aurait pu le faire disparaître purement et simplement. Mais on constate plutôt un phénomène de sédimentation, avec des couches successives qui coexistent.

Tout d'abord, il faut analyser l'importance qu'a eu le développement des formations ouvertes et à distance. Elles ont marqué le retour d'une ingénierie pédagogique – au sens du design nord-américain – extrêmement modélisée, capable d'englober une grande complexité en prenant en compte les environnements d'apprentissage[13]. Mais elle restera réservée à quelques experts pointus et ne se diffusera que très peu dans les équipes de formateurs. Certes, cela fera le jeu de cabinets spécialisés dans l'offre de programmes, mais sans faire globalement monter le niveau de professionnalisme des acteurs de la formation au sein des entreprises. En revanche, une série de contraintes amènera sans doute à reposer les termes de l'ingénierie par le prisme de l'innovation, plus que jamais nécessaire :

– *Contrainte économique* : comment diminuer encore et toujours les coûts de la formation dans les entreprises – et dans la société ?

– *Contrainte temporelle* : le rythme de ce qu'il faut apprendre ne cesse de s'accélérer. Comment faire apprendre plus vite et plus souvent ?

– *Contrainte de volume* : comment faire apprendre à des publics répartis sur le territoire et en grand nombre ?

– *Contraintes pédagogiques et culturelles* : du fait de la « révolution Internet », le rapport au savoir a profondément changé, en particulier pour la nouvelle génération. Comment repenser les processus d'apprentissage en prenant cette mutation en compte ?

Ces questions, que nous traiterons dans la deuxième partie de l'ouvrage, ne pourront faire l'impasse d'une nouvelle expertise à construire. Sans doute cette ingénierie du XXIe siècle s'inspirera davantage du modèle des réseaux sociaux et du Web 2.0 que de celui de l'ingénieur. Encore faudra-t-il que ceux qui ont en charge les enjeux de la formation en entreprise soient présents et engagés dans cette révolution.

**Comment repenser les processus d'apprentissage en prenant en compte la mutation de la « révolution Internet » ?**

**EN PRATIQUE : OBJECTIFS ET ÉVALUATION : LE CAS D'UN ATELIER DE MONTAGE**

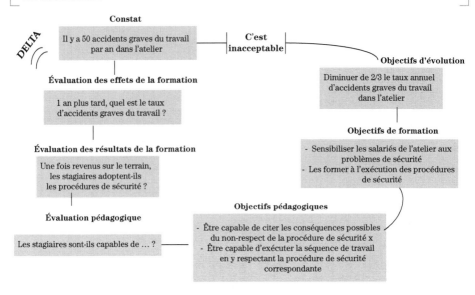

*Interface Conseil, études et formation*

**NOTES**

1. D. Hameline, *Les Objectifs pédagogiques en formation initiale et en formation continue*, 6ᵉ éd., Paris, ESF, 1991.
2. B. Bloom, *Taxonomy of educational Objectives: the Classification of educational Goals. Handbook I: Cognitive Domain*, New York, David McKay Company, 1956.
3. A. Meignant, *Manager la formation*, 6ᵉ éd., Paris, Éditions Liaisons, 2003.
4. D. Kirkpatrick, « Techniques for evaluating training programs », *Journal of ASTD*, 1959, vol. 13, n° 11, p. 3-9.
5. P. Caspar, « Le concept d'ingénierie éducative », *Cahiers du Centre d'études sur la formation des ingénieurs CEFI*, n° 8 p. 47-52, 1984.
6. B. Masingue, « Pilotage des politiques de formation », *in* P. Carré et P. Caspar (dirs.), *Traité des sciences et des techniques de la formation*, Paris, Dunod, 2002, p. 388.
7. A. Meignant, *op. cit.*
8. S. Enlart et M. Bénaily, *La Fonction formation en péril*, Paris, Éditions Liaisons, 2009.
9. N. Delobbe, « Modèles de gestion des compétences et orientations de la formation en entreprise », *in* J.-M. Barbier et coll. (dirs.), *Encyclopédie de la formation*, Paris, Puf, 2009, p. 251-286.
10. G. Le Boterf, « L'ingénierie du développement des ressources humaines : de quoi s'agit-il ? », *Éducation permanente*, 1985, n° 81, p. 7-23.
11. G. Le Boterf, *Professionnaliser. Le modèle de la navigation professionnelle*, Paris, Éditions d'Organisation, 2006.
12. G. Le Boterf, *L'Ingénierie et l'évaluation des compétences*, Paris, Éditions d'Organisation, 1998.
13. B. Blandin, *Les Environnements d'apprentissage*, Paris, L'Harmattan, 2007.

# Chapitre 2
# Entre compétences et formation : comprendre les usages pour décrire les liens

**Sandra Enlart**

S'il est une notion qui a bouleversé le regard porté sur la formation dans les entreprises, c'est bien celle de compétence. Sans rentrer dans le riche débat théorique qui a accompagné son apparition, nous tenterons de retracer ici la manière dont les pratiques de formation sont interrogées au sein des entreprises. L'idée que le développement des compétences a remplacé la formation est souvent admise. Ne faut-il pas y regarder de plus près ? S'agit-il d'une simple formule comme il y en a tant en gestion des ressources humaines ? Ou bien peut-on considérer effectivement qu'il y a un avant et un après les compétences ? Si c'est le cas, quelle est la nature de ces changements ? Peut-on évaluer leurs effets ?

Pour avancer sur ces questions, il faut malgré tout faire un point sur les compétences. Les approches à l'œuvre dans les entreprises n'ont pas toutes les mêmes conséquences sur la formation. Dans un second temps, nous examinerons l'impact de ces usages sur les pratiques de formation. Enfin nous conclurons sur le paysage qui semble émerger autour de la relation compétences/formation.

## Nature du lien entre compétences et formation

Le sujet des compétences n'a cessé d'évoluer dans le temps et il a fallu plus de vingt ans pour que les pratiques se stabilisent, sans doute d'ailleurs parce qu'il y a eu nécessité d'apprendre et donc d'expérimenter. Plutôt que d'entrer dans les questions de définition, on peut aujourd'hui distinguer les usages : au sein d'une même entreprise, c'est sans doute sur ce point que l'on repérera les différences essentielles à notre propos – portant sur la formation plus que sur les compétences. Nous distinguerons quatre types d'usage ou de contexte d'utilisation :
– la négociation collective ;
– la gestion des ressources humaines ;
– la relation managériale dans un collectif de travail ;
– la gestion individuelle de son propre parcours.

*Compétences/formation dans les accords de GPEC : construire de la cohérence sociale*

Depuis 2008, les entreprises françaises ont l'obligation de négocier tous les trois ans sur la gestion des compétences, en termes prévisionnels. Ces approches sont donc l'occasion de présenter aux partenaires sociaux à la fois les grandes évolutions prévisibles et leur impact sur les métiers et les emplois. Les accords de gestion prévisionnelle des emplois et des compétences (GPEC) comportent toujours des volets « formation » qui peuvent suivre des chapitres portant sur le développement des compétences. On peut aussi trouver des expressions comme « la formation au développement des compétences », à côté d'autres formations qui ne seraient alors pas destinées à développer les compétences mais à les sécuriser dans une logique de maintien dans l'emploi.

Dans la majorité de ces accords, dont la finalité reste l'anticipation de l'emploi et le maintien dans l'emploi, les compétences sont un objet de négociation : il appartient aux partenaires sociaux de préciser la nature des changements à venir – quantitatifs et qualitatifs – et les moyens à engager pour éviter l'obsolescence des compétences. Dans ce cadre, la formation est un moyen parmi d'autres – entretien annuel, transmission intergénérationnelle, accompagnement individuel, etc. – et ne remplace en rien le développement des

> Les accords de gestion prévisionnelle des emplois et des compétences comportent toujours des volets « formation ».

compétences. Elle est un moyen « mécanique » de réduction d'écart entre une compétence actuelle et future. Le référentiel des compétences devient l'objet premier de négociation : à partir des données des observatoires internes ou externes et des plans stratégiques, il s'agit de se mettre d'accord sur la vision des mutations à venir pour être en capacité de les anticiper et de les préparer au mieux. Mais cette vision se traduit par des listes d'emplois et de compétences associées formulées de manière très générale : d'abord parce que la vision prospective est rarement très précise, ensuite parce que le fait de devoir se mettre d'accord pousse à la généralité.

Que l'on se réfère à telle ou telle définition des compétences a finalement peu d'impact quand il s'agit de traduire tout cela dans un accord de GPEC. Savoir-faire, savoir-agir ou comportements seront traités à ce moment comme une « mesure » permettant d'étalonner les aides et accompagnements qui seront mis à la disposition des salariés pour se préparer. Les plus nobles déclarations se traduisent par des dispositifs de gestion des ressources humaines dont on ignore la manière dont ils « vivront » sur le terrain. Dans ce contexte, compétences et formation sont bien deux objets séparés, et qui doivent le rester du fait de leur rôle de « monnaie d'échange » dans les négociations.

**Dans le contexte d'un accord de GPEC, compétences et formation sont bien deux objets séparés.**

*Compétences/formation dans la gestion des ressources humaines : réduire des écarts*

Un second usage, bien différent, est celui du gestionnaire. Insistons sur ce mot, car ce que nous voulons souligner est bien la dimension gestionnaire, plus que celle des ressources humaines. Elle s'attache à construire des processus qui vont s'imposer aux salariés comme aux managers et qui ont pour finalité de garantir une performance humaine et sociale au profit de l'entreprise. Bernard Galambaud utilise la formule « transformer du travail en performance » pour décrire les missions de la gestion et du management[1]. L'une des problématiques de la GRH est de construire un système cohérent, dans lequel les différentes pratiques sont en lien de manière lisible et crédible : la définition des emplois et le système de rémunération, la mobilité et la promotion, la gestion des carrières et la formation, la définition des emplois et la formation, le recrutement et la mobilité, etc. Or les compétences sont l'un des fils principaux qui peuvent relier toutes ces pratiques. Non seulement dans la manière dont on les décrit et dont on les hiérarchise, mais plus profondément dans leur capacité de créer un consensus dans l'entreprise autour de ce qu'est le travail attendu et la manière de le faire.

Bien souvent il faut voir dans cette gestion du corps social – au sens de faire travailler et partager un groupe humain autour de l'activité productive – les raisons de telle ou telle formulation des compétences. Si du point de vue du chercheur, il est possible d'être très critique[2], considérant que l'on utilise des termes creux, voire profondément idéologiques, en revanche du côté du fonctionnement social de l'entreprise, certains référentiels font œuvre de ciment autour d'une conception du travail et du management. La référence aux compétences est une manière de mettre en lisibilité, pour l'ensemble des salariés et des managers, le travail prescrit. Le fait de dire ce qui doit être fait (l'activité) et comment cela doit être fait (les compétences) est en soi un outil de clarification et d'explicitation du travail attendu. Le fait que cette expression soit « gérée » et prise en main par des gestionnaires, dont le but est une meilleure performance de l'organisation et de ses membres, peut être compris comme une tentative de rationalisation du travail, tentative permanente de l'organisation. Parler de compétences, c'est donc parler de référentiel de compétences, dont l'objet est d'exprimer avec des mots compréhensibles par tous ce que sont les exigences de l'activité. Travail d'abstraction, de généralisation, de communication aussi, les référentiels – qu'ils soient fabriqués en chambre ou avec les managers – doivent être situés dans cette finalité de gestion transversale, globale et centralisée. C'est elle qui permet la comparaison horizontale des métiers, la mobilité d'un métier à l'autre, la cohérence des modes de récompenses, etc.

Que devient alors la formation dans cette approche ? Elle est un moyen de réduction d'écart entre le prescrit et le « niveau » individuel de maîtrise. Elle est ce qui vient combler un déficit pour atteindre les exigences de l'emploi ou pour aller vers un autre emploi. Elle consiste en l'acquisition de ce qui est indiqué comme compétences dans les référentiels. Dans une logique de mise en cohérence des processus de gestion, le passage du référentiel à l'offre de formation est donc là encore très rationnel. La formation permet d'acquérir ce qui manque : elle peut donc être « en creux » le reflet des référentiels. Effectivement, on ne la concevra plus à partir d'un catalogue de savoirs, comme dans les temps plus anciens, mais à partir d'un catalogue de compétences… La différence n'est pas tou-

> La référence aux compétences est une manière de mettre en lisibilité le travail prescrit.

jours évidente. Cette nécessité d'abstraire et de produire une vision transversale des emplois et de l'activité aboutit à vider de son sens la notion même de compétence. Rappelons que celle-ci avait été introduite dans les entreprises pour mettre l'individu au centre de la description de l'activité professionnelle – à la place des « exigences du poste » – et pour appréhender cette activité dans son contexte. Mais quand il faut gérer un grand nombre, on ne peut que perdre la spécificité du contexte et de l'individu particulier. On continue donc à parler de compétences alors même qu'on en a oublié la raison d'être. Il n'est alors pas étonnant que la formation accolée à des politiques de gestion des compétences ait changé dans ses intitulés et dans l'ingénierie d'élaboration des modules, mais pas dans sa vision de l'apprentissage.

> La formation a changé dans ses intitulés et dans l'ingénierie d'élaboration des modules.

*Compétences/formation dans la relation managériale : défaire le lien*

Dans ce cadre, le développement des compétences prend un autre sens. La question n'est plus de gérer des emplois et des compétences inscrits dans un référentiel concernant l'ensemble d'une entreprise, mais bien de faire réaliser un travail concret à une équipe précise. Bien entendu, le prescrit est un élément indispensable de l'activité. Mais le travail réel a également sa place. La responsabilité du manager peut d'ailleurs être comprise comme l'action qui permet au travail réel de se rapprocher du travail prescrit... pour autant que ce dernier soit effectivement réaliste, au sens propre, donc à une distance raisonnable du réel. Les conditions pour que ce prescrit soit réaliste ont fait l'objet d'une littérature très abondante, allant jusqu'au refus d'envisager tout prescrit – puisque toujours faux – et considérant l'analyse clinique de l'activité comme la seule manière d'éviter le « travail sans l'homme[3] ».

Concrètement, dans les entreprises, c'est autour de la manière dont on produit du prescrit que les choses ont évolué ces dernières années. Ces évolutions ne sont d'ailleurs pas étrangères aux difficultés rencontrées lors de l'application des accords de GPEC et de la maintenance des référentiels de compétences. Petit à petit les organisations ont expérimenté des modes de production de ces outils, impliquant davantage les salariés eux-mêmes tout en assumant la distinction entre les deux types de regard sur le travail. Sur le terrain, le manager est confronté concrètement à cet équilibre subtil entre des compétences visées, exigées et qui joueront un rôle clé dans l'évaluation, et le travail réel, souvent mal exprimé, fait de multiples micro-régulations souvent efficaces. La gestion et le développement des compétences se jouent donc d'une manière très différente puisqu'ils nécessitent une articulation permanente entre ces deux niveaux. En arrière-fond, le jugement porté par le manager sur le travail du salarié est omniprésent. Les compétences renvoient ici à la manière dont le travail doit/va être effectué. Dans certains cas, cette « manière dont il faut faire » est le résultat d'une négociation entre le salarié et le manager, dans d'autres cas il s'impose de l'un à l'autre – et ceci peut se jouer dans les deux sens. Plus le manager peut justifier de sa maîtrise de l'activité, plus il sera légitime pour dire la compétence attendue, et plus il sera également armé pour intervenir dans le travail de l'autre.

La formation ici a presque tendance à disparaître au profit du développement des compétences. Et ce dont on parle n'est plus de l'ordre de la réduction d'écart entre un prescrit et un réel mais plutôt d'un accompagnement négocié autour de la manière de s'y prendre. La formation apparaît de plus en plus comme extérieure au travail. Elle joue un rôle différent : reconnaissance de l'effort de l'entreprise pour faire évoluer un salarié, prise de distance pour regarder et analyser le travail quotidien, confrontation avec d'autres salariés qui agissent autrement, explication du sens de certains changements attendus par l'organisation, etc. Tous ces éléments font partie de ce qui peut aider le salarié à accepter le développement de nouvelles pratiques, de nouveaux gestes. Mais le cœur de la question reste ce qui se passe en situation de travail au sein du collectif et avec le manager. À ce niveau, jusqu'à une période récente, la formation et le développement des compétences sont deux sujets différents, complémentaires dans le meilleur des cas mais pas toujours.

> **Le cœur de la question reste ce qui se passe en situation de travail au sein du collectif et avec le manager.**

*Compétences/formation pour le salarié : faire le lien*

Qu'en est-il pour le salarié lui-même ? Le mouvement est presque inverse. Le salarié a besoin des deux pratiques pour évoluer. Le développement des compétences lui permet de mieux maîtriser sa situation professionnelle, celle toujours particulière qui correspond à son quotidien. L'expérience du travail sur le terrain, l'accompagnement des collègues et du manager, la confrontation aux clients, sont autant d'opportunités de gagner en aisance et en intelligence des situations.

C'est aussi une manière de conforter le sentiment d'efficacité personnelle : Albert Bandura a très bien décrit les multiples interactions professionnelles qui permettent au débutant de s'approprier les gestes et les postures, de les faire siens et de prendre conscience – et confiance – de ce qu'il maîtrise et donc de ce qu'il maîtrisera aussi dans un contexte différent[4]. Ce processus d'apprentissage vicariant, fruit d'un compagnonnage finalement peu organisé, fait partie de ce que l'on identifie parfois comme l'apprentissage informel. De ce point de vue, on peut considérer que le salarié est proche du manager quant à la prééminence du développement des compétences sur la formation classique. Mais le salarié est aussi quelqu'un qui a un avenir, il est aussi quelqu'un qui échappe à la situation professionnelle quotidienne, il fait des projets, il a besoin de prendre du recul et de sortir du quotidien pour progresser ou parfois pour maintenir son employabilité. Il a tout simplement besoin d'apprendre autrement que par l'activité de travail. Et même si la formation qu'il suit lui parle encore de son activité, elle se passe ailleurs, avec un temps de parole, de questionnement, d'échange qui n'est pas de même nature que celui du travail. La formation permet l'erreur, l'entraînement ; elle se passe avec un groupe, un « formateur » qui n'est pas seulement un expert mais aussi un pédagogue. Bref, elle offre un environnement d'apprentissage qui s'appuie sur d'autres registres que le travail. Ces registres ne sont pas nécessairement plus ou moins efficaces en termes d'apprentissage : ils sont surtout différents et font appel à d'autres « cordes » que celle des compétences. Loin de s'opposer, la formation et le développement des compétences devraient se compléter. Il y a dans la formation « quelque chose en plus » qui s'adresse à l'individu dans son développement identitaire et « quelque chose en moins » qui l'éloigne de la mise en œuvre, de la transformation de l'acquis dans le geste et l'expérience concrète.

La distance qui existe entre ces deux pratiques pédagogiques peut être vécue comme une tension ou comme une complémentarité. Ce qui permet de passer de l'une à l'autre appartient d'abord à l'individu lui-même, à sa capacité de créer des liens et de se mettre en lien avec ces deux formes d'apprentissage. Mais cette articulation harmonieuse n'est pas simple et renvoie clairement à des dynamiques identitaires complexes que les chercheurs ont souvent analysées (Jean-Marie Barbier, Mokhtar Kaddouri, Étienne Bourgeois, etc.). On peut d'ailleurs considérer que la capacité de faire

> La formation se passe avec un groupe, un « formateur » qui n'est pas seulement un expert mais aussi un pédagogue.

> **Apprendre à se construire, c'est aussi apprendre où l'on peut apprendre et ce que l'on peut apprendre ici et là.**

le lien entre formation et pratiques d'apprentissage en situation de travail relève en soi d'une démarche pédagogique de construction de soi. Apprendre à se construire, c'est aussi apprendre où l'on peut apprendre et ce que l'on peut apprendre ici et là. On pourrait également faire appel au concept d'auto-régulation, qui explore la capacité d'organiser ses apprentissages et donc de les situer les uns par rapport aux autres[5]. Et, finalement, n'est-on pas en train d'aborder la question de l'apprenance[6] ? Car celui qui fait le lien entre différents modes d'apprentissage est capable de saisir non seulement des opportunités différentes pour se former, mais sans doute aussi de distinguer la nature de ce qu'il apprend ici et là et donc de les mettre en lien sans les confondre.

## Pourquoi clarifier les différences entre compétences et formation ?

Ainsi, les liens entre compétences et formation ne dépendent pas tant de la définition des compétences, sujet sans fin qui continue parfois à encadrer la discussion, mais plutôt des usages et des acteurs concernés. Dans le cas du dialogue social, les organisations syndicales et les représentants de l'entreprise poursuivent des objectifs qui ont peu à voir avec ceux des gestionnaires, rédigeant des référentiels dans le but de donner de la lisibilité aux parcours de mobilité ou à l'élaboration du plan de formation. De même, le point de vue du manager ne recouvre pas celui du salarié lui-même.

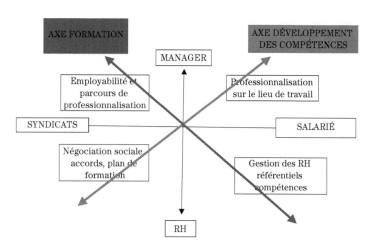

Revenons sur la nature de ces liens pour essayer d'en dégager la portée : dans les deux premiers cas, il s'agit finalement de bâtir un cadre de cohérence et de l'utiliser pour rationaliser des décisions concernant des salariés finalement assez réifiés ou théoriques. Le plan de formation est avant tout un objet qui répond à des obligations sociales et légales. *In fine* il permettra bien sûr à de «vrais salariés» d'avoir accès à de vraies formations. Mais le lien qui s'établit entre compétences et formation relève clairement de la gestion des relations sociales. Cette mise en lien doit donner à voir la cohérence des pratiques, elle doit rassurer sur le contrôle des processus de développement des compétences. La formation apparaît ici comme la «preuve» de cette rationalité gestionnaire.

Sur le terrain de l'activité réelle en revanche, la relation est à construire tous les jours. Elle n'est plus théorique. La mise en lien est en fait une mise en sens. Le manager, en insistant sur le développement des compétences, va valoriser le travail comme une opportunité de professionnalisation. Le salarié, en vivant deux processus pédagogiques différents, va progresser dans sa capacité à apprendre par lui-même.

**Le manager va valoriser le travail comme une opportunité de professionnalisation.**

Question de cohérence ou question de lien, la nature de ce qui met en dialogue compétences et formation dépend des acteurs et des usages concernés. Or l'entreprise et ceux qui y travaillent ont besoin des deux dimensions. Car il importe tout autant d'y voir clair sur ce qui relie l'une à l'autre que de savoir comment agir, comment utiliser les pratiques. En revanche, si les deux dimensions se complètent, elles ne peuvent se substituer l'une à l'autre. Jamais un référentiel de compétences ne permettra de développer l'employabilité des salariés, jamais l'action d'un manager pour développer les compétences de ses salariés en situation de travail ne fournira un cadre de cohérence partageable dans toute l'entreprise. Le niveau micro ne peut remplacer le niveau méso et inversement. Or bien souvent dans les entreprises, les confusions règnent entre ces deux niveaux, faisant perdre toute crédibilité aux acteurs en charge de ces pratiques. D'un côté, on déclare que la formation est l'outil efficace pour rendre les salariés professionnels dans leur travail, de l'autre on considère que le manager doit devenir formateur de ses équipes. La confusion des termes ne fait que révéler celle des rôles. Ceux qui y perdent le plus sont sans doute les salariés.

## EN PRATIQUE : LES PARCOURS DE DÉVELOPPEMENT DES FUTURS DIRIGEANTS

Dans les grands groupes, *a fortiori* de plus en plus internationaux, les hauts potentiels ou futurs dirigeants constituent la population qui bénéficie des parcours de développement les plus diversifiés, dans leurs finalités comme dans les modalités d'apprentissage mobilisées.

Être aux commandes d'une telle organisation exige une palette de compétences et de qualités difficile à trouver chez une seule personne. Le parfait dirigeant doit savoir composer avec la complexité et avancer dans l'incertitude, s'adapter – et adapter le modèle économique de son entreprise – à des contextes et des cultures multiples, s'inscrire dans des logiques de plus en plus collectives (fonctionnement interne ou collectif sociétal), démontrer de l'intelligence émotionnelle, c'est-à-dire d'une part une réflexivité vis-à-vis de ses propres modes de fonctionnement, d'autre part une capacité d'écoute et d'empathie vis-à-vis de l'autre, des compétences de communicant, une forte résilience physique et psychologique, le tout avec une bonne dose d'humilité. Si ce portrait relève du surhomme, des entreprises tentent néanmoins de créer des opportunités de développement sur l'ensemble de ces registres.

### Des programmes prestigieux aux pédagogies diverses

Dans les groupes les plus rodés, les hauts potentiels bénéficient de longue date de programmes phares qui mêlent valorisation des participants (intervenants d'écoles prestigieuses, rencontres avec les dirigeants, etc.), développement de compétences techniques (stratégie, finance, gestion, etc.) et de « leadership » (développement personnel, communication, conduite du changement, etc.), mise en défi sous forme de réalisation d'un projet – dans un temps restreint, à distance, en équipe multiculturelle, sur un sujet stratégique pour le groupe qui sort le participant de sa « zone de confort » – avec une présentation finale devant les dirigeants. Par le passé la tendance était de monter ce type de programme en collaboration avec une grande école internationale. Aujourd'hui la préférence concerne des montages encore plus sur mesure, en choisissant les meilleurs intervenants de diverses écoles.

Ces programmes, qui répondent aussi à d'autres finalités de mise en réseau, sont également complétés par des approches visant à assurer l'émergence de ceux et celles qui s'approcheront le plus du portrait idéal pour succéder aux dirigeants actuels. S'il n'y a pas de méthodes révolutionnaires en soi, les développements récents peuvent être résumés en quelques mots clés : expérience, exigence, personnalisation et ouverture.

### Prime à l'expérience avec un degré d'exigence croissant

Depuis que le Center for Creative Leadership (association américaine consacrée au sujet du développement du leadership) l'a érigé en standard, quel grand groupe n'évoque pas aujourd'hui le fameux « 70/30 », voire plus récemment le « 70/20/10 », en référence à l'équilibre idéal entre expérience, relations « apprenantes » et dispositifs formels de développement pour préparer un futur dirigeant ? Ce qui différencie les entreprises en la matière : l'effort et les exigences mis en pratique dans l'orientation des parcours des « potentiels » pour acquérir l'expérience requise. Là où certaines énoncent un principe de diversité d'expériences pour accéder à un poste de direction, d'autres instaurent des règles strictes : il faut avoir tenu des postes d'un certain niveau de responsabilité dans au moins deux branches du groupe, ou dans deux contextes de marché très différents, voire dans certains cas avoir occupé des postes opérationnels et fonctionnels, sans parler de l'incontournable expérience internationale. Assurer ce mix d'expériences suppose de débuter l'accompagnement du parcours assez tôt dans la carrière.

À cette exigence d'expérience s'ajoute une exigence croissante en matière de compétences comportementales. D'abord les critères de détection du potentiel se précisent dans ce sens. Dans les groupes anglo-saxons notamment, on intègre également la notion de *derailers*, c'est-à-dire des comportements ou qualités qui empêcheraient de réussir à un poste de haute responsabilité – en dépit de la réussite jusque-là et des autres qualités. Ensuite, pour identifier les besoins de développement en la matière et contribuer en même temps à la capacité de prise de recul de la personne sur ses propres modes de fonctionnement, la tendance est à la multiplication des méthodes de mesure « objectives », parfois réunies dans un dispositif appelé « centre de développement ». Ce dernier mêle questionnaires psychométriques, diagnostic 360°, mises en situation diverses, et débouche sur un plan de développement individuel. Dans une minorité (mais, il nous semble, un nombre croissant) d'entreprises, ces mêmes méthodes sont mobilisées pour contribuer à la détection. Les résultats des épreuves viennent compléter d'autres éléments de la décision de retenir ou pas un individu dans le vivier des hauts potentiels. Prenant en compte le degré d'exigence des postes de direction, ces entreprises souhaitent réduire le risque d'échec – tant pour l'entreprise que pour la personne concernée.

### Personnalisation et ouverture sur le monde extérieur

Nous avons évoqué les plans de développement individuels mis en place à l'issue des centres de développement. La personnalisation est également mobilisée dans des dispositifs « juste à temps », visant l'accompagnement d'une transition clé dans le parcours. Une personne qui prend pour la première fois un poste de direction d'une *business unit*, d'un pays, bénéficie d'un accompagnement dans cette prise de poste, de quelques mois avant jusqu'à 18 mois après dans certains cas. En fonction des besoins de l'individu, cet accompagnement peut inclure des rencontres avec des personnes occupant déjà ce type de poste (voire du *job shadowing* consistant à suivre l'une d'elles dans ses activités pendant quelques jours), du *coaching*, du *mentoring*, la participation à une ou deux formations ciblées, etc.

Enfin, l'ouverture – d'esprit, du regard sur le monde, à d'autres façons de faire – est abordée de différentes manières. Les voyages d'études se multiplient. Découvrir d'autres contextes, d'autres cultures, d'autres modèles de réussite, peut générer des prises de conscience chez les uns ou servir d'inspiration aux autres. Certaines entreprises montent des cursus de développement de leurs hauts potentiels en partenariat avec d'autres entreprises, afin de permettre aux participants de s'enrichir mutuellement de la diversité des origines et métiers des entreprises, des expériences et contextes des participants. Ensemble ils découvrent encore d'autres univers (par exemple à travers un voyage d'études) dont il s'agit de tirer des enseignements partagés d'une part et spécifiques à chaque entreprise participante d'autre part.

Une tendance plus récente est d'allier voyage, réalisation d'un projet et ouverture à la société, dans des pays émergents. IBM avec son « Corporate Service Corps » envoie ses futurs dirigeants pendant un mois réaliser en petites équipes un projet de conseil (gratuit) pour un « client » pouvant être une agence gouvernementale, une association, une entreprise. On vise la prise de conscience et le développement de la capacité à fonctionner dans des contextes très complexes, la capacité interculturelle, mais aussi l'humilité. D'ailleurs l'entreprise fournit un hébergement et des conditions de vie assez sommaires, loin du confort auquel ses salariés sont habitués. L'expérience est debriefée au retour pour expliciter les enseignements. Le dispositif a eu un tel succès qu'IBM a développé une version pour des dirigeants en fonction.

### La question de l'efficacité des dispositifs reste posée

Ici et là des voix s'élèvent contre « l'industrie de développement du leadership », à l'instar de Barbara Kellerman, professeure à l'université Harvard, dans son livre *The End of Leadership* (Harper Collins, 2012). D'après elle, l'efficacité des dispositifs de développement du leadership reste encore à démontrer, en dépit des investissements importants des entreprises dans ce domaine. Si ce regard critique n'est pas sans intérêt, l'enjeu pour les entreprises est tel que les tentatives diverses pour faire émerger et accompagner le développement des dirigeants de demain ont encore de beaux jours devant elles.

*Aine O'Donnell*

## Conclusion

**Le débat sur les liens entre compétences et formation, à partir de la définition des compétences, est maintenant inutile.**

Si nous n'avons pas voulu aborder les liens entre compétences et formation à partir de la définition des compétences, c'est sans doute parce que ce débat est maintenant inutile. Ce qu'il convient en revanche de clarifier concerne les usages et la manière dont les différents acteurs y accèdent. Car c'est dans cette distinction que l'on pourra faire montrer à la fois la complémentarité des pratiques et démontrer qu'elles doivent remplir des objectifs différents. À vouloir les confondre ou les remplacer l'une par l'autre, le risque est au contraire de passer à côté des enjeux portant sur les diverses manières d'apprendre dans l'entreprise.

**NOTES**

1. B. Galambaud, *Et si la GRH était de la gestion*, Paris, Éditions Liaisons, 2002.
2. S. Enlart-Bellier, *Le Savoir-être dans l'entreprise*, Paris, Éditions Vuibert, 1997.
3. Y. Clot, *Le Travail sans l'homme ? Pour une psychologie des milieux de travail et de vie*, Paris, La Découverte, 1995.
4. A. Bandura, *Auto-efficacité. Le sentiment d'efficacité personnelle*, Bruxelles, De Boeck, 2002.
5. L. Conesfroy, *L'Apprentissage autorégulé : entre cognition et motivation*, Grenoble, PUG, 2011.
6. Ph. Carré, *L'Apprenance : vers un nouveau rapport au savoir*, Paris, Dunod, 2005.

# Chapitre 3
# De l'organisation apprenante au *Knowledge Management*

**Stéphane Jacquemet**

## Le savoir : nouvel eldorado ?

Lorsque, en 1993, Chris Argyris publie aux États-Unis l'un de ses ouvrages de référence, sous le titre *Knowledge for Action. A guide to overcoming Barriers to organizational Change*[1], le concept de compétence et les questions prégnantes sur le rapport entre travail, formation et organisation sont alors en plein essor. Avec une notion telle que le « savoir actionnable » (*actionable knowledge*), Chris Argyris souligne la double importance de ce savoir pour le monde de la pratique : d'un côté, réclamé comme une ressource permettant de constituer les bases d'un fonctionnement opératoire, de l'autre pensé comme un moyen de diffusion de références pour les collectifs de travail.

Jusqu'alors, le savoir n'a pas été réellement traité comme une composante essentielle de la création, du développement et de la pérennité de l'organisation, bien au contraire puisque seule la dimension individuelle primait. Progressivement,

> les recherches sur la connaissance dans les organisations ont tendu à se structurer en deux familles d'approches : celles qui, partant de l'activité de l'acteur individuel, cherchent à intégrer le fait social comme donnée essentielle de cette activité ; celles qui,

**Apprendre dans l'entreprise**

partant de l'étude des organisations comme structures d'action collective, cherchent à intégrer la dynamique de l'apprentissage des acteurs comme donnée essentielle du fonctionnement organisationnel[2].

**De nombreux courants de pensée ont tenté de conceptualiser la notion d'apprentissage organisationnel.**

Dans ce contexte, de nombreux courants de pensée tant en sociologie qu'en psychologie, en sciences de l'éducation ou encore en management, ont tenté de conceptualiser et d'opérationnaliser la notion d'apprentissage organisationnel, émergeant de la transposition du concept d'apprentissage individuel à l'organisation.

Qu'il soit compris comme la capacité à tirer parti des expériences collectives vécues, à travers une boucle « réflexion-action » très pragmatique ou comme la capacité à identifier, stocker et restituer les informations pertinentes à son fonctionnement, dans une approche plutôt cognitive-informationnelle, cet apprentissage est aujourd'hui reconnu comme l'une des propriétés qui distinguent les organisations capables de se transformer dans un environnement hautement évolutif des autres, condamnées à disparaître[3].

Dans ce chapitre, nous verrons successivement comment se sont construites les préoccupations de l'entreprise vis-à-vis de son capital d'expérience, la menant progressivement à structurer et à collectiviser cette ressource de manière à s'inscrire dans le cercle vertueux de l'apprentissage ; puis, l'organisation étant soutenue par les nouvelles technologies de l'information, nous identifierons le virage qu'elle prendra en direction de la gestion du savoir, délaissant progressivement la logique de l'intelligence collective au profit de la thésaurisation de données.

Le bilan de cette tension sera établi avec comme résultat un constat un peu amer sur le réel investissement des organisations, exception faite de quelques grands groupes soumis à une concurrence effrénée en matière de développements et d'innovations.

## *La société du savoir et le commerce de la connaissance*

Comme envisagé, c'est bien l'émergence de la société dite du savoir qui va considérablement accélérer les enjeux autour de la maîtrise de cette « denrée ». Contribuer au savoir devient alors un critère survalorisé pour toutes les activités de l'organisation, avec la volonté de développer la capacité de l'organisation – et plus seulement des personnes – à apprendre de l'expérience et à évoluer en prenant appui sur celle-ci. Parallèlement, s'ouvrent des chantiers visant à investir dans la capacité de chaque personne à monter en compétence et dans la capacité collective des groupes qui composent la structure à évoluer. Toutefois, il faut bien resituer cette notion de connaissance dans le contexte des années 1990, qui ont vu la bulle Internet grossir avec l'apparition d'acteurs commerciaux jouant essentiellement sur la valeur du savoir et de l'intelligence, le tout canalisé par des vecteurs liés aux nouvelles technologies. Dans son ouvrage critique *Knowledge Management in Organizations: a critical Introduction*, Donald Hislop se réfère notamment à une meta-analyse pour démontrer l'inversion du nombre de publications durant les années 1990, portant sur l'organisation apprenante (majoritaires jusqu'à la fin de l'année 1996) et sur le *Knowledge Management* (majoritaires dès 1997)[4]. Cette dernière thématique prend alors une place prépondérante dès le moment où le volume d'affaires lié à la connaissance et au savoir explose littéralement, tout comme explosera finalement la bulle commerciale Internet.

Cette vague de fond financière est à mettre aussi en relation avec la construction d'une nouvelle idéologie centrée sur la valeur du savoir, dans un univers où le travail se dématérialise, les marchés se globalisent et de nouvelles formes de précarité industrielle apparaissent (multinationales, services aux entreprises, centres d'appel, etc.). La recherche de maîtrise du savoir prend alors deux aspects, possiblement antagonistes : un enjeu réel de continuité et d'amélioration permanente des processus de production pour une part – le courant du management de la qualité ; d'autre part, un « nuage de fumée » permettant de valoriser une nouvelle forme de ressources – individuelles et collectives, dépassant ainsi le concept de « capital humain » – alors que l'activité réelle, telle un mystère, reste à la marge des préoccupations des organisations. Selon Tim Ray, on assiste dès les années 2000 à une troisième mutation du modèle économique : après la maîtrise de l'outil de production puis la maîtrise des ressources humaines, il s'agit aujourd'hui de maîtriser la connaissance, notamment le savoir tacite – le savoir « de

**Après la maîtrise de l'outil de production puis celle des ressources humaines, il s'agit de maîtriser la connaissance.**

terrain » sans référence livresque objective – qui pourrait permettre, selon la doctrine dominante, de gagner en efficience et en innovation[5]. On le voit bien, il s'agit essentiellement d'enjeux de pouvoir alignés sur une pensée postmoderne dans laquelle le savoir devient l'une des valeurs marchandes de référence, avec l'hypothèse encore ouverte de contrôle et de maîtrise de ce dernier.

## L'organisation condamnée à s'améliorer en permanence : l'organisation apprenante

Abordons dans un premier temps la question du rapport entre organisation et apprentissage : ainsi, la préoccupation des organisations – pouvoir reproduire et pérenniser leurs savoir-faire – a grandi proportionnellement avec la complexité des processus ainsi qu'avec l'élargissement des marchés. L'organisation axée sur l'apprentissage a donc été pensée comme un système écologique qui stimulerait l'apprentissage en continu à travers le travail. Il s'agissait d'une démarche pragmatique d'évolution vers un objectif de progrès, s'inscrivant dans une logique de responsabilité sociale de l'entreprise dont chaque projet, en permanence, a le potentiel d'augmenter les savoirs. Toutefois, ce potentiel, pour se réaliser, cherchait à rencontrer des conditions propices et spécifiques, confirmant clairement l'obligation de dépasser l'idée selon laquelle les choses peuvent se faire seules et naturellement. Ainsi, la globalisation, des conjonctures de plus en plus difficiles ainsi que le raccourcissement du cycle de vie des produits ont profondément modifié les environnements dans lesquels les organisations évoluent.

Il est important de souligner que cette mutation a entraîné d'autres renversements de paradigme, notamment le transfert d'une intelligence humaine portée par les collaborateurs et mise à disposition dans le cadre du contrat de travail à une appropriation des savoirs par l'organisation dans le cadre d'une transaction relativement floue, nommée élégamment « propriété intellectuelle de l'entreprise ». Cette nouvelle donne est particulièrement sensible dès la fin des années 1990 dans les centres de Recherche & Développement des grandes entreprises, ainsi que dans les laboratoires de recherche des universités. Dès lors, s'inscrit avec acuité une nouvelle manière de penser la dynamique de l'entreprise, notamment autour de l'investissement sur le marché de l'information[6]. Ce qui relevait jusqu'alors de l'individu et de son capital de connaissances, consolidé par des actions de formation continue plus ou moins soutenues par l'employeur, devient l'apanage de l'organisation qui va progressivement se penser comme un acteur « vivant » et se doter de son propre savoir, qui n'est au final que la récupération de séquences d'intelligence provenant des équipes.

Se joint à cette évolution un nouveau discours centré sur l'activité cognitive de l'organisation. Ainsi, avec plus d'incertitudes et de changements permanents, on parle désormais de la capacité d'une organisation à maîtriser son savoir-faire, à apprendre de ses expériences, à transformer ses acquis en moyens de veille stratégique – autant de qualités considérées progressivement comme vitales et valorisées sur le plan stratégique.

> L'élément qui unifie toutes les dimensions d'une organisation apprenante peut s'exprimer ainsi : apprendre de l'instabilité et des mutations et donc devenir actif face à cette instabilité, apprendre à s'affronter positivement au devenir qui par définition est incertain, et le faire ensemble dans des démarches de communication active[7].

**Ce qui relevait de l'individu et de son capital de connaissances devient l'apanage de l'organisation.**

## Articuler la dimension individuelle et la dimension collective

À partir d'un cadre de référence tel que celui basé sur le management des processus[8], une organisation est dite apprenante lorsque sa structure et son fonctionnement favorisent les apprentissages collectifs, en développant une logique de professionnalisation (postes, missions, compétences) et non uniquement de qualification (souvent pensée dans une perspective uniquement individuelle). Elle se caractérise aussi par la mise en œuvre d'une réflexion intellectuelle, accompagnant l'acte de production et permettant le développement des capacités des individus qui la composent. Cette réflexion peut prendre diverses formes comme la résolution de problème, l'analyse du travail, le diagnostic, la veille stratégique, etc. Elle s'exprime également par la capacité à apprendre sur la base d'un processus complet de travail ou en situation de collaboration, sous

**Une organisation est dite apprenante lorsque son fonctionnement favorise les apprentissages collectifs.**

réserve que le contexte organisationnel favorise explicitement la production de ces capacités.

Issu majoritairement des champs anthropologique et éthologique (notamment l'étude des insectes), le concept d'intelligence collective va accélérer la compréhension des interrelations productives entre différents individus ou groupes, donnant progressivement naissance à la notion de performance, pensée selon Philippe Lorino comme la résultante de la mise en action collective et durable des compétences développées individuellement :

> D'une part, le progrès continu de l'entreprise repose, certes, sur l'apprentissage individuel des personnes qui y travaillent, mais l'apprentissage individuel, s'il est une condition nécessaire, ne suffit pas. Il faut qu'il y ait aussi apprentissage collectif – il s'agit en général d'apprendre à faire mieux ensemble, et non séparément […]. Il s'agit donc de faire en sorte que les apprentissages individuels s'articulent et se coagulent dans un apprentissage collectif, un apprentissage de l'organisation en tant que telle (c'est l'entreprise, l'organisation, qui doit apprendre, et ceci ne se résume pas à une somme d'apprentissages individuels), d'où le terme souvent utilisé d'apprentissage organisationnel, caractéristique des organisations apprenantes[9].

Toutefois, cette formulation peut prêter à discussion dans le sens où un glissement apparaît à la jointure entre la dimension individuelle et la dimension collective, comme si cette dernière était incarnée par l'organisation elle-même, en tant qu'acteur.

> La création de connaissance nouvelle est uniquement le fait d'individus. Une organisation ne peut pas créer elle-même de la connaissance, sans individus. L'organisation appuie son processus et lui procure un contexte spécifique[10].

**C'est la conciliation de la dualité entre le programmatique et l'intuitif qui est visée dans l'apprentissage organisationnel.**

Ainsi, l'entreprise aura tout intérêt à favoriser le développement de « stratégies collectives », permettant de gérer les aléas et de s'adapter en continu à l'environnement changeant, pilotées par les finalités de l'action et non par un programme d'opérations standardisées. C'est la conciliation de cette dualité entre le programmatique et l'intuitif qui est visée dans l'apprentissage organisationnel.

## Des méthodes de mise en visibilité et d'anticipation

Dans cet univers, Peter Senge dresse plusieurs propositions méthodologiques s'appliquant aux organisations apprenantes et permettant de délimiter un possible périmètre d'action. Il formule l'espoir que ces méthodes seront celles avec lesquelles

> les membres peuvent sans cesse développer leurs capacités à atteindre les résultats qu'ils recherchent, où des nouveaux modes de pensée sont mis au point, où les aspirations collectives ne sont pas freinées, où les gens apprennent en permanence comment apprendre ensemble[11].

Parmi les exemples d'approche, on retiendra notamment :
– la résolution de problème en groupe ;
– l'analyse d'incidents critiques ;
– l'expérimentation et la gestion de projet ;
– le bilan et le retour d'expérience ;
– l'apprentissage entre pairs ;
– l'analyse de pratique ;
– la cartographie des connaissances ;
– la formalisation des savoirs et le travail de mémoire ;
– le transfert de connaissances.

À partir de ces composantes, on peut déduire que l'esprit de l'organisation apprenante repose sur un management de la formation intégré à l'organisation. Parce qu'elle est combinatoire, évolutive et contextualisée, la compétence ne peut être simplement acquise par le biais de la formation initiale ou continue. Ainsi, manager une unité productive consiste entre autres à maintenir et à améliorer sa performance. Dès lors, deux gisements sont exploitables. D'un côté, les ressources propres de l'unité, soit les ressources financières, matérielles, immatérielles et humaines qu'il s'agit donc simultanément d'exploiter et de faire fructifier ; de l'autre, les opportunités offertes par l'environnement qu'il s'agit de savoir lire avec le plus de sensibilité possible pour pouvoir en tirer le meilleur parti. De ces compétences individuelles et collectives, l'unité productive n'en a en quelque sorte que l'usufruit et ne peut que constater l'effet global de leur mise en œuvre par les acteurs en situation de travail. Pour autant, si le management ne peut pas mobiliser directement ces compétences, il doit nécessairement s'interroger sur les conditions qui leur permettront d'apparaître, de se développer et de s'exprimer, chez les individus et au sein des collectifs, pour contribuer au bout du compte au maintien et au développement de la performance de l'unité.

**Le partage des connaissances repose sur une volonté collective de mutualisation.**

En conséquence, il apparaît que la gestion et le partage des connaissances reposent avant tout sur une volonté collective de mutualisation et sur une capacité à les faire vivre dans le temps ; ce qui nécessite des mises à jour permanentes et une utilisation régulière[12]. Cet engagement devrait être pris par l'entreprise, au nom de sa responsabilité sociale et dans une logique de pérennité de l'activité où la capitalisation (« conservation ») et le développement (« innovation ») vont de pair. Toutefois, les freins à la capitalisation collective des connaissances sont nombreux et nuisent aisément à la diffusion des savoirs dans l'organisation. Ils sont le plus souvent liés à la gestion du temps et à la priorité accordée à la production : transmettre et partager ses résultats peut être une activité jugée secondaire et délicate car il y a toujours des priorités plus urgentes. Ils peuvent être également liés à des enjeux de pouvoir ou bien encore à une mauvaise appréciation de leur utilité dans le cas, par exemple, où certains acteurs pourraient conserver avec soin leurs savoirs de peur de perdre du pouvoir, tandis que d'autres sauraient mal identifier dans leur expérience ce qui peut être valorisé ou être utile à d'autres.

## Maîtriser le savoir plutôt que d'apprendre de ses expériences : *le* Knowledge Management

Dans ce contexte, l'évolution des technologies de l'information offre des opportunités significatives en matière de circulation du savoir. L'émergence d'outils collectifs de production et d'archivage de savoirs, associés à des plates-formes de communication en temps réel, place l'organisation apprenante devant sa révolution 2.0[13]. Dans ce cadre, les systèmes d'information constituent un élément central pour tout type de stratégie de gestion des connaissances et du savoir. L'essor de la politique de refonte de la gestion des connaissances est donc à mettre en parallèle avec la nouvelle tendance d'architecture des systèmes d'information orientée vers les services. Mais comme souvent, un certain nombre d'entreprises n'ont pas pu ou voulu prendre le virage de la gestion des compétences sur un plan collectif, l'accélération du virage technologique risquant donc d'augmenter la fracture.

En réponse à la croissance exponentielle du volume de données nécessaires à la vie d'une organisation (informations, connaissances, normes, etc.), la question de la gestion du savoir (*Knowledge Management*) a pris progressivement, durant ces deux dernières décennies, l'ascendant sur le concept d'organisation apprenante. Elle s'est constituée peu à peu à partir de problématiques de terrain, au service des entreprises, pour devenir maintenant une véritable discipline ayant sa problématique propre, ses méthodes et ses outils. Malgré ce développement assez foudroyant, différents courants de pensée sont à l'œuvre et le *Knowledge Management* ne peut être vu comme une mouvance homogène et singulière. En effet, Donald Hislop rappelle que cette approche est très fortement polarisée épistémologiquement sur la notion même de savoir[14]. Ainsi, inspirée du positivisme (Auguste Comte, Émile Durkheim), une perspective objective est attribuée au savoir en tant qu'entité à part entière, identifiable et capturable sous forme de « données ». Dès lors, l'enjeu pour l'organisation se situe au niveau de la rencontre entre ce qui est « conscient » (explicite) et ce qui ne l'est pas (tacite). À l'opposé, on parlera de connaissances appliquées, très fortement reliées aux pratiques. Cette tendance relève de la phénoménologie et de la philosophie interprétative, avec comme postulat que le savoir est un construit social, culturellement situé et complètement intégré aux acteurs, sans réelle possibilité de séparer l'explicite du tacite.

> La question du *Knowledge Management* a pris l'ascendant sur le concept d'organisation apprenante.

L'objectif du *Knowledge Management* est ambitieux : mettre en place des dispositifs qui valorisent, dans un sens très large, le patrimoine de connaissances que toute organisation sociale – et plus seulement toute entreprise – accumule en propre durant son cycle de vie. L'enjeu pour l'entreprise est fort : productivité, compétitivité et pérennité. À titre d'exemples de pratique en entreprise, on peut associer :

– la gestion des risques, l'anticipation et la modélisation (modèle météorologique) ;
– le raccourcissement des temps de réaction (crise, incident, etc.) ;
– la passation de savoirs vivants (relève, talents, etc.) ;
– les cartographies et les référentiels (logique de capital, normalisation, etc.) ;
– la valorisation du savoir (image sociale, *benchmarking*, etc.).

## Quel est le savoir qui apportera une réelle plus-value à l'organisation ?

**Il n'est pas toujours aisé de déterminer exactement à quel moment l'information devient connaissance.**

Toutefois, dans la pratique, il n'est pas toujours aisé de déterminer exactement à quel moment les données deviennent informations, et à quel moment l'information devient connaissance. Les efforts visant la capitalisation de la connaissance concernent donc essentiellement la capacité de l'entreprise à progresser sur l'ensemble du continuum, reliant des données, des informations et des connaissances afin d'aboutir à un savoir global et une stratégie d'entreprise. Cette question de durabilité (pérennité) s'est cristallisée notamment avec la convergence de deux phénomènes dynamiques, impactant directement la stabilité des entreprises : d'un côté la mobilité, avec un raccourcissement significatif de la durée d'emploi au sein de la même entreprise (logique de fuite des savoirs) ; de l'autre le vieillissement de la population, avec un enjeu de transmission des acquis aux jeunes générations (logique de rétention des savoirs).

L'interaction de ces dimensions démontre aisément que la gestion du savoir en entreprise ne peut ainsi se focaliser uniquement sur la dimension technologique. À titre d'exemple organisationnel, stratégique et culturel, les *corporate universities* représentent un moyen qui facilite l'intégration des nouveaux collaborateurs, contribue à l'appropriation de la stratégie d'entreprise par tous, pilote et valorise la gestion du savoir comme investissement dans la durée – visible notamment lors de fortes mutations telles que crise de concurrence, regroupement et/ou fusion d'entreprises, virage technologique, etc. Elles facilitent aussi l'acquisition d'une pensée globale, ouverte à la diversité et orientée sur l'apprentissage.

Mais l'organisation est-elle prête à devenir complètement « apprenante » et orientée « savoir » ? Éric Delamotte tente ainsi d'expliquer

> le décalage qui existe entre les discours et la façon dont les choses se passent concrètement dans les entreprises. Certes l'économie du savoir devient l'économie tout court et, en ce sens, la connaissance représente sa composante centrale. Par exemple, pour une compagnie d'aviation, il est essentiel de capitaliser les connaissances accumulées lors de l'entretien des avions tout en les dissociant des personnes et des groupes qui les détiennent à un moment donné, en les transcrivant afin de favoriser leur transmission et leur acquisition[15].

Pourtant, selon l'auteur, le *Knowledge Management* est plus un idéal qu'une réalité, quasiment une utopie :
– utopie « cognitive », au sens où elle affirme le principe de structures horizontales et égalitaires, ce qui est loin d'être naturel dans l'entreprise ;
– utopie « communicationnelle », en oubliant que la plupart des collectifs produisent relativement spontanément du savoir dans des espaces restreints ;
– utopie « managériale », au sens où elle suppose implicitement que l'on puisse gérer le savoir comme n'importe quelle autre ressource.

## Conclusion

Que ce soit pour l'organisation apprenante ou pour le *Knowledge Management*, les espoirs conceptuels ont été aussi puissants que le réalisme productif a été tyrannique. Si les enjeux en matière d'amélioration continue et d'anticipation sont de plus en plus cruciaux, y compris pour des entreprises de taille moyenne voire de petites entreprises, les réponses restent délicates tant la démonstration de possibles retours sur investissement, attendus à court terme, est quasi impossible. La cohabitation de temporalités différentes (court terme *versus* long terme) associées à des logiques souvent vécues comme antagonistes (production *versus* investissement) complique l'évolution de l'organisation vers le savoir, du moins tant qu'aucun incident ou événement majeur ne la pousse au bord du précipice.

Même si la « boîte à outils », d'une certaine manière, regorge de ressources, l'attrait pour ce type de stratégie est encore frileux, peut-être par manque de pragmatisme dans une culture latine du débat et de la rationalité. On peut dès lors aligner les résistances des organisations au virage du savoir et de l'apprentissage avec les résistances de la société face aux enjeux écologiques : accord unanime sur le principe mais peu d'engagement pris localement, selon la formule maintenant consacrée « not in my backyard ». Finalement, cette convergence confirme bien qu'il s'agit, dans les deux cas, d'une question de « développement durable » et d'investissement à long terme.

**Les espoirs conceptuels ont été aussi puissants que le réalisme productif a été tyrannique.**

## VU D'AILLEURS

## Un centre de recherche incontournable

Il y a 25 ans, le gouvernement du Québec décidait de soutenir la création du CEFRIO (Centre facilitant la recherche et l'innovation dans les organisations) pour aider les entreprises et les organismes publics à s'approprier ce que l'on appelait à l'époque les « nouvelles technologies », et pour favoriser, parmi ces dernières, l'émergence d'outils de qualité fonctionnant en langue française. Il regroupe aujourd'hui plus de 150 membres universitaires, industriels et gouvernementaux ainsi que près de

75 chercheurs associés et invités qui œuvrent au service de l'innovation sociale et organisationnelle. Le CEFRIO poursuit la mission de contribuer à faire du Québec une société numérique, grâce à l'usage des technologies comme levier de l'innovation sociale et organisationnelle. Cela couvre des domaines tels que la gouvernance, l'éducation, la gestion des ressources humaines, le management d'entreprise, la gestion territoriale, la santé... et d'autres dimensions de la vie publique.

Au Québec, le CEFRIO a été l'un des premiers acteurs à se pencher sur le thème de la gestion des connaissances, que ce soit avec des projets comme celui du « transfert intergénérationnel des savoirs » ou celui de la « gestion des connaissances stratégiques dans des entreprises manufacturières de la Montérégie ». Dans ce cas, il s'agissait d'amener, au sein de trois PME industrielles, de petits groupes de trois à cinq employés experts à co-élaborer, à l'aide d'un outil informatisé,

## NOTES

1. Ch. Argyris, *Savoir pour agir. Surmonter les barrières à l'apprentissage organisationnel*, Paris, InterÉditions, 1995.
2. R. Teulier et Ph. Lorino (dirs.), *Entre connaissance et organisation : l'activité collective*, Paris, La Découverte, 2005.
3. Y. Emery, *Renouveler la gestion des ressources humaines*, Lausanne, PPUR, 2003.
4. D. Hislop, *Knowledge Management in Organizations : a critical Introduction*, New-York, Oxford University Press, 2005.
5. T. Ray, « Making sense of managing knowledge », *in* S. Little et T. Ray (dirs.), *Managing Knowledge : an essential Reader*, Londres, Sage Publications, 2002, p. 1-20.
6. J.-Y. Prax, *Le Guide du Knowledge Management*, Paris, Dunod, 2000.
7. Ph. Zarifian, *Compétences et stratégies d'entreprise*, Paris, Éditions Liaisons, 2005.
8. I. Nonaka et H. Takeuchi, *The Knowledge-creating Company. How japanese Companies*

une représentation cartographique d'un domaine d'expertise ciblé. Ce type de démarche a permis avant tout la capitalisation et la pérennité de l'expertise ; l'amélioration du fonctionnement de l'entreprise, de la formation des employés et de la documentation ; et l'appréciation de la valeur de la gestion des connaissances dans les processus de l'entreprise.

Le CEFRIO vise aussi à mettre en lumière d'autres travaux menés en matière de gestion des connaissances et de modes de transfert des savoirs dans les entreprises. En effet, l'enjeu de la gestion des savoirs est particulièrement important dans le contexte de pénurie de main-d'œuvre, de relève entrepreneuriale et d'accélération des savoirs. Les entreprises et institutions partenaires du CEFRIO sont conscientes du défi et participent au Project Management Institute (PMI), partant de l'hypothèse que la bonne gestion de projets est indissociable d'une bonne gestion des connaissances, notamment lorsque les collaborateurs en formation prennent le temps de décrire ce qu'ils ont appris en réalisant un projet. À l'exemple d'Hydro-Québec, qui s'est associé avec le CEFRIO pour concrétiser des mesures qui lui ont permis de faire face au départ à la retraite d'une grande partie de sa main-d'œuvre et d'adopter des pratiques développées par ses employés : création d'espaces de collaboration virtuels, pour que des employés œuvrant au sein d'un même service dans des régions différentes puissent discuter de leurs savoirs et savoir-faire ; soutien à la production de blogs, de forums de discussion et de vidéos réalisées par le personnel pour conserver les connaissances dont il dispose et faire en sorte qu'elles soient faciles à consulter. Le CEFRIO a essentiellement contribué à la création d'une culture organisationnelle soutenant la gestion des connaissances et permettant de se servir des bons outils.

Référence : www.cefrio.qc.ca

---

*create the Dynamics of Innovation*, New-York, Oxford University Press, 1995.
9. Ph. Lorino, *Méthodes et pratiques de la performance. Le pilotage par les processus et les compétences*, 3ᵉ éd., Paris, Éditions d'Organisation, 2003.
10. J.-Y. Prax, *op. cit.*
11. P. Senge, *La Cinquième Discipline. L'art et la manière des organisations qui apprennent*, Paris, First Éditions, 1991.
12. M. Van Den Abeele et M. Van Den Abeele, *Échanges réciproques de savoirs en entreprise. Un réseau au service de l'entreprise responsable*, Lyon, Chronique Sociale, 2011.
13. S. Enlart et O. Charbonnier, *À quoi ressemblera le travail demain ?*, Paris, Dunod, 2013.
14. D. Hislop, *op. cit.*
15. É. Delamotte, « Économie des savoirs, information et formation », *Éducation permanente*, 2005, nº 164, p. 51-64.

# Chapitre 4
# Le réseau d'échanges réciproques de savoirs en entreprise

### Maryannick Van Den Abeele et Michel Van Den Abeele

## Une démarche plus singulière qu'il n'y paraît

*De quoi s'agit-il ?*

Les Réseaux d'Échanges Réciproques de Savoirs (RERS) ont été conçus dans les années 1970 par Claire et Marc Héber-Suffrin et se sont développés dans le monde entier, essentiellement dans le monde associatif. Ils mettent en relation des personnes voulant acquérir un savoir avec celles qui proposent de le transmettre. Depuis fin 2006, et pour la première fois dans une entreprise, un RERS s'est déployé à la Direction du Courrier du Groupe La Poste.

Ce dispositif repose sur quelques principes forts tels que le volontariat – on n'adhère à la démarche que si on le souhaite –, la réciprocité – on demande et on offre des savoirs –, la liberté – le choix et le contenu des offres et demandes ne font l'objet d'aucune intervention ou validation préalable d'un supérieur hiérarchique ou d'un expert –, la confidentialité ou encore l'égale considération apportée aux offres et aux demandes aussi bien qu'aux participants. Ses objectifs sont de deux ordres :
– améliorer l'efficacité professionnelle par l'acquisition et la mise en œuvre de savoirs ;

– contribuer, au sein de l'entreprise, à la responsabilisation des salariés et au développement d'une culture de l'échange et de la coopération.

À titre indicatif, précisons qu'en six ans à La Poste, 1 800 participants sont entrés dans la démarche (soit 15 % de la cible des managers initialement visée), 5 500 offres et demandes ont été déposées et plus de 4 000 échanges effectués.

*Comment cela fonctionne-t-il ?*

L'échange se fait oralement (en face-à-face, par téléphone ou web-conférence). Il s'agit du véritable transfert d'un savoir dont les objectifs et les modalités sont définis avant l'échange lui-même, ce dernier ne pouvant consister simplement en une transmission d'information ou de document. Ces éléments permettent à l'entreprise de considérer l'échange comme une formation à part entière. Un animateur veille au respect des principes du RERS et facilite la mise en relation des participants. Il s'appuie pour cela sur deux outils essentiels :

– un site accessible par intranet ou internet permettant de s'inscrire, de formuler et consulter les offres et demandes, d'obtenir les coordonnées des participants, de définir les modalités de l'échange et d'en faire le bilan. Il fournit également une batterie d'indicateurs précieux pour le suivi, la relance et l'analyse de l'activité ;

**Une charte se révèle indispensable pour fixer les principes et les modalités de fonctionnement d'un RERS.**

– des bourses d'échanges collectives proposées aux participants pour qu'ils se rencontrent, se connaissent, comprennent plus précisément les offres et demandes des collègues et définissent en séance les modalités des échanges convenus.

Il est à noter qu'une charte se révèle indispensable pour fixer les principes, les valeurs et les modalités de fonctionnement essentiels d'un RERS.

## *Une pédagogie protéiforme...*

*Par rapport à d'autres démarches* a priori *voisines*

Par l'une ou l'autre des caractéristiques que sont la réciprocité, l'oralité, la circulation des savoirs, le transfert de connaissances opérationnelles et le contact humain, le RERS se distingue d'approches voisines telles que les communautés de pratique, certaines techniques de *Knowledge Management*, les réseaux sociaux numériques tels qu'ils fonctionnent aujourd'hui, le tutorat ou le mentorat. À noter que le fonctionnement et la pédagogie, mais aussi les effets recherchés par les RERS, présentent des similitudes avec d'autres démarches telles que celles de l'Université populaire Quart Monde ou de l'École mutuelles mises en œuvre au XIX$^e$ siècle.

### Compagnonnage ou ébauche d'une contribution à l'entreprise apprenante ?

Malgré l'existence de dispositifs structurés de formation, on apprend le plus souvent par agrégation des savoirs rencontrés, « absorbés », adaptés. Les RERS font de l'échange de savoirs un moment privilégié de cette quête permanente. Les ressorts de la participation à un RERS peuvent être différents et relever d'un souci de sécurisation ou de progression, selon qu'il s'agit de la nécessité de combler une lacune professionnelle gênante, du besoin de s'adapter ou encore de la satisfaction d'un centre d'intérêt. Mais la pédagogie reste la même, celle de la transmission par « celui qui sait », celui qui, le plus souvent, a poli en situation quotidienne de travail le savoir qu'il transfère et qui va se poursuivre, chez l'apprenant, par la mise en œuvre de la connaissance acquise.

C'est aussi celui qui peut rester à la disposition de l'apprenant (si celui-ci le souhaite) pour le « monitorer », en proximité ou à distance, afin de l'aider à intégrer le savoir appris. On rejoint ici la pédagogie du compagnonnage et, plus avant, la *hexis* de Socrate dans laquelle la connaissance acquise devient active, incorporée à la manière d'être permanente de l'individu. Et, structurellement, s'élabore un apprentissage dans lequel on peut distinguer six phases : 1) observer/écouter/comprendre ; 2) essayer/faire ; 3) réussir la mise en œuvre ; 4) réfléchir/analyser/critiquer ; 5) améliorer ; 6) transmettre à son tour. Cette dernière phase est essentielle et renvoie à Gaston Bachelard, lorsqu'il prétendait qu'« une instruction qu'on reçoit sans la transmettre forme des esprits sans dynamisme, sans autocritique[1]. »

> On rejoint ici la *hexis* de Socrate : la connaissance acquise est incorporée à la manière d'être permanente de l'individu.

### La réciprocité, élément fondamental

En impliquant d'endosser régulièrement l'habit de l'enseignant, la réciprocité induit un renforcement des capacités pédagogiques. L'offreur revisite ses savoirs, les met à jour, les enrichit des réponses apportées aux questions suscitées par le demandeur, est confronté à la manière de transmettre à autrui, apprend à écouter et à prendre en considération le point de vue de l'autre. Comme le demandeur, il déconstruit et reconstruit. De plus, la réciprocité ouverte (c'est-à-dire non bilatérale) libère de la personnalisation de la dette par l'inversion cyclique des rôles. La dette fait place à une interdépendance positive au sein du réseau, à une progression par interaction. La réciprocité permet d'atteindre une solidarité « pédagogique » qui, de la dépendance mutuelle, conduit progressivement à la responsabilité mutuelle.

Alors que dans l'entreprise on vit le plus souvent les uns *à côté* des autres, un RERS est une communauté d'apprentissage où l'on apprend le « vivre ensemble ». Transmettre des savoirs dans un échange répond, certes, à l'envie d'intégrer un réseau, d'être valorisé, mais aussi, comme l'a dit Edgar Morin, à une pulsion de solidarité. On prend ainsi peu à peu conscience que l'altérité est une composante essentielle de sa propre progression, en faisant cohabiter le « par autrui » et le « pour autrui ». On approche ainsi la pédagogie coopérative qui forme l'apprenant à coopérer pour apprendre, tout en l'amenant à apprendre à coopérer.

*La reconnaissance du droit à l'erreur*
Le RERS permet de transmettre un savoir ou un savoir-faire, mais aussi le fruit d'une expérience, notamment d'une situation d'échec que l'on a analysée et dont on a tiré les enseignements. Le droit à l'erreur et la pédagogie capable de transcender l'échec sont tragiquement absents du management d'aujourd'hui, ne laissant place qu'à l'obligation de réussir et au stress qui l'accompagne ou, à l'inverse, à l'inquiétude, à l'attentisme, à la démobilisation.

## ... aux résultantes multiples

*Sur le professionnalisme*

**Le premier objectif du RERS est d'accroître les connaissances professionnelles et l'efficacité.**

Le premier objectif du RERS est d'accroître les *connaissances professionnelles* et l'efficacité au sein de l'entreprise : si l'on considère le témoignage de la quasi-totalité des participants, cet objectif est atteint (voir l'encadré). Un dispositif permettant à la fois la circulation des savoirs, un ciblage des besoins individuels et l'apport rapide d'une réponse adaptée,

### EN PRATIQUE : UN MODE DE FORMATION DE PLUS OU UNE AUTRE MANIÈRE D'APPRENDRE ?

En entreprise, les modules traditionnels enregistrent un taux d'absentéisme non négligeable, significatif d'une insatisfaction des participants même si d'autres raisons peuvent être avancées. Parmi les causes de cette désaffection :
– le besoin d'un apprentissage « sur mesure » et de savoirs immédiatement opérationnels plutôt que l'accumulation de connaissances théoriques ;
– la transformation inéluctable d'un enseignement professé devant un auditoire passif en autoconstruction de l'apprentissage ;
– la préférence accordée à des opérationnels confirmés plutôt qu'à des formateurs éloignés du terrain ;
– la montée en puissance de la génération Y, dont les attentes et les modes de fonctionnement diffèrent de ceux des salariés pour lesquels les systèmes actuels de formation ont été élaborés ;
– la péremption plus rapide du contenu des cours, due à l'accélération des évolutions technologiques et des modifications de l'environnement des entreprises ;
– l'incompatibilité croissante de la vocation généraliste de certains modules de formation et de la spécialisation des filières professionnelles.
Le RERS répond à plusieurs de ces attentes. Proximité, communauté de langage, adaptabilité, réactivité, individualisation, sont autant de caractéristiques qui font la spécificité de ce dispositif. Ce dernier est centré sur les besoins de l'apprenant, la transmission d'un savoir expérimenté et, plus largement, la nécessité de s'adapter aux situations nouvelles.
→ La *liberté du demandeur de choisir* le sujet de l'échange, son interlocuteur, le moment et le lieu de la rencontre, répond à son envie d'être acteur de sa formation. Cela est d'autant plus important que le contexte professionnel influe sur la motivation de l'apprenant. En effet, les attentes du demandeur varient en fonction de son métier, du mode de fonctionnement et des conditions de travail de l'entreprise dans laquelle il exerce.
→ L'*échange de savoirs* entre pairs, en tout cas entre personnes partageant les mêmes références, voire les mêmes valeurs, est de nature à replacer l'acquisition de connaissances dans un univers de compréhension et de confiance qui facilite l'émergence d'une démarche nouvelle d'apprentissage.
→ L'*oralité des échanges*, en préservant le contact humain, crée de la rencontre et du lien.
→ Le *ciblage sur le besoin* précis du demandeur ainsi que la *rapidité de l'échange* sont un gage d'efficacité opérationnelle. À La Poste, 90 % des échanges (dont la durée moyenne est de deux heures) ont lieu dans le mois qui suit la demande et la moitié d'entre eux se tiennent dans les 15 jours. D'après les retours des demandeurs, 94 % des objectifs définis avant l'échange sont atteints, plus de 70 % des savoirs sont mis en œuvre sans délai et 98 % d'entre eux se sentent capables de mettre en œuvre le savoir acquis le moment venu. Pour autant, la formation traditionnelle en entreprise et les RERS ne sont pas antagonistes. Les différences observées quant aux types de savoir recherchés rendent les deux approches complémentaires. Non seulement les échanges du RERS à La Poste n'ont pratiquement pas provoqué d'annulation de formation, mais plus de la moitié des participants déclarent qu'un échange a généré l'envie de s'inscrire à une formation. Ce constat montre qu'en échangeant des savoirs, les participants s'inscrivent plus largement dans une dynamique d'apprentissage.

répond donc au souci des entreprises d'améliorer l'efficacité pédagogique, l'initiative, la réactivité. 87 % des personnes ayant échangé estiment que le RERS a un impact positif sur leur maîtrise de la fonction.

*Sur le décloisonnement et l'intergénérationnel*

La *transversalité* est importante au sein du RERS : 60 % des échanges effectués le sont entre personnes appartenant à des filières différentes, et 85 % des échanges se font entre personnes n'exerçant pas les mêmes fonctions. Autre constat : ces échanges sont effectués de manière équilibrée entre personnes appartenant à des tranches d'âge différentes. En effet, de leur analyse (les participants ayant, pour ce faire, été classés en trois catégories : baby-boomers, génération X et génération Y), il ressort que 56 % des échanges sont *intergénérationnels*.

Pourquoi ? Là encore la réciprocité, qui engendre l'alternance des situations de demandeur et d'offreur et annihile ainsi les notions d'infériorité et de supériorité, facilite cette osmose. Elle contribue à briser la logique des « anciens qui savent » face aux « jeunes qui ont tout à apprendre », générant un état d'esprit d'ouverture, car les échanges sont loin d'être univoques.

Au-delà du transfert de connaissances, un RERS développe des comportements qui facilitent les relations intergénérationnelles : respect, écoute, entraide, solidarité. Il contribue ainsi à la mise en œuvre d'une dynamique coopérative entre générations. Le savoir de l'offreur est interrogé par la vision différente du demandeur, et l'échange aboutit non seulement à un transfert de connaissance mais aussi à une perception commune ou convergente d'une problématique et de ses solutions. En ce sens, le RERS est créateur de cohérence sociale.

*Sur le comportement des managers*

En encourageant leurs collaborateurs à offrir ou demander des savoirs, en facilitant les échanges, les managers apprennent à gérer des personnalités, à permettre l'expression de besoins, à multiplier et diversifier les connexions entre leurs collaborateurs, ouvrant ainsi des brèches dans les strates que la formation, l'âge ou les métiers ont pu édifier. Les processus coopératifs ne peuvent se passer d'un accompagnement managérial concret et quotidien car ils ne sont pas automatiques et ne s'improvisent pas. C'est le grand intérêt du RERS que de les organiser, les structurer, les animer.

*Sur la motivation*

Prendre conscience de ses savoirs et de ses lacunes, dépasser ses appréhensions, remettre en cause ses propres pratiques, responsabilise et réduit l'assistanat. La confiance en soi ainsi générée (évoquée par 86 % des participants) s'accompagne d'une valorisation («je possède des savoirs utiles que je suis capable de transmettre, et je suis reconnu à travers ces savoirs»). Or, reconnaissance et valorisation sont de puissants moteurs de la motivation... Sur l'aspect social, il faut également signaler le mieux-être au travail qu'entraîne la diminution du stress généré par le sentiment de solitude et de découragement face à la multiplication des tâches.

**Prendre conscience de ses savoirs et de ses lacunes responsabilise et réduit l'assistanat.**

*Sur les rapports avec les autres*

83 % des participants estiment que les échanges développent l'écoute et la compréhension des besoins d'autrui, la tolérance, le respect. Comme ils le constatent également sur un plan collectif, la réciprocité et la confiance *a priori* renforcent l'esprit d'équipe et le lien social. Les entreprises ne peuvent être indifférentes à certains bénéfices mis en exergue par plus des ¾ des participants, à savoir les effets positifs sur le travail collectif, la cohésion, l'accompagnement des collaborateurs, la communication au sein de l'entité, la répartition des tâches au sein de l'équipe ou encore le dialogue social.

*Sur l'employabilité*

Un intérêt important est souligné par de nombreux participants: les échanges de savoir ou d'expérience leur ont permis de préparer une évolution professionnelle dans de meilleures conditions et de développer leur employabilité. En effet, dans le cadre du RERS, il est proposé à ceux qui veulent évoluer d'aller rencontrer des personnes exerçant la fonction envisagée, afin d'en mieux comprendre les enjeux, d'éviter de se «brûler les ailes», de créer un nouveau réseau.

## Les obstacles à la démarche

Développer un RERS en entreprise n'est assurément pas un chemin bordé de roses. Certains leviers sont nécessaires à sa réussite et il n'est pas aisé de les réunir. Parallèlement, certaines caractéristiques des RERS génèrent des freins en grande partie culturels.

*Les conditions de réussite*

Rappelons pour mémoire les trois conditions essentielles, mais non suffisantes : un management de projet rigoureux, une communication performante et un dispositif d'évaluation crédible. Sur ce dernier point, les entreprises se montrent à présent très exigeantes vis-à-vis des nouveaux projets, une exigence qui s'applique également aux démarches d'apprentissage novatrices alors que l'évaluation de la formation traditionnelle est très partielle.

**Le dispositif RERS mis en place rend possible le couple analyse/action.**

Le dispositif mis en place pour le RERS de La Poste ne permet pas seulement un suivi statistique ; il rend également possible le couple analyse/action. Ceci étant, il repose essentiellement sur la perception des participants eux-mêmes. Sans doute serait-il plus convaincant encore d'évaluer le transfert entre l'offreur et le demandeur en dépassant la seule estimation de ce dernier, par exemple en impliquant le supérieur hiérarchique ou par observation externe. Mais ce dernier dispositif se révèle complexe et coûteux. Au-delà de ces leviers, rappelons les trois conditions indispensables au développement d'un RERS en entreprise :

– d'abord le *soutien clair et régulièrement réaffirmé de la direction de l'entreprise*, d'autant plus indispensable que le RERS n'est pas une démarche obligatoire pour les participants ;

– ensuite, l'*engagement des managers*, en encourageant leurs collaborateurs à s'intéresser à ce dispositif porteur de bénéfices beaucoup plus larges que la seule amélioration du professionnalisme tirée de l'acquisition et de la mise en œuvre de connaissances – la défaillance de cette condition est d'autant plus dommageable que le rôle incitatif du management est fondamental ;

– enfin, une *animation efficace* (c'est-à-dire croyant à la démarche, formée et capable d'initiative), à laquelle le plus sophistiqué des sites ne saurait se substituer. En effet, contrairement à la méthode traditionnelle où l'enseignant concentre les connaissances à transmettre et où les élèves n'ont pas d'autre choix que d'être présents et, si possible, réceptifs, le savoir disponible au sein d'un RERS est réparti sur l'ensemble des participants (tour à tour formateurs et apprenants) et la volonté d'apprentissage est entièrement entre les mains des demandeurs. Le mécanisme de transfert doit donc être facilité par l'animateur, dont l'importance est primordiale.

*Les freins les plus fréquents*
La *surévaluation de l'efficacité du site* peut être source de désillusion. Bien que cet outil permette aisément le dépôt et la recherche d'offres et demandes et fournisse les éléments nécessaires à la prise de contact avec la personne identifiée, bien souvent le dernier pas menant à l'échange n'est pas franchi sans l'intervention d'un animateur. Autrement dit, si la mise en place d'un site est indispensable à la gestion et à « l'industrialisation » du dispositif, son existence ne garantit pas à elle seule le développement de la démarche.

L'*opposition de certains experts* peut s'exprimer, émanant par exemple de formateurs critiquant le fait que les offreurs ne sont pas toujours des « spécialistes » du domaine abordé, qu'ils ne sont pas des pédagogues professionnels ou encore que le contenu transféré n'est pas validé. Ce positionnement est généralement dicté par la crainte de perdre le pouvoir conféré par l'expertise, ou par la méconnaissance de ce qu'est le RERS. Gageons que l'évolution progressive des organisations vers un fonctionnement en réseau marginalisera les comportements hostiles au partage de la connaissance.

Les *managers* craignent parfois de perdre de l'ascendant sur des collaborateurs qui peuvent chercher ailleurs qu'auprès d'eux les savoirs qui leur sont nécessaires – une attitude d'une autre époque face à la possibilité dont chacun dispose aujourd'hui de trouver toute l'information souhaitée sur le Net ou au sein des réseaux. Elle illustre toutefois la nécessité de faire évoluer le management. Le manager n'est plus celui « qui sait » et qui en tire du pouvoir. Il doit désormais tirer sa légitimité de sa capacité à donner le sens, à faciliter l'accès à l'information et le travail en équipe, à former et développer ses collaborateurs à l'image de ce que disait Benjamin Franklin : « tu me dis, j'oublie ; tu m'enseignes, je me souviens ; tu m'impliques, j'apprends ». Cette refondation est également nécessaire au développement de formes d'apprentissage plus collectives. Pour l'instant, dans la plupart des entreprises, le management repose entre autres sur des objectifs individuels ; le premier pas menant d'une organisation traditionnelle à une organisation apprenante est encore à faire.

**Les managers craignent parfois de perdre de l'ascendant sur les collaborateurs qui peuvent chercher ailleurs les savoirs nécessaires.**

**Force est de constater que les échanges effectués mais non enregistrés sur le site sont nettement plus nombreux que les échanges répertoriés.**

La *prévention à l'encontre de la formalisation* requise par le dispositif est un autre frein. Les processus d'accord sur le contenu et les modalités de l'échange et de rédaction des fiches (évaluation de l'échange et bilan) sont jugés contraignants par certains, bien qu'ils se révèlent incitatifs par le fait que la mise en relation s'apparente à un pré-contrat, obligeant les deux partenaires à l'honorer. Malgré l'efficacité de cette formalisation – adéquation préalable de l'offre et de la demande et garantie contre d'éventuelles dérives –, force est de constater aujourd'hui que les échanges effectués mais non enregistrés sur le site sont nettement plus nombreux que les échanges répertoriés.

La *crainte de voir se transmettre des savoirs obsolètes ou contraires aux intérêts de l'entreprise* constitue également un obstacle. À La Poste, cela ne s'est presque jamais produit. En effet, dans la mesure où la personne apparaît sous son nom et non sous un pseudonyme, tout offreur qui transmettrait des notions inexactes ou indésirables se décrédibiliserait rapidement aux yeux de ses pairs. De plus, la veille exercée par l'animateur via l'examen des fiches « échange » et « bilan » constitue une sécurité supplémentaire. Cependant, ce prétexte est celui qui est le plus souvent avancé.

L'*insuffisance du prosélytisme* des participants eux-mêmes est un constat dont les causes restent obscures. Ingratitude ou égoïsme (« cela nous convient et l'on ne pense pas à en faire profiter les autres »)? Simple omission dans un emploi du temps trop touffu? Peut-être sont-ils simplement persuadés que le dispositif se développe aisément sans qu'ils aient besoin d'y contribuer…

Certes, l'une des caractéristiques d'un frein est qu'il peut être levé. Mais il faut avoir conscience que cette évolution nécessite le travail quotidien d'un chef de projet et d'animateurs efficaces.

## Pourquoi les entreprises sont-elles frileuses?

*Une perception superficielle?*
De nombreuses entreprises se montrent très intéressées par le RERS, sollicitant des entretiens ou des interventions au cours desquels les questionnements d'approfondissement témoignent de la réelle curiosité suscitée par cette

expérience. Malgré cela, l'accomplissement du dernier pas menant à l'expérimentation se fait attendre. Cet ajournement du « passage à l'acte » peut provenir d'une réticence à débloquer les moyens nécessaires (pourtant modestes), d'une perception incomplète des bénéfices multiples pour l'entreprise, ou encore du sentiment erroné de redondance avec les réseaux sociaux tels qu'ils se développent aujourd'hui. Et parfois, sans doute, le RERS n'est pas appréhendé comme un levier d'apprentissage légitime par des dirigeants n'ayant pas compris qu'il ne s'agissait pas là de formation « à la sauvette »…

*L'apparente simplicité ?*

Parfois, une entreprise effectuera une bourse d'échanges initiale et pensera avoir ainsi lancé la démarche, sous-estimant alors la difficulté à porter et développer un tel projet. Le principe paraissant simple dans son concept – d'où le rejet de la formalisation – et d'un fonctionnement facile, on imagine que la mise en œuvre le sera également et pourra se faire sans leadership ni animation. Dans les faits, si la direction n'engage pas clairement les responsables territoriaux ou locaux à encourager la démarche dans leur entité, le caractère non obligatoire du RERS et la concurrence, dans le planning des managers, des autres projets descendants de l'entreprise, peuvent rendre difficile le « décollage » de l'activité.

*Un brin de condescendance ?*

Certains dirigeants peuvent dédaigner un dispositif dans lequel ils voient un mélange de troc (ce qui n'est pas exact car il y a dans le troc l'estimation sous-jacente de la valeur du don afin d'adapter le contre-don, alors que le RERS se caractérise par la volonté de ne pas établir de hiérarchie entre les offres et demandes dans le cadre d'une réciprocité ouverte) et d'échanges inutilement alourdis par un formalisme dont ils ne saisissent pas l'utilité. Ils ne voient pas – encore – la puissance pédagogique de cet instrument en ce qu'il favorise l'amélioration des compétences, la prise de conscience de soi, la responsabilisation, la coopération.

**Certains dirigeants ne voient pas – encore – la puissance pédagogique de cet instrument.**

*La cécité ?*

Ou bien, tout simplement, l'évolution du mode de gouvernance et de management des entreprises ne permet-elle pas encore de percevoir ce que le RERS peut apporter de différent des autres réseaux sociaux auxquels on l'assimile trop rapidement. Si dans les réseaux sociaux classiques se retrouve le rapport 1/9/90 (1 % des utilisateurs élaborent les articles, 9 % apportent un complément ou une modification, 90 % ne font que consulter), dans un RERS chacun est offreur et participe à la construction du savoir d'autrui. Le moteur est le couple « interactivité + réciprocité ». Le rôle des participants est différent de la simple attitude d'utilisateur (l'apprenant traditionnel) et de transmetteur de savoirs (formateur professionnel), système classique dans lequel « chacun est à sa place ». Le RERS bouscule les repères : il est exigeant dans son principe – et non simpliste – et il est exigeant dans sa mise en œuvre – et non facile. La réciprocité en est l'âme. Or, dans la culture d'entreprise actuelle, de quoi la réciprocité est-elle l'âme ? L'esprit de compétition, pour ne pas dire de rivalité, et le culte du « chacun pour soi » ne font le lit ni de la réciprocité ni de l'intelligence collective.

*L'immobilisme ?*

Enfin, toute démarche novatrice rencontre des difficultés d'enracinement et de développement, d'autant plus grandes que son implantation s'effectue au sein d'une organisation et d'un management qui n'évoluent pas. En entreprise, les décisions sont prises par des responsables qui, la plupart du temps, pensent que le système actuel est bon et ne voient donc pas l'intérêt d'en changer. De plus, les efforts de productivité des entreprises n'affectent pas seulement leurs moyens de fonctionnement et de production ; en se resserrant sur cet objectif, ils réduisent également les marges de manœuvre et les espaces de liberté par un raidissement autour des axes stratégiques, une volonté de contrôle de leur stricte application, un repli sur les « valeurs sûres » d'un management traditionnel et donc une défiance à l'égard des démarches novatrices, *a fortiori* lorsque celles-ci prônent la confiance a *priori* et favorisent l'autonomie.

**Un RERS est un outil d'apprentissage dont les dimensions investissent l'intelligence collective.**

## Conclusion

Par ce que nous avons pu observer et mesurer quotidiennement, nous avons la conviction profonde qu'un RERS est un outil d'apprentissage dont les dimensions investissent jusqu'à l'intelligence collective, l'adaptation au changement, l'évolution culturelle. Quelques éclairs de reconnaissance ont semblé nous donner raison lorsque la démarche du RERS menée à La Poste a été distinguée deux fois hors de l'entreprise (Prix coup de cœur du jury de l'initiative RH en 2011 et Prix de l'entreprise collaborative « e-RH et management » en 2012) et lorsque le livre analysant cette expérience l'a été également (Prix du livre « Qualité et Performance » 2012)[2]. Dans les jurys figuraient, entre autres, des responsables d'entreprise, des DRH, des directeurs de la qualité. Comment expliquer alors que cela n'ait pas enclenché un mouvement au sein d'autres entreprises? Doit-on penser, comme Marguerite Yourcenar, que « c'est avoir tort que d'avoir raison trop tôt[3] » ?

#### NOTES

1. G. Bachelard, *La Formation de l'esprit scientifique*, Paris, Vrin, 1938.

2. M. Van Den Abeele et M. Van Den Abeele, *Échanges réciproques de savoirs en entreprise. Un réseau au service de l'entreprise responsable*, Lyon, Chronique Sociale, 2011.

3. M. Yourcenar, *Mémoires d'Hadrien*, Paris, Gallimard, 1951.

# Chapitre 5
# Du didacticiel au jeu sérieux : le *e-learning* dans tous ses états

**Mireille Bétrancourt, Daniel Peraya et Nicolas Szilas**

## Introduction

Dans la dernière décennie, le monde de la formation s'est enrichi d'une pléthore de nouveaux types de dispositif qui reposent, à des degrés divers, sur l'usage des technologies et d'Internet, et qui offrent de nombreux atouts pour la formation en entreprise, comme la flexibilité (distance, horaires), l'individualisation et l'adhésion aux valeurs d'une certaine modernité (multimédia, réseaux sociaux, mobilité). L'essor du *e-learning* ne s'est pas fait attendre si l'on en juge en tout cas par le poids financier de ce nouveau marché. En 2012, il a été estimé qu'il représente un marché mondial de 32 milliards de dollars[1]. Au-delà du recours aux technologies de l'information et de la communication (TIC), le *e-learning* renvoie à des réalités de terrain très variées, que ce soit au niveau des modalités de formation ou des environnements technologiques différents.

Ce chapitre a pour objectif de proposer des clés de lecture basées sur des résultats scientifiques, pour aller au-delà des discours partisans et pour orienter les choix des entreprises concernant ces dispositifs de formation. Après avoir analysé brièvement l'évolution du concept de *e-learning* au cours des dernières décennies, nous proposerons une définition de ce qu'il recouvre de nos jours. Nous présenterons ensuite un panorama des dispositifs actuels, en précisant à quelles situations de formation ils correspondent le mieux. Le cas des jeux sérieux, entre promesse et réalité, sera examiné plus attentivement.

## Qu'est-ce que le e-learning ?

L'histoire de la formation entièrement ou partiellement à distance montre que son développement a toujours été lié à celui des TIC. À cet égard, le *e-learning* s'inscrit dans la continuité de l'enseignement à distance dont il constitue la forme actuelle liée à une double évolution : celle des courants et des pratiques psychopédagogiques d'une part, celle des TIC d'autre part. Le développement d'Internet et du Web constitue une étape fondamentale dans ce processus.

On peut rappeler que la formation à distance est née dans les années 1850 sous la forme initiale de cours par correspondance, lorsque l'Anglais Isaac Pitman a cherché à vendre à travers le service postal les cours de sténographie dont il était l'inventeur. D'après les historiens de la formation à distance, deux innovations technologiques ont à l'époque rendu possible en Angleterre le développement des cours par correspondance : l'invention du service postal lié au timbre-poste ainsi que la fabrication d'un papier de bonne qualité et peu onéreux. Les technologies de la communication, de la circulation et du stockage de l'information ont toujours contribué au développement de la formation à distance : à la poste et au papier ont succédé le réseau Internet et le stockage numérique de l'information.

*Les premiers usages pédagogiques du Web statique ont contribué à la massification de la diffusion des contenus.*

Les premiers usages pédagogiques du Web statique ont, dès 1994, contribué à la massification de la diffusion des contenus et des ressources. Le Web s'est donc imposé comme le moyen numérique de communication de masse, s'inscrivant dans la tradition de la médiatisation des savoirs tout en apportant un potentiel d'innovation important : la disponibilité et l'accessibilité en tout lieu et en tout temps. Très rapidement le Web dynamique est apparu, permettant la création et la modification de pages et leur mise à jour en temps réel, qui plus est par des non-informaticiens. Cette innovation technologique extrêmement importante a servi de base, dès la fin des années 1990, aux premières plates-formes numériques de formation en ligne, campus numériques et autres environnements numériques de travail.

Mais les développements technologiques n'expliquent pas seuls l'évolution de la formation à distance. Il faut aussi prendre en compte l'évolution des conceptions de l'apprentissage, dont la première a consisté à mettre l'apprenant au centre du processus d'enseignement/apprentissage. De façon schématique, on peut opposer deux conceptions, deux approches pédagogiques principales. La première met l'accent sur les contenus de formation : le rôle du formateur consiste essentiellement à transmettre ces contenus. Dans les formations de ce type, la priorité est donnée au processus d'enseignement défini comme « le meilleur moyen de faire passer tel ou tel contenu ». La métaphore de l'acteur sur scène caractérise assez bien cette vision de la formation. La seconde approche, quant à elle, s'attache à l'apprenant et à son apprentissage. L'objectif du formateur est de mettre en œuvre des moyens et des ressources qui vont permettre à l'apprenant ou au formé d'acquérir certes des connaissances, mais surtout des compétences. Dans cette perspective, l'activité des participants à la formation devient essentielle, qu'elle soit organisée selon des modalités individuelles ou collectives (travail de groupe). La littérature compare souvent le formateur à un metteur en scène : il crée et scénarise, pour des apprenants « acteurs », des situations d'apprentissage qui sont pour ces derniers autant d'opportunités d'apprendre.

**Comme un metteur en scène, le formateur crée et scénarise des situations d'apprentissage.**

La formation à distance et la formation d'adultes ont joué un rôle important dans cette évolution. Dans ce contexte, l'apprenant est avant tout un « utilisateur soucieux d'efficacité » et un client ; aussi a-t-il largement influencé la conception même de la formation[2]. La terminologie s'est progressivement fait l'écho de ce changement de centration : le terme d'enseignement à distance s'est vu remplacé par apprentissage à distance, apprentissage ouvert et à distance ou encore formation ouverte et à distance (FOAD). Par ailleurs une conception individuelle de l'apprentissage a longtemps fondé la formation à distance classique, que ce soit l'approche béhavioriste des logiciels d'entraînement ou la vision constructiviste des simulations. Cette conception individuelle est d'ailleurs encore très répandue dans ces contextes. À côté de cette première conception s'est développée progressivement une conception socio-constructiviste, selon laquelle l'interaction sociale est une composante essentielle du processus d'apprentissage. Dès lors, la collaboration est devenue un thème central dans la conception de nombreuses formations. À cet égard, les TIC possèdent un potentiel d'action important et elles ont donc largement contribué à développer, tant en présence qu'à distance, des pratiques collaboratives regroupées autour de courants tels que la communication médiatisée par ordinateur (CMC) ou l'apprentissage collaboratif supporté par ordinateur (CSCL).

Les discours institutionnels se sont fait l'écho de cette évolution. Par exemple, la Commission européenne a proposé en 2001 la définition suivante :

> Le *e-learning* est l'utilisation des nouvelles technologies multimédia et de l'Internet pour améliorer la qualité de l'apprentissage en facilitant l'accès à des ressources et des services, ainsi que les échanges et la collaboration à distance[3].

Cette définition a été largement répercutée dans la littérature tant scientifique que professionnelle. Cependant, elle peut rendre compte d'une multitude de dispositifs de formation très différents dans leur forme et leur approche.

## Trois formes classiques des dispositifs e-learning

**Les dispositifs *e-learning* se distinguent par le modèle de formation sous-jacent, le rôle de l'accompagnement humain et les situations de formation.**

Les dispositifs *e-learning* peuvent se regrouper en trois catégories prototypiques qui se distinguent par le format dominant, le modèle de formation sous-jacent, le rôle de l'accompagnement humain, et les situations de formation dans lesquels ils seront les plus adéquats.

*Les didacticiels ou* computer-based instruction

Les didacticiels représentent la forme la plus répandue et aussi la plus ancienne du *e-learning*. Un didacticiel comporte typiquement des instructions (présentées dans une vidéo, un texte, etc.) accompagnées d'exercices pratiques plus ou moins créatifs. Il s'agit en général d'un usage individuel et autonome, même si le dispositif est diffusé par le Web.

*Modèle de formation*: fondé sur une logique d'entraînement d'inspiration béhavioriste, le didacticiel est particulièrement adéquat pour des connaissances factuelles (nouveaux produits, règlement) ou procédurales simples (tarification, logiciel), qu'une personne doit mémoriser et savoir exécuter de façon automatique.

*Rôle du formateur*: pensé pour être utilisé en autonomie, ce dispositif intègre des outils d'auto-évaluation formative. On peut citer les quizz pointant sur les éléments à revoir selon les erreurs commises ou des outils de diagnostic personnalisé, comme dans le logiciel de dactylographie Tap'Touche (cf. figure 1) qui évalue le taux d'erreur pour chaque doigt.

*Situations de formation*: ce type d'outil permet de former en entreprise des collaborateurs en tout temps et en tout lieu, avec un recours minimal à des formateurs, grâce à la présence d'outils d'auto-évaluation et de guidage intégrés. Un didacticiel est d'autant plus coûteux à développer et à mettre à jour qu'il comporte des fonctionnalités interactives et de diagnostic.

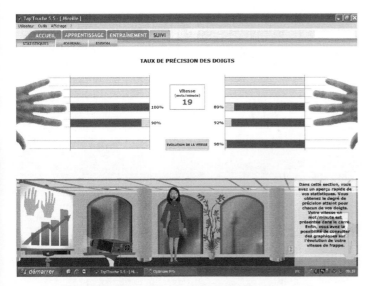

Figure 1 – Copie d'écran du logiciel Tap'Touche 5
(Éditions DeMarque) montrant un outil
de diagnostic automatique.

## Les simulations

Une simulation est une application informatisée qui représente un domaine donné et réagit aux actions de l'utilisateur selon les règles propres à ce domaine. Les réactions de l'environnement virtuel aux actions de l'utilisateur sont autant que possible similaires à celles de l'environnement réel. Parfois des personnages virtuels interviennent tels des conseillers, pour donner des recommandations ou des explications.

*Modèle de formation* : une simulation est intéressante lorsque la situation de travail comporte un grand nombre de variables, qui évoluent dans le temps de façon complexe, et pour lesquelles le choix des actions à appliquer dépend du résultat des actions précédentes (diagnostic médical, intervention d'urgence, contrôle de processus, etc.). L'apprentissage ne se limite alors pas à la mémorisation d'une procédure mais nécessite le développement de stratégies de diagnostic et de décision (cf. figure 2).

> **Dans le cadre d'une simulation, l'apprentissage nécessite le développement de stratégies de diagnostic et de décision.**

*Rôle du formateur* : l'une des conditions d'efficacité des simulations est la dissociation entre l'étape de résolution et l'étape de réflexion sur cette résolution[4]. Alors que la résolution peut se faire de façon relativement autonome, l'étape de réflexion nécessite l'intervention d'un formateur qui s'appuiera sur les traces de l'activité pour amener les individus à faire le lien entre la situation simulée et leur propre pratique, et permettre le développement d'un raisonnement plus général.

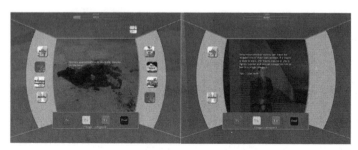

Figure 2 – Code Red Triage, une simulation pour entraîner le personnel médical à l'intervention en situation de catastrophe[5].

*Situations de formation* : une simulation plonge la personne dans une situation proche de la réalité mais sans en présenter les contraintes physiques, les risques et les conséquences. En outre, la simulation peut intégrer de façon progressive les différentes variables à prendre en compte selon un scénario pensé par des experts du domaine. Bien qu'utilisable en situation individuelle, la simulation aura encore plus d'intérêt si le débriefing est collectif et amène à la confrontation des points de vue.

*Les plates-formes collaboratives et les communautés de pratique*

L'essor des théories socio-constructivistes pour les formations des adultes, couplé à l'omniprésence d'Internet, a entraîné le développement de nombreux outils collaboratifs, les plus connus étant les plates-formes Web de type LMS (*Learning Management System*). On y trouvera typiquement des outils de production individuelle et collaborative (*wiki*), de communication (chat, forum), de gestion pédagogique et de suivi, de présence sociale (*awareness*) et des ressources, parmi lesquelles peuvent être présentes les formes de *e-learning* évoquées précédemment. Ce ne sont donc plus les seuls contenus de formation qui se trouvent médiatisés dans ces plates-formes mais bien l'ensemble du dispositif de formation[6].

**L'essor des théories socio-constructivistes, couplé à l'omniprésence d'Internet, a entraîné le développement d'outils collaboratifs.**

*Modèle de formation*: les plates-formes collaboratives reposent sur une conception socio-constructiviste qui considère que l'expérience des participants constitue aussi une ressource de formation. De la mise en commun des bonnes pratiques et de la confrontation des expériences individuelles pourra naître une communauté de pratique et d'apprentissage, renforçant le développement professionnel et l'identité métier des collaborateurs[7].

*Rôle du formateur*: le rôle du formateur recouvre plusieurs niveaux qui peuvent être assurés par des personnes différentes – l'ingénierie pédagogique, qui comprend le choix des ressources, des activités et leur orchestration dans un scénario pédagogique adéquat; l'accompagnement du travail distant et collaboratif, qui demande temps et expertise si l'on veut capitaliser sur l'expérience des collaborateurs; et finalement l'évaluation, qui est rarement automatisée puisque dans cette approche le contenu est en partie co-construit avec les participants.

*Situations de formation*: ces dispositifs sont intéressants lorsque les situations rencontrées par les collaborateurs sont riches et variées et que la réponse institutionnelle standard doit être adaptée aux spécificités du terrain (multinationales, organisations internationales). Toutefois, un réel échange constructif nécessite un climat de confiance et un espace protégé qu'il est parfois difficile de créer dans un cadre institutionnel.

## Cas particulier du dernier-né : les « jeux sérieux »

Récemment, en complément des dispositifs *e-learning* décrits précédemment, on a pu observer un fort intérêt pour les jeux vidéo dédiés à l'apprentissage. Cet engouement, et en particulier la dénomination de ces dispositifs en tant que *serious games*, remonte au début des années 2000 avec notamment l'organisation d'un Serious Games Summit en 2002 dans le cadre d'applications surtout militaires. L'approche pédagogique reprenait celle des produits dits ludo-éducatifs avec deux différences notables.

D'une part, alors que le ludo-éducatif concerne un apprenant enfant, pour un acheteur parent et un contexte d'utilisation domestique, le jeu sérieux concerne souvent un apprenant adulte, pour un acheteur institutionnel et un contexte d'utilisation professionnel. Par exemple, dans le domaine des ressources humaines, on trouvera des jeux pour aider les candidats à bien réussir un entretien d'embauche ou les cadres à mener un entretien annuel d'évaluation[8]. Ainsi, le jeu sérieux entre dans la palette d'outils *e-learning* que l'entreprise peut mettre en place pour assurer la formation de ses employés.

> Le jeu sérieux entre dans la palette d'outils *e-learning* que l'entreprise peut mettre en place pour assurer la formation.

D'autre part, les progrès techniques et graphiques du jeu vidéo en font aujourd'hui une « vitrine », dont on peut emprunter les composantes et les technologies à des fins pédagogiques. Ainsi, on trouvera des jeux sérieux qui ne sont pas véritablement des jeux, au sens d'une activité gratuite et pourtant intrinsèquement motivante[9], mais qui, « inspirés » par le jeu vidéo, renouvellent un dispositif existant du *e-learning*.

Parmi ces dispositifs, on trouvera notamment les simulations abordées ci-dessus, car une caractéristique fondamentale des jeux est de s'appuyer sur un système, mû par des lois internes, dénommé la mécanique de jeu. Ainsi, on pourra dire qu'un jeu contient une simulation, même si celle-ci n'est pas nécessairement réaliste. Les jeux ajoutent aux simulations des composantes qui lui sont propres, à savoir :

## UNE RECHERCHE REMARQUABLE : L'EFFICACITÉ DES JEUX SÉRIEUX À L'ÉPREUVE

Parmi la myriade de jeux sérieux aujourd'hui disponibles, relativement peu s'intéressent aux apprentissages complexes, comme l'acquisition de notions mathématiques. Pour ce type d'apprentissage, on suppose que l'une des clefs du succès réside dans l'intégration du contenu d'apprentissage à la mécanique de jeu. Une étude, réalisée à l'université de Nottingham par Jacob Habgood et ses collègues, a consisté à concevoir et comparer deux variantes d'un jeu, Zombie Division, destiné à l'apprentissage du concept de la division.

Dans la première variante, dite « intrinsèque », l'apprenant-joueur doit combattre ses ennemis en choisissant le bon sabre qui fera la bonne division selon le chiffre inscrit sur l'ennemi ; dans l'autre, dite « extrinsèque », un jeu similaire de combat est proposé, mais sans la notion mathématique de division, qui est placée dans des exercices à part entre les sessions de jeu. Ces chercheurs ont montré que les performances en matière de division augmentent davantage avec la version intrinsèque qu'avec la version extrinsèque. Par ailleurs, s'ils ont le choix, les apprenants jouent préférentiellement sur la version intrinsèque. On notera que ce résultat n'a pas été obtenu « du premier coup ». Ce n'est qu'après la réalisation de trois prototypes, suivie de modifications importantes consécutives à de premières expérimentations, que la version intrinsèque a pu avoir un effet. Cela illustre la difficulté de concevoir de tels jeux sérieux efficaces, au-delà de l'idée initiale de combiner jeu et apprentissage.

Référence : M.P.J. Habgood et S.E. Ainsworth, « Motivating children to learn effectively: exploring the value of intrinsic integration in educational games », *Journal of the Learning Sciences*, 2011, vol. 20, n° 2, p. 169-206.

– une *interface utilisateur très soignée* : éléments graphiques artistiquement travaillés, design sonore et musical, et plus généralement un bon *gameplay*. Ces aspects concourent à produire chez l'apprenant une satisfaction esthétique et/ou un plaisir sensoriel que l'austérité des sujets abordés (sans oublier les limites budgétaires !) tendrait souvent à négliger ;

– une *mise en scène narrative des situations*, qui non seulement contribue à les rendre plus attractives mais peut aussi améliorer la rétention de l'information. Ainsi, ce qui aurait pu être une simple simulation des effets des choix d'aménagement du territoire côtier sur la prévention des catastrophes naturelles devient, avec « Halte aux catastrophes », un jeu avec une « mission » – aménager un espace côtier pour éviter la catastrophe – sanctionnée par un article de journal du jour, racontant les dégâts et commentant les mesures de prévention prises par le joueur ;

– des *mécanismes de score permettant de motiver l'apprenant*, même si cette motivation reste extrinsèque par rapport au domaine d'apprentissage ;

– une *attention toute particulière portée sur la progression de la difficulté*. À l'exception de certains jeux destinés aux joueurs chevronnés (*hardcore gamers*), les jeux vidéo parviennent à augmenter très progressivement la difficulté. En début de partie, on peut immédiatement entrer dans le jeu, et là où un manuel d'utilisation aurait été nécessaire, il est intégré en tant que « niveau zéro » du jeu, niveau tutoriel similaire au jeu lui-même mais intégrant un fort guidage. Plus loin dans la partie, la difficulté augmente pas à pas jusqu'à ce que le joueur atteigne une expertise remarquable. On réalise ainsi que, à l'exception de ceux de pur hasard, les jeux procèdent d'un apprentissage et ont développé des stratégies pour optimiser cet apprentissage.

> Les jeux sérieux promettent « d'apprendre en s'amusant », de rendre les simulations motivantes par l'interaction ludique.

Enfin, de manière plus générale, les jeux sérieux promettent « d'apprendre en s'amusant », plus précisément de rendre les simulations motivantes, par le fait même de l'interaction ludique. Ce dernier point, qui est souvent l'argument fort des promoteurs des jeux sérieux, est en fait contestable pour les jeux sérieux actuels : ceux-ci, quand ils veulent rester des jeux, parviennent mal à intégrer la connaissance visée par l'objectif d'apprentissage dans la mécanique de jeu. Car si, comme expliqué plus haut, on apprend en jouant, partir d'un objectif d'apprentissage et le transformer en jeu – c'est-à-dire adopter une démarche d'ingénierie pédagogique (voir l'encadré) – est très difficile.

Les jeux sérieux, dans l'état actuel de nos connaissances, apparaissent donc plus comme un catalyseur d'approches existantes que comme une nouvelle stratégie pédagogique. Car les jeux vidéo regroupent des dispositifs très variés mettant en jeu des connaissances et compétences tout aussi variées. Les jeux en réseau, par exemple, constituent aussi une piste pour renouveler les dispositifs collaboratifs abordés précédemment, comme dans NoviCraft ou Clim@ction.

## Conclusion : garder les acteurs au centre du dispositif

Le paysage du *e-learning* offre une grande variété de dispositifs qui permettent de répondre aux exigences multiples de la formation des adultes, à condition de choisir celui qui correspond à la situation spécifique (besoins, public, contexte) et d'adopter une ingénierie de conception rigoureuse. Le support numérique offre des fonctionnalités particulièrement intéressantes dans les situations de formation : adaptation à la progression individuelle, variabilité des supports, *feedback* immédiat et personnalisé, traçage des actions des utilisateurs, possibilité de partage et de collaboration, sans oublier la mobilité, renforcée par l'arrivée des *smartphones* et autres tablettes tactiles.

Malgré une percée des approches socio-constructivistes autour des communautés de pratique et d'apprentissage, la vision dominante en *e-learning* reste «descendante», au sens où le collaborateur est supposé intégrer une série de connaissances et de compétences définies par le top management, sans vraiment prendre en compte l'activité réelle de l'individu et du collectif. Les technologies peuvent renforcer cette tendance en rigidifiant les activités mises en œuvre et en diminuant la liberté d'action du formateur. Une autre approche est de considérer que les acteurs eux-mêmes, collaborateurs et formateurs, font partie du dispositif et lui donneront une coloration spécifique qui dépendra de la culture d'entreprise et de la conception des individus. L'ingénierie de conception doit alors intégrer une phase d'analyse de l'activité des collaborateurs et pas seulement se fonder sur une description formelle de cette activité. D'autre part,

> Le paysage du *e-learning* offre une grande variété de dispositifs pour répondre aux exigences de la formation.

> **EN PRATIQUE : DE L'IMPORTANCE DE L'INGÉNIERIE PÉDAGOGIQUE**

Gage de qualité pour toute formation, une ingénierie pédagogique rigoureuse devient obligatoire dans le cas du e-learning, puisqu'il est nécessaire de définir précisément comment le logiciel doit réagir à chaque situation ou, dans le cas des plates-formes collaboratives, quel *workflow* doit être suivi. La méthode Ten Steps to Complex Learning, inspirée du modèle 4C-ID (Four Components Instructional Design), se prête parfaitement au développement d'une application *e-learning*. Les auteurs proposent de suivre dix étapes pour concevoir les quatre piliers de la formation : les activités d'apprentissage, les ressources d'aide, les instructions procédurales et les stratégies d'entraînement. Chaque étape est accompagnée de recommandations de conception fondées sur des résultats éprouvés par la recherche. Ce modèle a donné lieu à plusieurs applications pour la formation professionnelle, dont le logiciel CRAFT en électromécanique, mêlant didacticiel, simulation et jeu sérieux.

Référence : J.J.G. van Merriënboer et P.A. Kirschner, *Ten Steps to complex Learning*, Londres, Lawrence Erlbaum Associates, 2007.

le support technologique doit alors être pensé comme un moyen pour les individus de prendre de la distance par rapport à leur expérience personnelle, que ce soit lors de situations simulées, d'élaboration de projets collaboratifs ou de discussion sur des pratiques. Loin d'être un problème, cette appropriation active du dispositif par les acteurs, qui devrait aller jusqu'à la co-construction avec les collaborateurs, est plutôt gage de flexibilité et d'efficacité – pourvu que l'on ait prévu cette co-construction dans l'ingénierie de conception.

**NOTES**

1. B. d'Alguerre, « E-learning : un marché mondial de 32 milliards de dollars », *La lettre de la FOAD*, 2012. www.pratiques-de-la-formation.fr/E-Learning-un-marche-mondial-de-32.html.
2. M. Linard, « La distance en formation : une occasion de repenser l'acte d'apprendre », *in* G. Davies et D. Tinsley (dirs.), *Accès à la formation à distance, clés pour un développement durable*, Proceedings International Conference, Genève, 10-12 octobre 1994, Berne, FIM Erlangen, 1995, p. 46-55.
3. Commission des Communautés européennes, Plan d'action e-learning. Penser l'éducation de demain, 2001. eur-lex.europa.eu/LexUriServ/LexUriServ.do?uri=COM:2001:0172:FIN:FR:PDF.
4. T. de Jong, « Computer simulations : technological advances in inquiry learning », *Science*, 2006, n° 312, p. 532-533.
5. E.D. van der Spek, H. van Oostendorp et J.-J. Meyer, « Introducing surprising events can stimulate deep learning in a serious game », *British Journal of Educational Technology*, 2013, vol. 44, n° 1, p 56-169.
6. D. Peraya, « Médiatisation et médiation. Des médias éducatifs aux ENT », *in* V. Liquète (dir.), *Médiations*, Les Essentiels d'Hermès, Paris, CNRS, 2010, p. 33-48.
7. P. Dillenbourg, C. Poirier et L. Carles, « Communautés virtuelles d'apprentissage : e-jargon ou nouveau paradigme ? », *in* A. Taurisson et A. Senteni (dirs.), *Pédagogies.net. L'essor des communautés virtuelles d'apprentissage*, Québec, PUQ, 2003, p. 11-48.
8. Daesign, 2013, www.daesign.com/en/realisations/bnp-paribas.html
9. J. Huizinga, *Homo ludens. Essai sur la fonction sociale du jeu*, Paris, Gallimard, 1951.

Deuxième partie

# État des lieux des pratiques émergentes

# Chapitre 6
# Les apprentissages professionnels informels.
# À la découverte du continent englouti

**Philippe Carré et Anne Muller**

Le monde professionnel de la formation des adultes est aux prises avec un paradoxe. À mesure que les besoins en compétences s'affirment et que la nécessité de l'apprentissage tout au long de la vie se fait plus indiscutable, tant dans les discours politiques et managériaux que dans la réalité des pratiques quotidiennes au travail, les modèles de formation établis – qu'ils soient « présentiels » ou « à distance » – montrent leurs limites. L'écart entre les exigences de qualification professionnelle, voire citoyenne, et le potentiel de l'appareil de formation augmente dangereusement. Dans ce contexte, chercheurs, experts et professionnels de la formation redécouvrent l'iceberg des apprentissages dits « informels », ce continent englouti, et donc invisible, véritable gisement de ressources méconnues, parfois même méprisées, génératrices de compétences innombrables. À l'heure où les moyens numériques démultiplient les formes d'accès au savoir, où les modèles managériaux évoluent vers des formes d'animation participative, voire d'*empowerment* des salariés, et où la pédagogie (re)découvre les bienfaits de l'autonomie et du travail collaboratif, la question de ces apprentissages buissonniers est portée par un vent favorable.

Ce bref chapitre, après avoir situé la notion d'apprentissage informel, ses ambiguïtés sémantiques et son empan aujourd'hui, tentera d'en illustrer la pertinence à travers quelques exemples de recherche avant d'en dire les enjeux et, par conséquent, d'ébaucher les défis qu'elle adresse aux spécialistes de la formation des adultes aujourd'hui.

## *Un continent inexploré, aux contours encore flous*

**La notion d'apprentissage informel voisine avec celles d'apprentissage «expérienciel», «quotidien», «biographique», «en situation de travail», etc.**

La notion d'apprentissage informel voisine avec de nombreuses notions connexes: ainsi de l'apprentissage «expérienciel», «quotidien», «biographique», «en situation de travail», voire de l'autoformation et de ses nombreux dérivés[1]. Dans son ouvrage fondateur pour la francophonie, Abraham Pain l'évoque comme une «forme souterraine, invisible et contrebandière d'éducation qui se déroule hors des structures éducatives instituées[2]». Pour cet auteur, trois caractéristiques de l'apprentissage dit «informel» semblent établies: il serait fondé sur l'expérience, situé dans un contexte précis et basé sur des situations authentiques.

Pour Joe Cullen et ses collègues, «l'apprentissage informel est un concept flou et mal défini qui manque de fondements théoriques. Il est pragmatique et éclectique dans son orientation et les études le concernant sont très localisées[3]». Helen Colley, Phil Hodkinson et Janice Malcom ont comparé dix travaux dans le champ de l'apprentissage non formel et informel et montré l'absence de consensus conceptuel entre les auteurs[4]. Selon eux, «on ne pourrait d'aucune façon imposer une définition unique et permanente qui satisfasse aux critères de crédibilité de tous les secteurs». Gilles Brougère et Anne-Lise Ulmann, cherchant à «sortir de l'ombre les apprentissages quotidiens», reconnaissent que ceux-ci «ne font pas l'objet de définitions bien précises[5]»…

Plusieurs auteurs ont néanmoins tenté l'exercice de définition, afin de fixer le périmètre de la notion. Pour Per-Erik Ellström, celle-ci désigne «un apprentissage qui survient régulièrement dans le travail et la vie quotidienne, subordonné à d'autres activités (par exemple, professionnelles), au sens où l'apprentissage n'est pas le premier but de l'action[6]». Les apprentissages professionnels informels sont définis par Philippe Carré et Olivier Charbonnier comme

> tout phénomène d'acquisition et/ou de modification durable de savoirs (déclaratifs, procéduraux ou comportementaux) produits en dehors des périodes explicitement consacrées par le sujet aux actions de formations instituées et susceptibles d'être investis dans l'activité professionnelle[7].

Selon ces auteurs, ils trouvent leur source dans « les dimensions relationnelles du travail et dans la confrontation aux aléas relationnels (initiation, panne, incident) ». Daniel Schugurensky distingue trois types d'apprentissage informel en fonction de l'intentionnalité et de la conscience de l'individu ou de l'apprenant : la *socialisation*, qui correspond à un apprentissage tacite de la vie quotidienne ; l'*apprentissage fortuit non intentionnel*, coproduit d'une autre activité ; et l'*apprentissage autodirigé*, projet éducatif entrepris sans l'aide d'un professionnel de la formation[8]. En combinant cette catégorisation et ses propres observations empiriques, Anne Muller aboutit à une répartition des apprentissages professionnels informels en trois types :

– volontaires et conscients : on parlera alors d'apprentissages *intentionnels* ;

– involontaires et conscients : il s'agira alors d'apprentissages *incidents* ;

– involontaires et inconscients : on les nommera apprentissages *implicites*[9].

Parler d'apprentissage informel nous conduit dès lors à analyser les processus aux cours desquels le sujet transforme de façon durable ses connaissances, habiletés ou attitudes à l'occasion d'expériences réalisées en dehors de tout environnement spécifiquement conçu par d'autres dans une visée d'éducation ou de formation. Ces apprentissages pourront prendre une forme intentionnelle (quand le sujet est en mesure de formuler un projet d'apprentissage), incidente (quand les événements et expériences vécus transforment consciemment ses manières de connaître, d'agir ou de se comporter) ou implicite (quand, à l'occasion d'une conversation, d'un entretien, d'une analyse de pratique, il/elle prendra conscience d'évolutions passées ou en cours de ses représentations, compétences et attitudes).

> Trois types d'apprentissage informel sont distingués : la *socialisation*, l'*apprentissage fortuit non intentionnel* et l'*apprentissage autodirigé*.

## Un aperçu de la recherche sur les apprentissages informels

Malgré la popularité de la notion et le consensus qui s'établit graduellement autour de son importance, la fréquence, la pertinence et l'efficacité de ces apprentissages sont difficilement quantifiables puisqu'ils sont *a priori* invisibles, disséminés, non organisés et pourtant non évalués dans les milieux de travail. Néanmoins, de multiples recherches et études de statuts divers ont cherché à en mesurer l'impact sur le développement des compétences des adultes. Au Canada, Allen Tough fut un pionnier des recherches empiriques sur l'apprentissage informel, creusant le sillon initié à partir du début du xx<sup>e</sup> siècle par plusieurs auteurs nord-américains – John Dewey, Eduard Lindeman, Charles Wedemeyer, Malcolm Knowles. À travers une large enquête auprès des adultes de la ville de Toronto, il éclaira une région du continent caché des apprentissages adultes en démontrant qu'un adulte «moyen» consacre plusieurs centaines d'heures par an à des projets d'apprentissage indépendants, dont 70 % sont autodirigés[10]. Il en montre l'importance chez les adultes et en propose une représentation sous forme d'iceberg dont la partie immergée, la plus importante, représente la part d'apprentissage informel dans la formation.

> **La partie immergée de l'iceberg, la plus importante, représente la part d'apprentissage informel dans la formation.**

Pour Per-Erik Ellström, citant une recherche menée aux Pays-Bas qui confirme à la fois les métaphores ci-dessus et les estimations empiriques ou spontanées de multiples chercheurs et observateurs, «les activités d'apprentissage informel comptent pour plus de 90 % du temps que les employés néerlandais consacrent aux apprentissages professionnels[11]».

Différentes recherches mettent ainsi en valeur combien est sous-estimée l'importance des apprentissages informels en regard des apprentissages dits «formels» dans la formation des adultes. Dans cette même veine, Victoria Marsick et Karen Watkins constatent aux États-Unis que seulement 20 % de ce que les employés apprennent provient de processus structurés d'apprentissage[12]. En 2009, le Conference Board du Canada les estime quantitativement supérieurs aux apprentissages formels (56 %). Selon cette étude, l'importance des apprentissages informels expliquerait une diminution de l'investissement en formation formelle de l'ordre de 40 % depuis dix ans dans les entreprises canadiennes. Globalement, les estimations attribuent de 70 % à 90 % du temps consacré au développement des compétences à ces formes d'apprentissage « masqué ».

En France, plusieurs recherches ont dévoilé, à partir d'une méthodologie dite des « journaux de bord », la prégnance des apprentissages informels dans plusieurs professions. Vingt-cinq cadres supérieurs dits « à potentiel » d'une grande compagnie d'assurances se sont ainsi soumis à l'exercice consistant à noter quotidiennement les occasions, ressources, contenus et modalités d'apprentissages *a priori* invisibles[13]. Cette tâche a été précédée d'un entretien de cadrage et suivie d'un entretien de décryptage permettant l'interprétation des données. L'importance des situations d'intégration, de mobilité, de dysfonctionnement, de projet et la variété des ressources humaines et matérielles d'autoformation ont ainsi été mises au jour. Quatre modes – ou préférences – spécifiques d'apprentissage sont apparus à l'analyse : un mode « autodidactique » puisant son contenu dans les ressources matérielles ; un mode « relationnel » privilégiant les contacts humains pour apprendre ; un mode « expérienciel » centré sur la réflexivité lors d'expériences dans le travail ; et un mode « conventionnel », largement minoritaire, concentré sur les opportunités organisées pour apprendre (stages, conférences, cours).

En utilisant la même méthodologie, Philippe Carré et Jean-Damien Ricard ont analysé les journaux de bord de vingt-deux médecins généralistes et mis en évidence chez ces derniers une moyenne de dix-neuf épisodes d'apprentissage par personne sur une période de quatre semaines[14]. Les apprentissages perçus sont avant tout déclenchés par les situations de consultation et de lecture de la presse écrite. Contrairement aux présupposés de la profession, les visites de délégués médicaux, congrès et échanges avec les confrères apparaissent très secondaires dans le tableau ainsi tracé, de même que l'utilisation d'Internet, pourtant déjà très répandu à l'époque de l'enquête.

La recherche menée par Philippe Carré et Olivier Charbonnier auprès de salariés et demandeurs d'emploi dans six milieux différents a utilisé une combinaison de démarches[15]. Une enquête de type ethnographique, menée par immersion de six chercheurs pendant un mois sur chaque site, a mis en évidence la combinatoire propice au développement de

**Plusieurs éléments contribuent aux apprentissages, dont une visibilité des ressources et des motivations individuelles affirmées.**

ces apprentissages : une culture d'entreprise « apprenante », une visibilité des ressources disponibles et des motivations individuelles affirmées. L'enquête dite « stratégique », organisée autour de soixante-quatorze entretiens individuels et neuf entretiens collectifs, a permis de dégager dix influences managériales propices à l'éclosion et à la fertilisation de ces types d'apprentissage. Enfin, une étude psychosociale conduite à partir de l'analyse de plusieurs centaines de questionnaires a permis d'établir, entre autres constats, la primauté des dimensions relationnelles du travail, d'une part, et de la confrontation aux aléas de la pratique (conflits, dysfonctionnements, pannes) d'autre part, dans l'apparition d'apprentissages professionnels informels.

La plus récente de cette famille de recherches a été menée par Anne Muller auprès d'infirmières de deux établissements de santé[16]. Une étude qualitative, basée sur la méthode des journaux de bord, a d'abord été menée auprès de trente professionnelles pendant six semaines, avant une enquête par questionnaires auprès de la quasi-totalité des personnels des deux établissements. Il y apparaît que les infirmières ont une forte perception d'apprentissage au travail et de soutien d'apprentissage dans leurs établissements. Les apprentissages informels perçus sont effectués en majorité « juste à temps » parce qu'ils sont nécessaires pour agir avec pertinence en situation. Variables d'ajustement de la compétence liées aux aléas et injonctions de l'environnement, ils concourent puissamment à la professionnalisation[17]. Ces savoirs à mobiliser évoluant rapidement, l'infirmière se trouve engagée dans un processus d'autoformation permanente[18].

*L'autoformation est mobilisée en situation sociale, avec une forte composante relationnelle.*

Cette autoformation ou art d'« apprendre par soi-même » est mobilisée en situation sociale, avec une forte composante relationnelle. Les infirmières développent ainsi un savoir d'action qui se construit entre pairs, dans une véritable communauté de pratique. Le mode de transmission oral n'incite ni à la formalisation ni à la validation des savoirs ainsi construits. Pourtant cet apprentissage autorégulé renforce le sentiment d'efficacité personnelle du professionnel et la satisfaction éprouvée favorise les apprentissages futurs, créant ainsi une boucle vertueuse d'apprentissage[19]. L'hôpital peut alors être considéré comme un environnement nourricier d'apprentissage. Il sera plus ou moins « capacitant[20] » en fonction des cinq paramètres que sont le climat, l'organisation du travail, le mode de management, l'autonomie des acteurs et l'accès aux ressources humaines. Selon l'état de ces paramètres, l'hôpital peut (ou non) être considéré comme organisation apprenante, soutien et vecteur d'apprentissages infirmiers tout au long de la vie[21].

## Un consensus impressionniste

Le tableau des premiers travaux de recherche sur les apprentissages professionnels informels, en essor depuis leur émergence graduelle à la fin du XXe siècle, est à la fois impressionnant et impressionniste.

Le constat du caractère universel et transverse de ces processus de développement de compétences buissonnières, dans l'ignorance la plus complète des dispositifs institués de formation, évoque les trésors encore enfouis de l'économie informelle dans son ensemble. L'économiste pourrait s'intéresser à chiffrer les plus-values ainsi dégagées sur les budgets consacrés à l'entretien et au développement des compétences. À l'inverse, le sociologue critique pourrait en dénoncer les dangers, tout comme il peut par ailleurs faire le procès du volontariat, de l'humanisme caritatif et des services de voisinage, analysés comme des palliatifs des carences en services publics, voire des moyens de compensation des politiques de rigueur. Il n'en reste pas moins que l'ampleur du territoire ainsi mis à découvert et le constat de sa fertilité ne peuvent qu'impressionner l'observateur.

Le tableau reste néanmoins impressionniste, car doublement limité. Il est fragilisé d'un côté par la dimension avant tout déclarative de la plupart des études menées sur cet objet. La quasi-totalité des enquêtes portent sur des *perceptions* d'apprentissage, aucunement validées par une évaluation objectivante, ce qui peut mettre en question la réalité des apprentissages réalisés, par-delà l'impression subjective d'«avoir appris». C'est d'ailleurs là une difficulté endémique à la «science de la formation» quand il s'agit de définir précisément ce qu'est un apprentissage, en l'absence de procédures psychométriques susceptibles, par exemple, d'apprécier la stabilité des changements de représentation, d'habileté ou d'attitude sur une période suffisamment longue. D'autre part, la variété et la complexité des compétences humaines, particulièrement en situation professionnelle, génèrent des représentations multiples de la

> La quasi-totalité des enquêtes portent sur des *perceptions* d'apprentissage, aucunement validées par une évaluation objectivante.

définition, du périmètre et des caractéristiques de ce que c'est qu'apprendre, laissant la voie libre à des interprétations divergentes, voire contradictoires selon les cultures épistémologiques mobilisées. En dépit de ces deux réserves et des zones de flou dans le tableau ainsi révélé, il paraît aujourd'hui acquis que les apprentissages professionnels informels sont un continent à défricher, car riche de potentiel pour les sujets sociaux et les organisations.

## Trois défis pour demain

**L'importance des apprentissages professionnels informels est avérée car ils répondent à plusieurs enjeux socio-économiques actuels.**

Si l'importance des apprentissages professionnels informels est aujourd'hui avérée, malgré les difficultés inhérentes à la mesure de leur impact sur les pratiques et les organisations, c'est sans doute parce qu'ils répondent à plusieurs enjeux socio-économiques actuels. Le premier est néanmoins bien enraciné dans l'histoire de l'éducation permanente, s'agissant de la prégnance des formes non instituées d'apprentissage humain dans le cours d'une vie. De l'ancestral compagnonnage jusqu'à l'essor de l'autoformation numérique, en passant par la tradition de la *Bildung*, le concept de *lifelong learning* (trahi par sa traduction en français de *formation professionnelle* tout au long de la vie) pointe ce motif initial, quasi anthropologique, de prendre au sérieux les apprentissages informels des adultes. Plus récemment, les transformations graduelles des modes de management et – plus brutales – de l'organisation du travail ont entraîné, parallèlement, un « glissement de terrain » pédagogique. La formation « descendante » des adultes cède la place à des pédagogies « inversées », « ascendantes » de facilitation de l'apprenance[22], plus hospitalières à l'exploitation et la reconnaissance des apprentissages du quotidien. Enfin, et il s'agit là d'une révolution encore discrète et qui, bien que très récente, n'a pas fini de bouleverser le monde de la formation et du travail, l'apparition des outils interactifs du Web 2.0 (réseaux sociaux, *wikis*, et surtout moteurs et méta-moteurs de recherche) transforme radicalement le rapport au savoir et à l'apprentissage de la quasi-totalité des sujets sociaux, percutant brutalement les modes de transmission frontale et descendante du savoir – encore dominants aujourd'hui[23].

Comme le signalent Denis Cristol et Anne Muller, la question des apprentissages informels et de leur impact sur le développement des compétences pose à la communauté de chercheurs et praticiens de la formation un triple défi[24]. Défi conceptuel, car la définition et le périmètre de ce qu'il est convenu d'identifier comme apprentissage professionnel informel demandent à être précisés, délimités et opérationnalisés. Défi méthodologique, car les techniques et outils de leur évaluation sont encore embryonnaires. Défi pédagogique enfin, car face à la tentation de « formaliser l'informel », les formes nouvelles d'accueil, d'accompagnement et de reconnaissance des processus émergents d'apprentissage hors des structures éducatives instituées restent encore largement perfectibles, et la question de leur financement en période de tensions budgétaires demeure un point aveugle de leur développement.

En conclusion de leur recherche, Philippe Carré et Olivier Charbonnier proposaient quatre questions qui restent autant de pistes de recherche et d'action pour le développement des apprentissages informels[25]. Comment faire de l'organisation un environnement d'apprentissage, accueillant et nourricier des apprentissages « au quotidien » ? Comment décupler le pouvoir apprenant des collectifs de travail ? Comment valoriser les efforts autonomes et quotidiens des salariés pour apprendre en dehors des moments institués ? Comment aider management et leadership de l'organisation à nourrir une culture de l'« apprenance », dans la texture même du travail ? Dix ans plus tard, de nouvelles observations confirment l'importance de ces questions et des enjeux sous-jacents pour la rénovation des pratiques de formation et l'appui au développement des compétences dans les organisations. Voici, en somme, tout un programme à *mettre en forme* ...

## NOTES

1. D. Cristol et A. Muller, « Les apprentissages professionnels informels », Note de synthèse, *Savoirs*, 2013, n° 32.
2. A. Pain, *Éducation informelle. Les effets formateurs dans le quotidien*, Paris, L'Harmattan, 1990.
3. J. Cullen et coll., *Review of current pedagogic Research and Practice in the Fields of post-compulsory Education and lifelong Learning. Final Report*, Leeds, Tavistock Institute, 2002.
4. H. Colley, P. Hodkinson et J. Malcom, *Informality and Formality in Learning: a Report for the Learning and Skills Research Center*, Leeds, Lifelong Learning Institute, 2003.
5. G. Brougère et A.-L. Ulmann (dirs.), *Apprendre de la vie quotidienne*, coll. « Apprendre », Paris, Puf, 2009.
6. P.-E. Ellström, « Informal learning at work: conditions, processes and logics », in M. Malloch et coll. (dirs.), *The SAGE Handbook of Workplace Learning*, Londres, SAGE Publications, 2011, p. 105-120.
7. Ph. Carré et O. Charbonnier (dirs.), *Les Apprentissages professionnels informels*, Paris, L'Harmattan, 2003.
8. D. Schugurensky, « Vingt mille lieues sous les mers : les quatre défis de l'apprentissage informel », *Revue française de pédagogie*, 2007, n° 160, p. 13-27.
9. A. Muller, *Des apprentissages infirmiers informels des services de soins vers l'hôpital comme organisation apprenante*, Thèse de doctorat en sciences de l'éducation sous la direction de Ph. Carré, Nanterre, 2013.
10. A.M. Tough, *The Adult's Learning Projects : a fresh Approach to Theory and Practice in Adult Learning*, Toronto, OISE, 1971.
11. P.-E. Ellström, *op. cit.*
12. V.J. Marsick et K.E. Watkins, *Informal and incidental Learning in the Workplace*, New York, Routledge, 1990.
13. Ph. Carré, P. Portelli et A. Putot, *Audit des pratiques d'autoformation*, Paris, Interface / AXA, 1994.
14. Ph. Carré et J.-D. Ricard, « Comment apprennent les médecins ? », in *Conférence Elsevier Masson : bonnes pratiques en formation médicale continue*, Paris, Elsevier-Masson, 2008.
15. Ph. Carré et O. Charbonnier, *op. cit.*
16. A. Muller, *op. cit.*
17. G. Le Boterf, *Professionnaliser. Construire des parcours personnalisés de professionnalisation*, 6ᵉ éd., Paris, Éditions d'Organisation, 2010.
18. J. Dumazedier, *Penser l'autoformation. Société d'aujourd'hui et pratiques d'autoformation*, Lyon, Chronique Sociale, 2002.
19. B. Zimmerman, « Efficacité perçue et autorégulation des apprentissages durant les études : une vision cyclique », in Ph. Carré et A. Moisan (dirs.), *La Formation autodirigée. Aspects psychologiques et pédagogiques*, Paris, L'Harmattan, 2002, p. 69-87.
20. S. Fernagu Oudet, « Concevoir des environnements de travail capacitants comme espace de développement professionnel. Le cas du réseau réciproque d'échanges des savoirs à La Poste », *Formation Emploi*, 2012, n° 119, p. 7-27.
21. A. Muller et Ph. Carré, « Évolution des compétences infirmières et formation tout au long de la vie », *Savoirs et soins infirmiers*, 2009, Paris, Elsevier-Masson.
22. Ph. Carré, *L'Apprenance. Vers un nouveau rapport au savoir*, Paris, Dunod, 2005.
23. S. Enlart et O. Charbonnier, *Faut-il encore apprendre ?*, Paris, Dunod, 2010.
24. D. Cristol et A. Muller, *op. cit.*
25. Ph. Carré et O. Charbonnier, *op. cit.*

# Chapitre 7
# Les pratiques d'apprentissage en situation de travail

**Pascale Fotius et Sophie Pagès**

## Introduction

Face à l'exigence de former en continu des individus et des collectifs soumis à des changements organisationnels fréquents et rapides, l'apprentissage en situation de travail – AST – peut être considéré comme une piste possible de renouvellement des questions de formation et de développement[1]. De façon très concrète, l'AST consiste effectivement à rapprocher l'apprentissage du contexte dans lequel cet apprentissage doit être utilisé. Plutôt que d'avoir des moments de formation qui vont se passer dans une salle à part, dans un lieu à part, éloignés du terrain, on va faciliter le transfert de ce qui est appris par la proximité avec la situation de travail.

L'enjeu pour l'apprenant est de pouvoir expérimenter de nouvelles « façons de faire » tout en étant accompagné. Il va ainsi pouvoir évaluer très vite s'il a compris, si ce qu'il fait marche bien. Du point de vue du moniteur ou du formateur, c'est la possibilité de ne pas « raconter » des éléments trop théoriques avec des approches qui ne seraient pas totalement « vraies », mais d'être au cœur de l'environnement de travail, proche des facilités et difficultés offertes par cet environnement. L'idée de l'AST revient donc à organiser des temps pour s'exercer et des temps où l'on peut être dans la situation qu'il faut apprendre à maîtriser. Rien dans cette approche n'est laissé au hasard, et derrière une certaine évidence à déployer l'AST existe tout un ensemble de « pas de côté » à opérer dont il est important de prendre conscience.

Les expériences qui nourrissent ce chapitre sont développées au sein de secteurs très différents. Elles répondent encore à des logiques d'expérimentation, mais elles permettent d'interroger les contextes dans lesquels l'AST a été impulsé, comment l'approche peut exister à côté d'autres dispositifs et les changements de posture en jeu pour les acteurs concernés : apprenants, managers, tiers médiateurs, formateurs et acteurs RH. Comment l'AST fonctionne-t-il ? En quoi est-il une opportunité pour revisiter les fondamentaux de l'apprentissage ? À quelles conditions le contexte permet-il réellement à un individu, inséré dans un collectif, d'apprendre *par* et *au travers de* son travail ?

## L'apprentissage en situation de travail comme dispositif

Nous pouvons analyser la mise en œuvre de l'AST sous l'angle des processus, étapes et rôles en jeu pour l'ensemble des acteurs impliqués. L'AST est parfois abordé et utilisé comme une modalité de développement possible parmi d'autres – stages « classiques », *e-learning*, etc. Avec le recul, les dispositifs d'AST qui fonctionnent le mieux sont ceux où l'on introduit des tiers, à la fois très proches des situations de travail mais en dehors d'une relation de pouvoir avec les apprenants. Référents techniques, tuteurs, moniteurs, collègues plus expérimentés, formateurs occasionnels seront des « autres » qui, plus que « former », seront là pour transférer et accompagner. Nous proposons de nommer ces tiers médiateurs des « moniteurs ». Dans cette perspective, nous adopterons le point de vue du moniteur pour décrire les étapes qui structurent concrètement ce qui se passe dans l'AST.

À partir des éléments actés par le manager et l'apprenant au travers d'une évaluation et parfois d'un auto-diagnostic, le moniteur, formé à l'AST, va rentrer dans une dynamique de travail avec l'apprenant et mobiliser trois leviers majeurs : l'observation, le débrief et l'entraînement.

> **L'AST est parfois abordé et utilisé comme une modalité de développement possible parmi d'autres.**

– L'*observation dans l'activité quotidienne* a pour objectif de repérer concrètement les points sur lesquels le collaborateur a besoin d'être accompagné.

– Le moniteur va ensuite organiser une *étape de débriefing* avec l'apprenant, pour identifier avec lui les éléments de la situation professionnelle pouvant faire l'objet d'un apprentissage. La qualité du questionnement est décisive pour ne pas se situer en tant que « modèle », mais créer les conditions d'un dialogue autour des raisons pour lesquelles le travail observé a « marché » et les raisons pour lesquelles le collaborateur a pu, à un moment donné, être en difficulté.

- Une *phase d'entraînement* sera ensuite proposée, d'abord à blanc, sous forme de simulation – pour arriver, par exemple dans la gestion d'une relation client difficile, au ton juste, à une manière différente de dire les choses. Un point fondamental réside dans le fait que cette étape de simulation accompagnée autorise pour l'apprenant le droit à l'erreur. Des entraînements dans la situation réelle viseront ensuite à évaluer, à la fois du côté moniteur et du côté apprenant, si les compétences développées dans le cadre de l'AST sont acquises. La souplesse dans l'approche déployée par le moniteur doit permettre à tout moment de rester en phase avec ce que dit le collaborateur, sa représentation de ce qu'il fait bien ou moins bien et la façon dont il souhaite être accompagné pour progresser.

C'est la situation de travail qui est le point de départ pour réaliser l'observation (« À quoi et comment va-t-on observer que cela marche ou non ? »). C'est elle que l'on va apprendre à décoder tant du point de vue du moniteur que de l'apprenant pour améliorer une pratique professionnelle. C'est elle également que l'on utilise dans les phases d'entraînement pour déterminer si les acteurs concernés ont réellement compris et appris.

L'articulation entre apprendre et agir est largement conditionnée par les rythmes de l'AST. Le cadrage des périodes durant lesquelles vont avoir lieu l'observation et le débriefing est fondamental. Le moniteur a la possibilité, à l'intérieur de temps reconnus et programmés, d'alterner de façon extrêmement rapide – et différente selon les individus – les moments d'observation, de débriefing et d'entraînement. La posture du moniteur est centrée sur l'apprenant, sur sa capacité à analyser le travail et à interroger la personne accompagnée pour créer une dynamique de progression. Il est garant du

**L'articulation entre apprendre et agir est largement conditionnée par les rythmes de l'AST.**

processus d'apprentissage. L'expérience de la SNCF décrite ci-après révèle comment les acteurs de la formation au sein de l'Université du Service se sont emparés du sujet avec les Directions Métiers, face à l'ampleur des mutations touchant la vente, pour créer une autre façon d'aborder les questions de développement, installer une nouvelle fonction de moniteur-vendeur et la professionnaliser sur le champ de l'AST.

Les expériences analysées révèlent la robustesse de l'AST pour accompagner sur un temps court des populations importantes confrontées à des mutations fortes de leur métier. Il est à noter que de nombreuses approches en entreprise, sans forcément être labellisées « AST », renvoient aux mêmes fondamentaux, c'est-à-dire l'évaluation de la performance des processus d'apprentissage, la place accordée aux mises en situation professionnelles, l'orientation vers des modalités pédagogiques multiples centrées sur l'apprenant. Sous l'angle des dispositifs, on mesure l'importance

---

**EN PRATIQUE : AST POUR LES VENDEURS AU SEIN DE LA BRANCHE VOYAGES DE LA SNCF**

En complément des formations déjà proposées aux agents, SNCF Voyages met en place un dispositif d'accompagnement des vendeurs sur le terrain, en situation de travail, afin de favoriser le développement de leurs compétences en continu. Cet accompagnement est réalisé par un moniteur-vendeur qui va consacrer environ 60 % de son temps au monitorat et le reste à la vente.

Le monitorat consiste à organiser de courtes séances d'observation des collaborateurs en production, sur des situations professionnelles pré-identifiées comme clés dans leur métier. L'observation est suivie d'un temps de débriefing pour échanger sur ce qu'a vécu le collaborateur, susciter une prise de conscience des points à améliorer, faire émerger d'autres façons de faire, s'assurer de leur appropriation pour que le collaborateur sache transférer ses compétences dans d'autres contextes. Le débriefing est complété par des mises en pratique immédiates, en réel avec les clients ou via des mini-jeux de rôle.

Comment les moniteurs sont-ils formés ? Deux jours de formation sont réalisés par les formateurs accompagnateurs de l'Université du Service dont les objectifs sont les suivants :

– comprendre les évolutions du métier de vendeur et les compétences à développer ;
– s'approprier ce qu'est l'AST – et la façon dont le dispositif est mis en œuvre dans l'entreprise ;
– débattre des rôles entre acteurs, de la place de l'apprenant ;
– réaliser un diagnostic accompagné ;
– utiliser les situations professionnelles des nouvelles missions liées à la vente pour préparer l'observation ;
– comprendre les principes du débrief et les enjeux de la verbalisation ;
– s'approprier les outils du débrief à l'appui de jeux de rôle, débattre des changements de posture ;
– s'entraîner sur l'ensemble des étapes de l'AST à l'appui de mises en situation complètes : observation, débriefing, entraînement.

L'appui pédagogique proposé par l'Université du Service va au-delà de la formation. Les formateurs accompagnateurs sécurisent la montée en compétence des moniteurs en les accompagnant dans leur prise de fonction et leur changement de posture, favorisent l'échange de bonnes pratiques par l'animation d'un réseau et la mise en place d'une plate-forme collaborative.

des « pas de côté » à effectuer pour passer du registre de la formation à celui de l'apprentissage. Il s'agit de se confronter à un outillage spécifique qui ne ressemble pas aux référentiels de compétences « classiques », à des postures différentes pour accompagner le développement, à la nécessité d'intégrer dans l'organisation des temps pour apprendre et faire évoluer les pratiques professionnelles.

> On mesure l'importance des « pas de côté » à effectuer pour passer du registre de la formation à celui de l'apprentissage.

## Ce que nous apprennent les expériences d'entreprise

*La nécessité de décliner, voire de réinterroger, les « fondamentaux » de l'apprentissage*
L'un des principaux arguments en faveur de l'AST repose sur le fait que la proximité avec les situations de travail permettrait de faciliter et « raccourcir » le transfert... mais cette hypothèse soulève de nombreuses questions : en quoi le processus d'apprentissage propre à l'AST favorise-t-il l'appropriation ? Comment renforcer les postures individuelles d'« apprenance » dans le cadre d'un dispositif AST ? *Quid* du transfert et des conditions du transfert dans des contextes peu réceptifs ? Comment assurer le sentiment de sécurité nécessaire à l'apprentissage ?

*L'AST ou comment favoriser la prise de conscience* : la question de la prise de conscience nécessaire à l'apprentissage est au cœur de la conception d'un dispositif d'AST. La verbalisation de ce qui a été appris et l'explicitation, par l'apprenant lui-même, de la manière dont l'apprentissage a eu lieu doivent être organisées. C'est là qu'intervient non plus le formateur « pédagogue traditionnel » mais le « moniteur », dont le rôle est de demander, de guider et de faciliter ce travail par un questionnement *ad hoc*.

*L'AST ou comment renforcer le sentiment de sécurité psychologique en « garantissant » le droit à l'erreur* : s'il peut parler de ce qu'il ne comprend pas, s'il peut échanger sans risque, l'apprenant va développer un sentiment de « sécurité psychologique » favorisant l'apprentissage. En conséquence, si l'on considère qu'il s'agit de monter un dispositif au plus proche de la situation réelle, comprenant le temps nécessaire pour la métacognition, le statut accordé à l'erreur dans le processus d'apprentissage devient déterminant.

**En matière d'AST, le principe du droit à l'erreur – ou droit à l'essai sans sanction en cas d'échec – doit être respecté.**

En matière d'AST, plus que dans n'importe quel autre dispositif de développement, le principe du droit à l'erreur – ou droit à l'essai sans sanction en cas d'échec – doit être respecté. Mais ce principe est aussi celui qui conditionne la présence d'un tiers médiateur accompagnateur, forcément distinct du manager. En effet, le manager sommé de former tout en continuant à évaluer et contrôler est dans un rôle inconfortable, voire intenable, qui revient aussi à l'impossibilité d'un réel droit à l'erreur pour le collaborateur et à l'illusion que l'on pourrait évaluer par intermittence.

*Les conditions pour que le contexte permette d'apprendre par et au travers du travail*

Plusieurs dimensions doivent être prises en compte pour approfondir la façon dont le contexte peut permettre à l'individu d'apprendre par et au travers de son travail.

*L'engagement de l'individu dans l'apprentissage*: les auteurs qui s'inscrivent dans le courant du *Workplace Learning*, comme Stephen Billett[2], insistent sur l'importance des interactions entre d'une part, les facteurs individuels, et d'autre part, les facteurs situationnels (caractéristiques de l'environnement de travail). La façon dont l'environnement professionnel invite les individus et leur offre la possibilité de participer à des activités détermine la nature et la qualité des apprentissages qu'ils peuvent construire dans et par le travail. « L'auteur considère l'apprentissage en situation de travail comme une co-construction entre l'individu et la source d'apprentissage dont l'interaction permet une modification réciproque[3] ». Les travaux de Stephen Billett sont intéressants pour décoder l'importance des facteurs individuels dans l'apprentissage. Le contexte est considéré comme un accès potentiel à l'engagement, offrant des possibilités dont la pertinence sera jugée par et négociée avec l'individu[4].

Comment appréhender l'activité ? Comment reprendre prise sur ce qu'elle est fondamentalement, son « épaisseur », son sens, à la fois source de développement pour l'individu et l'entreprise ? Comment renforcer l'engagement des individus dans l'apprentissage ? L'AST offre la possibilité d'interroger la qualité des situations de travail, leur contenu et la façon dont l'individu s'y engage. C'est le rapport de celui-ci à l'activité de travail et à son environnement que l'AST permet d'aborder pour tenter de le modifier.

*Le pouvoir d'agir en situation de travail* : le modèle des « capabilités » d'Amartya Sen permet de penser le travail et son organisation comme une dynamique de transformation de ressources en capacités réelles. Les capabilités correspondent à l'ensemble des fonctionnements réellement possibles pour un individu, qu'il en fasse usage ou non. Le pouvoir d'agir, au sein du modèle, introduit une dimension relationnelle qui déplace l'analyse vers les rapports entre la personne et son environnement. Plus concrètement, ce modèle illustre des situations dans lesquelles les individus savent faire, voudraient faire, mais sont empêchés de faire par un ou des facteur(s) lié(s) à leur environnement de travail.

Comment garantir la conversion des ressources en capacités réelles ? Comment aider chaque individu à mobiliser, dans son environnement professionnel, les moyens pour piloter lui-même son propre apprentissage ? Pour Yves Clot, les origines du pouvoir d'agir se trouvent dans le « sens » et l'« efficience »[5]. Entre ces deux termes se joue l'« efficacité » de l'activité, c'est-à-dire le « travail bien fait » dans lequel on peut se reconnaître. Mais ce mouvement d'appropriation par l'individu peut être amputé. Créer au sein de l'organisation les conditions d'un dialogue sur le travail peut représenter une caractéristique majeure d'un environnement capacitant. Lorsque l'activité devient objet de discours entre les individus, ceux-ci entrevoient d'autres façons de penser et faire leur travail ; les débats de métier peuvent être au rendez-vous, où des logiques différentes, voire paradoxales, se confrontent. Il ne s'agit pas de rendre vivable l'inacceptable en créant des espaces pour évacuer les tensions. Il s'agit de s'entendre et de se faire entendre sur les conditions à réunir pour développer un pouvoir d'agir sur les situations. L'AST s'inscrit dans la façon dont le modèle d'Amartya Sen permet de reconsidérer le sujet de la formation, en élargissant l'analyse des moyens concourant à la capacité d'une personne et à son développement aux dimensions collectives, organisationnelles et institutionnelles.

*Les relations de travail au sein des collectifs* : de plus en plus d'auteurs reconnaissent l'importance du sentiment de sécurité dans les processus d'apprentissage. Amy Edmondson définit la sécurité psychologique comme une croyance consistant à considérer le collectif de travail comme non sanctionnant, dans le cadre de relations interpersonnelles pouvant engendrer des risques pour l'image personnelle de

> **Les origines du pouvoir d'agir se trouvent dans le « sens » et l'« efficience ». Entre ces deux termes se joue l'« efficacité » de l'activité.**

l'individu[6]. La possibilité de partager ses erreurs et difficultés et la recherche d'aide et de *feed-back* auprès des pairs représentent des points majeurs pour penser une organisation « capacitante ». Ce sentiment de sécurité va de pair avec la question de la coopération, favorable au fait d'apprendre par et dans son travail.

Comment créer dans l'organisation la confiance nécessaire au développement ? Comment valoriser la mise en commun de ressources et d'informations entre les personnes et promouvoir les compétences permettant de gérer les conflits de manière constructive et bienveillante ? L'AST ne peut tout simplement pas fonctionner si le collectif de travail ne permet pas à l'individu de s'exposer, de faire des erreurs, de questionner. Il y a là une réelle opportunité d'approfondir la façon dont les interactions, dans le travail et les relations interpersonnelles, peuvent contribuer à installer le sentiment de sécurité psychologique nécessaire au développement.

> **L'AST ne peut tout simplement pas fonctionner si le collectif de travail ne permet pas à l'individu de s'exposer et de questionner.**

*Le choix de modalités pédagogiques multiples centrées sur l'apprenant* : la place de l'apprenant est au cœur de l'efficacité de l'apprentissage pour qualifier des objectifs d'apprentissage pertinents, repérer les ressources pouvant être mobilisées et identifier les meilleures modalités pédagogiques. Sous l'angle des capacités, le développement professionnel appelle la possibilité pour l'individu de poser des choix, de construire son projet en accord non seulement avec les besoins de l'organisation, mais aussi avec la finalité qu'il attribue au travail. Il nécessite des lieux de discussion qui seront l'opportunité de faire valoir ces choix, et l'existence de moyens pour réaliser l'option retenue[7]. Si l'environnement de travail n'offre pas ces conditions, l'individu ne peut pas les créer à lui seul. L'AST permet de progresser sur les registres suivants : l'individualisation des plans d'apprentissage, la compréhension de ce qui se joue dans la situation de travail – qui renvoie à l'importance des mises en situation professionnelles pour faciliter l'appropriation – et les conditions favorisant le développement de l'autonomie et l'autorégulation de l'apprenant.

## *Conclusion*

L'AST donne la possibilité au manager de mettre en œuvre des pratiques à très forte valeur pour les salariés et l'entreprise. Concrètement, il lui revient la responsabilité de faire en sorte que l'AST puisse réellement fonctionner, c'est-à-dire créer les conditions pour qu'il ait lieu. C'est par son autorité sur l'organisation du travail et les marges de manœuvre qu'il donnera dans le travail quotidien que le manager deviendra acteur de l'AST. Le soutien organisationnel et le soutien managérial représentent donc des conditions de réussite majeures pour penser et déployer l'AST. La figure du « manager accompagnateur » n'est pas incompatible avec les nouvelles figures managériales mais est incompatible avec la posture évaluative. Si l'on réaffirme le principe du droit à l'erreur, cela implique de recourir à un accompagnateur non manager, au risque, dans l'hypothèse inverse, d'être confronté à des micro-situations managériales impossibles à gérer.

Dans le cadre et à l'issue d'une expérimentation AST, la ligne managériale mais aussi les acteurs RH – qui auront à gérer les « effets de bord » en matière de relations sociales – vont être confrontés à de nouveaux défis : revisiter les processus RH dont l'évaluation, en intégrant les apports de l'AST ; reconnaître la contribution des moniteurs ; et envisager de nouvelles modalités organisationnelles pour pérenniser leur rôle. À ces conditions seulement, l'AST n'apparaîtra pas comme le énième dispositif *ad hoc* mais permettra de modifier le rapport à l'activité et à l'environnement des « apprenants acteurs », qui pourront ainsi mieux vivre les transformations permanentes des systèmes complexes dans lesquels ils évoluent.

**Dans le cadre d'une expérimentation AST, la ligne managériale et les acteurs RH vont être confrontés à de nouveaux défis.**

**NOTES**

1. S. Enlart, « Politiques d'entreprise et organisations du travail et de la formation », *in* É. Bourgeois et M. Durand (dirs.), *Apprendre au travail*, coll. « Apprendre », Paris, Puf, 2012, p. 177-188.
2. S. Billett, « Modalités de participation au travail : la dualité constitutive de l'apprentissage par le travail », *in* M. Durand et L. Filliettaz (dirs.), *Travail et formation des adultes*, Paris, Puf, 2009, p. 37-63.
3. C. Mornata et É. Bourgeois, « Apprendre en situation de travail : à quelles conditions ? », *in* É. Bourgeois et M. Durand (dirs.), *Apprendre au travail*, coll. « Apprendre », Paris, Puf, 2012, p. 53-67.
4. S. Billett, « The practices of learning through occupations », *in* S. Billett (dir.), *Learning through Practice : Models, Traditions, Orientations and Approaches*, Dordrecht, Springer, 2010, p. 59-81.
5. Y. Clot, *Travail et pouvoir d'agir*, coll. « Le Travail humain », Paris, Puf, 2008.
6. A.C. Edmondson, « Psychological safety, trust and learning : a group-level lens », *in* R. Kramer et K. Cook, *Trust and Distrust in Organizations : Dilemmas and Approaches*, New York, Russel Sage Foundation, 2004, p. 239-272.
7. B. Zimmermann, « Capacités », *in* A. Bevort et coll. (dirs.), *Dictionnaire du travail*, Paris, Puf, 2012, p. 72-78.

# Chapitre 8
# L'apprenance : une autre culture de la formation

**Philippe Carré**

## *Les formateurs sont fatigués...*

Bien qu'objet de consensus social et politique, la formation des adultes est tantôt âprement défendue, tantôt sévèrement critiquée. Mais elle est toujours appelée à se réformer à mesure que d'innombrables commentateurs en décrient l'inadaptation ou l'inertie et dénoncent l'opacité, voire l'inefficacité du système juridique qui en régit la face visible... Les questions sont lourdes : notre système de formation est-il dépassé ? Est-il encore utile ? Efficient ? L'absentéisme, le peu d'implication de participants souvent contraints, l'imprécision des évaluations, la pauvreté du transfert des compétences sur le terrain, la déconnexion du management, la pesanteur des procédures, la complexité des mécanismes institutionnels forment un syndrome de plus en plus diagnostiqué dans de multiples organisations. Ce milieu professionnel est passé, en quarante ans, de l'enthousiasme militant au réalisme gestionnaire. Selon certains, si l'on supprimait la moitié des actions de formation inscrites au plan des organisations françaises, tout en les remplaçant par quelque avantage social, la différence pour les salariés et les entreprises serait indiscernable...

En France, rapports d'étude, audits et recommandations se multiplient pour réformer un système de financement dont même les plus hauts serviteurs de l'État n'ont pas encore saisi le mode de financement, comme le souligne l'AEF (11 mars 2013). Au plan sociologique, tous les commentateurs s'accordent pour dénoncer la déconnexion progressive entre formation, emploi, promotion et la persistance des inégalités d'accès à la formation[1]. Au plan économique, si la plupart des analystes ont abandonné l'idée de parvenir au calcul du retour sur l'euro investi en formation, les études d'efficience économico-pédagogique sont encore inexistantes. Sur ce terrain désenchanté, les mirages pédagogiques ou technologiques viennent aujourd'hui à la rencontre des lamentations politiques ou gestionnaires.

## Stage, e-learning, formation au travail...

> Les acteurs de la formation sont également aux prises avec un doute chronique quand il s'agit d'ingénierie pédagogique.

Les acteurs de la formation sont également aux prises avec un doute chronique quand il s'agit d'ingénierie pédagogique. La formule classique du stage reste très largement dominante dans les pratiques mais elle paraît aujourd'hui grevée par son inertie. Ce modèle-monopole de la pensée pédagogique unique est essoufflé. On en a déjà largement entamé le procès : trop lourd à organiser, trop coûteux, rarement opportun, mal ou pas évalué, souvent inadapté, décalé du travail, etc. On cherche donc à « déstagifier » depuis près de vingt-cinq ans...

Depuis cette époque, avec la diffusion de la micro-informatique a émergé le modèle de l'EAO (enseignement assisté par ordinateur), devenu multimédia, puis FOAD (formation ouverte à distance), aujourd'hui *e-learning* : ce contre-modèle nourrit bien des espoirs et autant de désillusions. Juste à temps, juste ce qu'il faut, juste où il faut... C'est le rêve du « savoir à portée de la main », selon la formule visionnaire de Pierre Caspar, qui semble se concrétiser au rythme exponentiel du développement technique[2]. Pourtant les déceptions s'accumulent et le taux de diffusion de la formation en *e-learning* « pur » plafonne à 5 % dans les grandes organisations depuis son essor il y a un quart de siècle. Ce modèle pédagogique est pourtant *a priori* d'une efficacité comparable au modèle présentiel[3].

Par-delà le bilan critique des formules traditionnelles basées sur le stage, et le demi-échec du *e-learning*, les acteurs de la formation semblent aujourd'hui happés par la recherche frénétique de la nouveauté, à base souvent technologique, mais également plus fondamentale. De multiples organisations publiques ou privées créent des services d'« innovation pédagogique ». Les jeux sérieux, réseaux sociaux, *wikis*, environnements 4D, supports et logiciels de toute sorte font l'objet d'expérimentations passionnées, d'exposés fougueux et prosélytes auprès d'audiences avides de découvertes radicalement rénovatrices. Pourtant, par-delà la séduction initiale de l'objet ou du concept, on observe une succession régulière d'effets de vague, une mode venant – comme c'est sa nature – en remplacer une autre. Après avoir été le champ de changements sociaux et d'innovations profondes des conceptions de l'éducation et de l'apprentissage, la pédagogie des adultes tournerait-elle en circuit fermé ? Si être dans le vent est bien un souci de feuille morte, selon le mot de Milan Kundera, serions-nous déjà à l'automne de la formation des adultes ?

Le présent chapitre propose une alternative à la résignation pédagogique. Après avoir examiné ce que l'on entend aujourd'hui par formation, on y plaidera pour un renversement de perspective qui engage à penser *d'abord* la formation comme *un engagement cognitif et motivationnel du sujet social*, avant d'en tirer les implications pédagogiques et organisationnelles. Qu'on le veuille ou non, l'investissement personnel dans l'apprentissage est la condition *sine qua non* de l'efficience en formation. Retour au cœur du sujet...

## De quoi parle-t-on ?

La formation, en France, est encore une notion polysémique qui recouvre des catégories d'action disparates. Qu'y a-t-il de commun, en effet, entre un *rapid learning* de quarante-cinq minutes pour obtenir les informations indispensables à un employé de *call-center*, un congé-formation promotionnel de longue durée à l'université, un séminaire d'une semaine en résidentiel somptueux pour cadres « à potentiel », une action organisée sur le poste de travail et un programme *e-learning* à suivre dans les creux de la production ou le soir chez soi ? Ou encore entre le stage obligatoire

**La formation, en France, est encore une notion polysémique qui recouvre des catégories d'action disparates.**

d'une journée annuelle au contenu incertain d'un fonctionnaire territorial, dix jours d'accompagnement à la prise de poste d'une nouvelle recrue et les apprentissages informels permanents du médecin ou de l'infirmière, de l'autodidacte ou du citoyen avides de fréquenter un « gai savoir » qui ne concerne qu'eux ? Voire encore, à la manière de la *Bildung* des philosophes, avec le processus de construction de soi tout au long d'une vie ? Formation, formation, formation...

Dans l'entreprise, le périmètre précis de ce que l'on appelle « formation » est glissant, voire introuvable, comme l'avaient déjà saisi Jean-Paul Gehin et Philippe Méhaut en 1988 : entre le « déclaré » (saisi par la trop célèbre fiche 2483), le « négocié » (inscrit au plan de formation), le « formalisé » (action organisée hors plan) et surtout l'« exhaustif » (ensemble des opportunités de développement des compétences), le champ est à géométrie très variable[4]. En particulier, la durée moyenne des formations poursuit le recul entamé depuis plus de dix ans, pour s'établir à soixante-deux heures en 2010 selon le projet de loi de finances pour 2013. Et cette moyenne cache des disparités énormes selon le dispositif – plan, CIF, demandeurs d'emploi, etc.

Qu'est-ce donc que la formation ? La question se complexifie encore quand on retient, avec Dominique Desjeux, l'idée que chacun(e) se saisit du réel en utilisant une échelle d'observation spécifique à sa position dans le champ social, entraînant une forme de myopie face à la perspective d'une autre échelle[5]. En somme, « le réel change avec l'échelle d'observation ». Chacun la perçoit à travers des filtres à focale variable, réglés en fonction des expériences singulières qu'il en a eu et des rôles qu'il y joue. Les préconceptions ainsi construites varient selon que l'on est dirigeant, manager, responsable RH, gestionnaire de la formation, prestataire public ou privé, formateur ou « simple » participant.

Un même stage de formation sera ainsi analysé de façon différente par les acteurs concernés. Au niveau « macro », pour le dirigeant, la formation est avant tout un *indicateur de gestion*, voire une statistique : des jours d'absence, une planification des équipes, une négociation sociale, l'attente d'une diminution des dysfonctionnements ou une contribution aléatoire aux résultats. Aux yeux du formateur, au niveau « méso », la formation est avant tout une *scène*. Son attention est centrée sur les conditions matérielles

> Chacun perçoit la formation à travers des filtres à focale variable, réglés en fonction des expériences singulières qu'il en a eu et des rôles qu'il y joue.

(confort, équipement, horaires), la nature du groupe et les relations humaines, les conditions nécessaires à l'adhésion des participants et à la satisfaction des prescripteurs. Au plan « micro », le participant est l'acteur potentiel des transformations cognitives et/ou affectives que la formation peut favoriser. L'objet de la formation peut alors représenter une réelle opportunité pour apprendre, une simple occasion de s'informer, une contrainte ennuyeuse, une activité passionnante, une situation anxiogène ou encore une distraction agréable. C'est pourtant bien à ce niveau flottant des dispositions personnelles que se joue la réalité de la formation. Compte tenu de son coût, produira-t-elle les effets souhaités *chez la personne concernée* et donc, par contrecoup, sur l'organisation? Le sujet social apparaît alors, *in fine*, comme le paramètre majeur de l'efficience de la formation.

## *La triple illusion de la formation*

Pour qui cherche à identifier, dans le cadre encore juvénile des sciences de la formation, les invariants de l'efficacité pédagogique, le point de départ réside dans l'analyse des conditions individuelles de l'apprentissage et du développement des compétences. En effet, on peut apprendre – et on apprend beaucoup – sans enseignant, ni formateur, ni organisation ; mais on ne peut pas former sans apprenant.

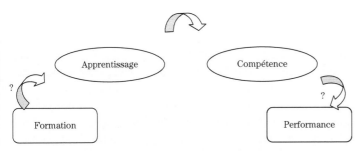

La triple illusion de la formation continue[6]

Sous-estimer la logique de l'apprenant mène à une triple illusion : en pensant, plus ou moins implicitement, pouvoir agir par la seule formation sur la performance, on oublie qu'au moins trois conditions sont nécessaires pour passer de la première à la seconde. Il faut d'abord que la forma-

**Le passage de la compétence à la performance dépend de critères et de conditions qui échappent à la formation.**

tion conduise à l'apprentissage, ce qui est loin d'être évident. Ensuite que l'apprentissage « in vitro » conduise à la compétence « in vivo », ce qui implique un travail de transfert rarement accompli. Enfin, le passage de la compétence à la performance dépend de critères et de conditions qui échappent à la formation. Ces trois illusions commencent à être dévoilées, entraînant un certain désenchantement de la formation.

## La formation marche sur la tête : l'erreur pédagogique fondamentale

Depuis près de quarante ans, Bertrand Schwartz réitère régulièrement ce théorème de la formation : « un adulte n'est prêt à se former que s'il peut trouver [dans la formation] une réponse à ses problèmes, dans sa situation ». La suite est cruelle pour les professionnels de la formation : « si l'on se tenait à ce principe, on pourrait supprimer beaucoup de stages actuels »[7]. Aujourd'hui, le théorème reste juste, la conséquence indiscutable.

Le monde de la formation professionnelle continue « à la française », issu de la loi refondatrice de 1971, n'a toujours pas réussi à se débarrasser du lourd héritage du modèle scolaire, dans les représentations des acteurs d'abord, dans les pratiques ensuite. La figure de la transmission de savoirs, même rénovée et adoucie sous le masque de l'animation, voire du *e-learning*, domine toujours les esprits des responsables, des formateurs et des « formés », même une fois ceux-ci requalifiés sous le vocable prometteur d'« apprenants ». Or nous savons depuis longtemps, avec Bertrand Schwartz et de multiples spécialistes de la psychologie des apprentissages et de la pédagogie des adultes, qu'*un adulte n'apprendra que sous certaines conditions* – loi du genre que l'obligation scolaire masque quand il s'agit d'enfants. La transmission, figure royale du modèle scolaire, est d'abord une illusion d'optique ; « tu ne peux me transmettre que ce que je suis prêt à recevoir ! ».

Le développement des compétences des adultes est quant à lui régi par un autre modèle, celui de l'appropriation, en situation formelle ou informelle, en autoformation ou sous l'effet de l'expérience, dans le travail et la vie quotidienne. Ce continent des apprentissages adultes est, tout comme un iceberg, largement immergé et peu visible : seule sa couche émergée s'observe. Or parmi les savoirs et les compétences que nous accumulons en une année de vie adulte, combien sont liés au transfert réussi d'apprentissages faits en stage ou en cours ? L'erreur pédagogique fondamentale consiste donc à penser que la formation est action *sur autrui* alors qu'elle est, de plus en plus à mesure du temps qui passe, *action par soi-même* ; il convient de penser une pédagogie « ascendante », pilotée par le sujet social. Il faut, en somme, penser « à l'envers »...

**Parmi les savoirs et compétences accumulés en une année, combien sont liés au transfert réussi d'apprentissages faits en stage ou en cours ?**

## Pour remettre la formation à l'endroit : pensons à l'envers !

Sur une telle toile de fond, la Communauté européenne, emboîtant le pas à de nombreux experts de tradition anglo-saxonne, a lancé dès 1995 – avec la « société cognitive » puis en 2000 avec le Memorandum de Lisbonne – l'idée du *life-long learning*, maladroitement traduite par *formation tout au long de la vie* (alors que c'est bien d'*apprentissage* qu'il s'agit). L'invite, qui se fait souvent injonction, à prendre la responsabilité de ses apprentissages permanents, de façon plus ou moins accompagnée, est aujourd'hui universelle aux niveaux politique, gestionnaire, institutionnel.

Indépendamment du débat politique sur les conditions de cet accompagnement, il manque alors un chaînon au raisonnement à l'échelle « micro ». Pour que les adultes d'aujourd'hui et de demain se forment continûment, il ne suffit pas d'ordres ou de décrets. Une attitude nouvelle est ici requise, c'est-à-dire un état personnel de préparation à l'acte d'apprendre. Après d'autres, nous avons choisi de parler d'*apprenance* comme ensemble de dispositions favorables à l'acte d'apprendre, dans toutes les situations : en stage, en *e-learning*, sur le tas ; sur Google et les réseaux sociaux ; par l'expérience, l'analyse des problèmes et des conflits, le projet, la mobilité ; grâce à des formateurs, mais aussi des collègues, des clients, des homologues, des amis, des patrons ; au travail, en centre de formation, chez soi ou dans la ville, etc.[8]

Penser apprenance revient à penser à l'envers, c'est-à-dire, à la manière de l'industrie automobile japonaise des années 1960 ou du psychopédagogue Carl Rogers à la même époque, penser « client », « usager », « apprenant » et non « produit »,

**Dans l'entreprise, la remise à l'endroit de la formation implique une révision radicale des formes d'intervention coutumières.** « stagiaire », « formé »… Dans l'entreprise, la remise à l'endroit de la formation, en pensant « acte d'apprendre » avant de penser « action de formation », implique une révision radicale des formes d'intervention coutumières de la formation à trois niveaux : la place du sujet, la conception des environnements, le rôle du management.

## Le souci de la personne

On ne forme jamais personne. Ce sont les adultes qui se forment, ou non, avec ou sans notre aide. Cette première perspective implique trois conséquences.

– Mieux comprendre le rôle déterminant de la motivation dans l'apprentissage, pour agir plus efficacement en synergie avec les attitudes, les motifs et les projets, le sentiment d'efficacité des personnes et des collectifs, leurs besoins d'autodétermination. Autant de leviers motivationnels, autant de concepts opératoires. Voici bien un domaine où « il n'y a rien de plus pratique qu'une bonne théorie », selon le mot attribué à Kurt Lewin.

– Encourager, à travers la formation formelle mais également la culture pédagogique de l'organisation et l'*empowerment*, le développement de pratiques d'autoformation, c'est-à-dire d'apprentissages librement choisis par le salarié dans l'univers de ses besoins de compétence professionnelle, et autorégulés à l'aide de ressources humaines et matérielles offertes par l'organisation.

– Le défi structurel qu'appelle cette prise en compte du sujet est la nécessité de pratiques d'intermédiation que l'on pourrait, en un clin d'œil à la qualité, qualifier d'AOC : Accueil, Orientation, Conseil. L'évolution du droit de la formation, de la VAE (2002) à l'orientation tout au long de la vie (2009), jusqu'au projet de compte individuel de formation (2013), traduit bien cette inflexion qui accorde au sujet social le premier rôle dans le pilotage de sa formation, tout en le mettant en capacité de tenir réellement ce rôle grâce à un dispositif d'accompagnement adapté. Il s'agit désormais de radicaliser cette tendance. Et donc d'y consacrer un ratio de plus en plus significatif des dépenses.

## Des environnements apprenants

Les recherches se multiplient, en Europe et en Amérique du Nord, sur les apprentissages professionnels informels, la formation en situation de travail, l'autoformation professionnelle, les « situations apprenantes » dans l'organisation. Il faut ici citer – et saluer – l'expérience des réseaux d'échanges réciproques de savoirs menée au Groupe La Poste, véritable levier pour une organisation apprenante (voir le chapitre 4 du présent volume); le modèle autodirigé des cercles d'études, parfaitement adaptable à l'entreprise d'aujourd'hui; les formes d'auto-organisation de certaines communautés de praticiens ou de patients, comme en informatique ou en médecine. Sans oublier la détection, l'incubation et la reconnaissance des apprentissages professionnels informels, cet « iceberg » de la formation dont on a pu dévoiler la prégnance dans de multiples professions[9].

Par-delà la forme canonique du stage et le demi-échec du *e-learning*, cette troisième piste, loin de plaider pour un nouveau contre-modèle unique et tout-puissant, nous oriente vers une « écologie de l'apprenance » soucieuse de respecter et nourrir plusieurs modalités d'accompagnement à la fois, avec l'objectif de créer et faire fructifier un milieu nourricier d'apprentissage permanent. Enfin, par-delà les effets de mode et le « cybermarketing » de la formation, on sait que l'avenir appartient à l'usage raisonné des ressources numériques, au quotidien, à travers des possibilités démultipliées par les ressources encore récentes du Web 2.0. Moteurs de recherche, *wikis*, réseaux sociaux viennent, s'il en était besoin, démontrer à l'envi l'essor de nouvelles formes d'autoformation numérique, sociale et permanente – dont les pratiques des plus jeunes pointent la prégnance dans le monde de l'école, du travail et de la formation de demain[10].

> Par-delà les effets de mode et le « cybermarketing » de la formation, l'avenir appartient à l'usage raisonné des ressources numériques.

## Un encadrement facilitant pour une organisation apprenante ?

Au-delà du premier rôle occupé par le salarié, apprenant potentiel, et compte tenu de la fonction jouée par les structures de formation dans l'entretien d'un milieu nourricier d'apprentissage, l'encadrement – au double sens de management de

**L'encadrement est fortement sollicité par l'idée d'organisation apprenante.**

proximité et de leadership de l'organisation – est fortement sollicité par l'idée d'organisation apprenante. Une recherche récente nous permet d'avancer sept hypothèses sur le rôle du management, cette Arlésienne de la formation, dans le développement des compétences[11]. L'encadrement s'investirait d'autant plus dans l'apprentissage au quotidien des collaborateurs que :

– l'évaluation de ses performances tient compte de cet aspect de son activité ;
– le manager est associé à, voire « enrôlé » dans, l'ingénierie de la formation ;
– l'offre de ressources répond aux priorités du terrain dont il a la charge ;
– la culture de l'organisation favorise l'apprentissage quotidien, formel et informel ;
– la représentation de son rôle par le manager intègre cette dimension ;
– le manager dispose de compétences pour accompagner les apprentissages ;
– son propre rapport au savoir favorise cette conception de l'apprentissage au quotidien.

Enfin, l'encadrement supérieur a d'évidence une partition spécifique à jouer dans cette transformation de culture. On sait, par expérience – à défaut de recherche systématique sur ce thème qu'il faut appeler de nos vœux –, l'effet d'entraînement que peuvent avoir le comportement et les messages du leadership dans les transformations de pratiques, et en particulier dans la conception que l'on se fait, dans l'entreprise, de la place accordée au développement des compétences et des apprentissages.

Environnements d'apprentissage, organisation apprenante, management facilitant, leadership moteur... La route est longue qui mène à l'apprenance, même si un grand pédagogue et philosophe nous en a appris la clé depuis plus de deux siècles : « ce que l'on apprend le plus solidement et ce que l'on retient le mieux, c'est ce que l'on apprend en quelque sorte par soi-même[12] ».

## UNE MÉTHODE REMARQUABLE

**PRATIQUE DE LA *PLEINE CONSCIENCE* (« MINDFULNESS ») ET DISPOSITION À APPRENDRE**

Le chapitre de Philippe Carré sur l'*apprenance* souligne au travers de ce concept toute l'importance de la disposition de l'apprenant à apprendre. On n'apprend jamais rien à personne : seul l'apprenant apprend, avec ou sans l'aide d'autrui. Pas d'apprentissage donc sans disposition à apprendre. On touche ici à la question de l'*engagement* de la personne dans son apprentissage, engagement que la littérature en psychologie de l'éducation associe classiquement à l'idée d'être « actif », à la fois au plan cognitif – j'établis mentalement des liens, j'analyse, je vais chercher l'information, je la structure, je la relie à mes connaissances antérieures, etc. – et au plan du comportement – face à la difficulté je déploie des efforts pour la surmonter, je poursuis jusqu'au bout l'activité de formation, je participe activement aux activités, etc.

Un courant plus récent, inspiré au départ du bouddhisme et des pratiques de méditation, et traversant actuellement divers champs d'intervention sur autrui, tels que la psychothérapie cognitivo-comportementale, l'entraînement sportif ou l'intervention dans les organisations, évoque une figure un peu différente de l'engagement. Il trouve ainsi depuis quelque temps un écho de plus en plus marqué dans le champ de l'éducation, y compris la formation des adultes. En l'occurrence, ce courant souligne les vertus de la posture dite de *pleine conscience* (en anglais, « mindfulness » ou encore « presencing ») pour l'apprentissage. Cette posture, en bref, consiste à observer, avec une attention maximale et sans porter aucun jugement, ce qui se passe dans l'ici et maintenant de la situation dans laquelle nous interagissons avec notre environnement – à la fois à ce qui se passe autour de nous mais également à l'intérieur de nous, les pensées, les émotions et les sensations qui nous traversent.

Cette façon particulière d'être « engagé » suppose donc de pouvoir, autant que possible, mettre en suspens les schèmes mentaux, émotionnels et sensoriels, avec lesquels nous abordons spontanément le type de situation auquel nous sommes confrontés. En l'occurrence, « mettre en suspens » signifie non pas les écarter ou les refouler, mais simplement les observer, les objectiver (sans jugement), sans les laisser jouer leur fonction habituelle de filtre pour traiter la situation. Une telle posture est de nature à favoriser l'émergence de conflits cognitifs et leur régulation « constructive », dans la mesure où elle nous permet de prendre en compte et de traiter une palette beaucoup plus vaste d'informations. Cela concerne également des informations qui, passées au filtre des croyances habituellement activées face à ce type de situation, seraient soit non prises en compte soit faussement interprétées, de façon à préserver ces croyances. Une littérature grandissante ces dernières années s'intéresse à la fois aux *processus* à l'œuvre – s'appuyant en général sur les travaux récents de neurosciences soulignant les interactions étroites entre cognition, émotion et corps et apportant des arguments scientifiques aux intuitions séculaires à la base de la méditation – et aux *pratiques*. Par exemple, on peut évoquer ici les travaux de Peter Senge et ses collègues, dans le domaine de l'intervention en organisation, et ceux de Terry Hyland ou de Carol Rodgers et Miriam Raider-Roth, dans le domaine éducatif.

*Étienne Bourgeois*

Références : P. Senge et coll., *Presence : exploring profound Change in People, Organizations, and Society*, New York, Doubleday, 2004 ; O. Scharmer, *Theory U : leading from the Future as it emerges*, San Francisco, Berrett-Koehler, 2009 ; T. Hyland, *Mindfulness and Learning : celebrating the affective Dimension of Education*, Londres, Springer, 2011 ; C.R. Rodgers et M. Raider-Roth, « Presence in teaching », *Teachers and Teaching : Theory and Practice*, 2006, vol. 12, n° 3, p. 265-287 ; K.A. Parish, *Quieting the Cacophony of the Mind : the Role of Mindfulness in Adult Learning*. Proquest, Umi Dissertation Publishing, 2011.

## NOTES

1. C. Dubar, « Les changements possibles du système français de formation continue », *Formation Emploi*, 2008, n° 101, p. 167-182.
2. Ph. Carré et O. Charbonnier (dirs.), *Les Apprentissages professionnels informels*, Paris, L'Harmattan, 2003.
3. F. Fenouillet et M. Déro, « Le e-learning est-il efficace ? Une analyse de la littérature anglo-saxonne », *Savoirs*, 2006, n° 12, p. 87-100.
4. J.-P. Gehin et Ph. Méhaut, « Former et mesurer : évolution des pratiques et des modalités de comptabilisation », *Actualités de la formation permanente*, 1988, n° 96, p. 69-73.
5. D. Desjeux, *Les Sciences sociales*, coll. « Que sais-je ? », Paris, Puf, 2004.
6. Ph. Carré, *L'Apprenance. Vers un nouveau rapport au savoir*, Paris, Dunod, 2005.
7. B. Schwartz, « Une nouvelle chance pour l'éducation permanente », *Éducation permanente*, 1989, n° 98, p. 121-126.
8. Ph. Carré, *op. cit.*
9. Ph. Carré et O. Charbonnier, *op. cit.*
10. S. Enlart et O. Charbonnier, *Faut-il encore apprendre ?*, Paris, Dunod, 2010 ; N. Tingry, *Les Usages des technologies par les jeunes 15-25 ans pour apprendre*, Thèse de doctorat de sciences de l'information et de la communication sous la direction de J. Perriault et M. Arnaud, Nanterre, 2013.
11. P. Thillet, *La Contribution des managers au développement des compétences de leurs collaborateurs*, Thèse de doctorat de sciences de l'éducation sous la direction de Ph. Carré, Nanterre, 2010.
12. E. Kant, *Traité de pédagogie*, 1803.

# Chapitre 9
# Le contexte organisationnel : un facteur déterminant de la mise en œuvre des dispositifs de *coaching*

**Jean Nizet et Pauline Fatien Diochon**

## Introduction

Ce chapitre s'interroge sur les influences que les caractéristiques des organisations font peser sur la mise en œuvre des dispositifs de *coaching*. La sociologie des organisations nous rend attentifs aux différences profondes qui séparent différents types d'organisation. Ces différences jouent un rôle déterminant dans l'adoption (ou non) des dispositifs de *coaching* – tel est l'objet de la première partie du chapitre – ainsi que dans leur déploiement – la seconde partie. Pour ce faire, nous nous appuierons sur quelques analyses de cas menées par nous-mêmes ou empruntées à d'autres chercheurs.

## L'introduction du coaching : les caractéristiques du contexte

Le *coaching* en organisation est apparu dans les années 1980 et a connu depuis cette époque un développement considérable. Le travail des *coachs* consiste, en se basant le cas échéant sur certains outils, à amener leurs clients à se poser des questions et à prendre de la distance par rapport à leur quotidien professionnel pour identifier de nouvelles manières d'être et de se comporter. Au-delà de cette visée commune, le *coaching* prend des formes très variées : il est assuré par un intervenant externe ou par un *coach* par ailleurs membre de l'organisation, s'adresse à un individu ou à un groupe, s'appuie sur différents modèles théoriques : psychologie béhavioriste, psychologie clinique, analyse systémique, etc.[1] Comment le *coaching* pénètre-t-il dans les organisations ? C'est ce que nous allons explorer ci-dessous.

*Des caractéristiques qui participent au rejet ou à l'acceptation du* coaching

Dave Peel a tenté de comprendre les incitants et les freins à l'introduction du *coaching* et du *mentoring* dans les PME du pays de Galles[2]. À partir d'interviews de dirigeants et de cadres d'une dizaine d'entreprises, il identifie surtout des obstacles, de deux natures. Il constate d'abord que les dirigeants prennent seuls les décisions de recours au *coaching*, la plupart du temps sans consulter les intéressés. Ces décisions sont moins fondées sur une analyse qu'ils feraient des besoins de leur entreprise ou de certains de leurs employés, que sur la plus ou moins bonne relation qu'ils entretiennent avec ceux qui bénéficieront (ou non) de l'accompagnement. En second lieu, les contraintes financières compromettent souvent le recours au *coaching*. Les dirigeants attendent un retour financier à relativement court terme de l'investissement qu'ils consentent ; ils craignent aussi que leurs employés qui auront acquis de nouvelles compétences ne soient débauchés par leurs concurrents.

Une autre recherche fait également état de freins à l'introduction du *coaching*. Il s'agit d'une étude de cas menée par la seconde auteure de ce chapitre sur le site d'un grand groupe sidérurgique français. La direction, qui constate l'essor du *coaching* chez ses concurrents, envisage à l'époque

> Les dirigeants prennent seuls les décisions de recours au *coaching*, la plupart du temps sans consulter les intéressés.

de proposer à ses cadres un programme de ce type pour répondre à des difficultés identifiées comme relevant de problèmes relationnels, d'un manque de leadership, etc. Pauline Fatien Diochon est chargée d'étudier la pertinence de ce projet. Or la cinquantaine d'entretiens, menés auprès de personnes occupant différentes fonctions, font apparaître que le *coaching* ne constitue pas, pour les intéressés, une solution adéquate à leurs difficultés, pour deux raisons principalement. Tout d'abord, si cet accompagnement individuel se mettait en place, il prendrait la place de supports traditionnels de nature plus collective encore très prisés, comme le partage d'expérience entre pairs, l'exemple donné par le supérieur, ou encore les apprentissages que l'on réalise en visitant les ateliers et en y observant le travail des opérateurs, etc. Ensuite, ces difficultés relèvent moins, à leurs yeux, de déficiences personnelles que de dysfonctionnements organisationnels liés aux différentes restructurations, qui ont fait perdre aux cadres leurs repères et ont substitué des formes de contrôle distantes et abstraites à l'autorité traditionnelle du chef de site.

À côté de ces deux cas de contexte plutôt réfractaire, un contexte plus accueillant est mis en relief dans une autre analyse de cas menée par la même chercheuse. Pauline Fatien Diochon a en effet analysé l'introduction d'un dispositif de *coaching* auprès d'associés du bureau français d'un cabinet international de conseil en stratégie. Ce cabinet recourt à une gestion des ressources humaines très individualisante et compétitive (évaluation 360°, promotion *up or out*, etc.). Il a mis en place antérieurement un dispositif de formation visant l'acquisition de compétences techniques. Ces formations fonctionnent bien, mais montrent toutefois leurs limites dès lors qu'il s'agit de développer les compétences relatives au savoir-être – celles qui permettent aux associés de mieux gérer leurs relations avec leurs collaborateurs et leurs clients et de progresser au sein de l'entreprise. Le dispositif de *coaching* se présente ainsi comme une « autre voie » qui pourrait satisfaire les attentes auxquelles un programme traditionnel n'a pu répondre. La mise en place du *coaching* a en outre été facilitée par le fait qu'un des associés a présenté, dans un langage « maison », le programme à ses collègues et qu'il s'est chargé de la sélection des *coachs*.

En l'absence d'études plus larges, ces trois enquêtes qualitatives donnent une idée de quelques facteurs qui jouent

**Le dispositif de *coaching* se présente comme une « autre voie » qui pourrait satisfaire les attentes auxquelles un programme traditionnel n'a pu répondre.**

tantôt en défaveur, tantôt en faveur de l'introduction du *coaching* dans les entreprises. En utilisant une métaphore médicale, il s'agit d'identifier les caractéristiques des organisations qui vont conduire à l'acceptation ou au rejet de la greffe que constitue le *coaching*. La première recherche met ainsi en relief plusieurs caractéristiques défavorables : la petite taille de l'organisation, la centralisation du pouvoir dans les mains du seul dirigeant, ses évaluations à court terme de la rentabilité de ses décisions, etc. La deuxième recherche permet d'identifier d'autres causes de rejet, essentiellement dans le cadre de l'organisation : une culture collective faite de relations stables, tant avec les pairs qu'avec les supérieurs ; une place importante accordée au terrain et aux collègues dans l'apprentissage et la résolution des difficultés. Elle révèle aussi deux facteurs positifs d'adoption, cette fois au niveau de la direction : l'imitation de la concurrence et le fait de considérer les difficultés rencontrées comme étant de nature relationnelle. La troisième recherche met en avant cette fois des caractéristiques plutôt favorables : le déploiement de l'entreprise au niveau international, le développement d'une culture de l'excellence, le fait de confier à l'un des associés la préparation du dispositif de *coaching*, et l'importance du savoir-être comme compétence clé dans un secteur qui offre lui-même un service relevant de l'accompagnement.

*Un regard sur l'histoire du* coaching

Ces caractéristiques favorables ou défavorables menant à l'acceptation ou au rejet du *coaching* nous semblent pouvoir être éclairées par l'histoire. Tout d'abord, penchons-nous sur les caractéristiques que l'on peut rattacher à la structure des organisations. Plusieurs auteurs, s'inscrivant dans une perspective d'analyse marxiste, ont mis en relief une mutation importante du système capitaliste, intervenue dans le dernier quart du XX<sup>e</sup> siècle[3]. Depuis le début du XX<sup>e</sup> siècle s'est mis progressivement en place un capitalisme que d'aucuns ont dénommé « managérial » – dans la mesure où le pouvoir y est exercé par les équipes de direction –, porté par de grandes entreprises industrielles essentiellement nationales, s'appuyant sur des progrès techniques dans les domaines de l'électricité, de la fabrication métallique, de l'automobile, de la chimie, etc. Ce stade fait lui-même suite au capitalisme du XIX<sup>e</sup> siècle, qui ne sera pas abordé ici. Dans les années 1970-1980, on assiste à l'émergence d'un capitalisme « actionnarial » – le pouvoir est désormais exercé par les actionnaires – et mondialisé, basé davantage sur le développement des services, recourant largement aux nouvelles technologies, etc.

Dans sa thèse en sciences de gestion, Philippe Vernazobres montre que le *coaching* présente des affinités avec ce capitalisme contemporain[4]. Le renforcement de la mondialisation des échanges de biens, de services et de capitaux, de même que l'organisation de la chaîne de valeur au niveau global, produisent selon ce chercheur des brassages culturels inédits et entraînent dans les entreprises de nouvelles exigences de liaison auxquelles les pratiques de *coaching* tenteraient de répondre, en aidant au développement de compétences relationnelles. Quant au rôle de plus en plus décisif joué par les actionnaires, il se traduit par des exigences de rentabilité à court terme, ce qui provoque des réductions de ressources, des restructurations, etc. Ceci accroît la pression sur le personnel et en particulier sur les cadres, qui ont désormais plus de difficultés à répondre aux attentes de l'entreprise. D'où le recours au *coaching*, dont on attend qu'il redonne une dimension humaine à des pratiques de gestion mettant désormais en avant les performances financières.

> On attend du *coaching* qu'il redonne une dimension humaine à des pratiques de gestion centrées sur les performances financières.

À côté de ces éléments structurels, d'autres auteurs signalent des facteurs plus idéologiques, en défendant l'idée que le succès du *coaching* serait lié à la montée de l'individualisme contemporain. C'est ainsi que Vincent de Gaulejac montre, dans plusieurs de ses écrits, qu'une nouvelle idéologie pénètre depuis quelques années l'ensemble de la société, mettant en demeure les individus de gérer leurs compétences, leur carrière, leurs échecs... d'où le recours à des « spécialistes du conseil », dont les *coachs*[5].

Ces hypothèses sur la double évolution – structurelle et idéologique – du capitalisme contemporain trouvent des illustrations dans les trois cas précédemment décrits. Ainsi, le contexte de la troisième étude rejoint, sur plusieurs points, ce qu'on a dit du capitalisme actionnarial et des idéologies qui l'accompagnent : il s'agit en effet d'une entreprise de services qui fonctionne au niveau international, recourant à des opérateurs très qualifiés qui se coordonnent de manière plutôt horizontale, avec des politiques de gestion humaine très individualisantes qui mettent l'accent sur les compétences relationnelles, le savoir-être, etc. On comprend dès lors que le dispositif de *coaching* y ait trouvé aisément place. Les contextes de la première et de la seconde étude

> Une nouvelle idéologie met en demeure les individus de gérer leurs compétences, leur carrière, leurs échecs...

rappellent quant à eux certains traits du capitalisme managérial, voire de formes encore antérieures. C'est assez net pour les PME galloises analysées par Dave Peel, qui constituent des entreprises essentiellement nationales, où le pouvoir est centralisé dans les mains du directeur-fondateur, où la coordination s'opère de manière hiérarchique, etc. Le cas du groupe sidérurgique est révélateur d'une organisation plus hybride, parce qu'en transition. On y observe des changements structurels typiques du capitalisme contemporain : le pouvoir se déplace des dirigeants vers les actionnaires, occasionnant des contrôles financiers fréquents qui désorganisent le travail des cadres. La nouvelle idéologie a gagné la direction qui soutient l'idée d'une mise en œuvre d'un dispositif de *coaching*. Mais elle n'a pas encore conquis les employés, attachés à leur culture collective centrée sur le métier ; ils ne soutiennent pas l'individualisation des rapports de travail et de la gestion des ressources humaines.

## Le déploiement des dispositifs de coaching : contextes et jeux d'acteurs

Après ce détour par l'histoire, revenons à un niveau plus microsociologique pour tenter de rendre compte des aléas que connaissent les programmes de *coaching* lorsqu'ils se déploient dans les organisations. En poursuivant avec la métaphore de la greffe, il est question ici des complications qu'elle peut occasionner, une fois réalisée. On s'appuie ici sur une étude de cas menée par Eugene R. Schnell, qui décrit la manière dont un *coach* (appelé Eric) accompagne pendant cinq ans deux directrices d'un Centre d'éducation à la santé (Gloria, directrice fondatrice, qui est ensuite secondée puis remplacée par Anne), rattaché à un hôpital universitaire aux États-Unis[6]. Cette expérience connaît plusieurs épisodes dont nous invitons le lecteur à prendre connaissance en lisant la présentation en encadré.

*Les jeux de pouvoir autour des contextes*
Comme on va le voir, les caractéristiques du contexte – la forte croissance de l'organisation, les contrôles externes

### EN PRATIQUE : L'ACCOMPAGNEMENT DES DEUX DIRECTRICES D'UN CENTRE D'ÉDUCATION À LA SANTÉ

Dans un article publié en 2005, Eugene R. Schnell relate dans le détail une expérience d'accompagnement sur longue durée (cinq ans), par un *coach* interne, de deux dirigeantes – Gloria C., directrice fondatrice et Anne H., directrice adjointe – d'un Centre d'éducation à la santé rattaché à un hôpital universitaire aux États-Unis.

Peu après l'engagement d'Anne, Gloria prend contact avec Eric, responsable d'une unité de développement organisationnel rattachée à l'hôpital. Elle lui dit son regret que le Centre ait perdu la « culture familiale » des débuts. Elle sollicite un accompagnement, pour Anne et elle-même. Elle espère aussi, par cette initiative, redorer le blason du Centre aux yeux de certains responsables de l'université, volontiers critiques à l'égard de la gestion du Centre et par ailleurs très favorables aux démarches d'innovation et d'amélioration de la qualité.

Les premiers mois d'accompagnement sont marqués par des échanges intellectuels très appréciés par les deux directrices ; elles parlent d'ailleurs de cette expérience comme d'un séminaire de formation approfondie. Eric a un autre point de vue : il s'inquiète de voir les dirigeantes focalisées sur leur processus de réflexion au point de désinvestir leur travail sur le terrain. Les questions organisationnelles réapparaissent de manière brutale avec la décision prise par le doyen de procéder à un audit organisationnel du Centre. Ses conclusions sont assez accablantes, provoquant de fortes réactions émotionnelles chez Gloria, qui s'absente pour un congé de maladie qui durera dix-huit mois.

Deux ans après le retour de Gloria, Anne se voit confier le poste de directrice, Gloria prenant le titre de directrice fondatrice, chargée des liens avec l'extérieur. Malgré cet abandon officiel du rôle de directrice, Gloria continue à interférer dans des décisions importantes, notamment en gardant des contacts avec les autorités de l'université. Anne sollicite à nouveau Eric pour qu'il l'aide à prendre son autonomie par rapport à Gloria. Eric lui propose de remplacer progressivement des membres du Conseil d'administration que Gloria avait amenés, par d'autres personnes qu'elle recrutera elle-même ; il lui suggère également de mettre en place, pour le Centre, un plan de développement stratégique, ce qui implique notamment de définir des plans de carrière pour les cadres.

Référence : E.R. Schnell, « A case study of executive coaching as a support mechanism during organizational growth and evolution », *Consulting Psychology Journal : Practice and Research*, 2005, vol. 57, n° 1, p. 41-56.

---

dont elle est l'objet, etc. – expliquent largement les aléas et rebondissements qu'a connus cette expérience. Toutefois, il faut également tenir compte ici d'un élément que l'on a quelque peu laissé de côté dans la première section du chapitre : les jeux de pouvoir entre les acteurs et la manière dont précisément ils se combinent avec ces influences contextuelles.

Le pouvoir est en effet très présent dans les relations entre les différents acteurs concernés par cette expérience de *coaching* ; ils prennent la forme de divergences dans les objectifs poursuivis, de critiques adressées par certains acteurs à d'autres, de tentatives des uns d'influencer les autres, etc. En voici quelques illustrations. Avant le démarrage du programme, Gloria fait l'objet de critiques de la part des

**Les caractéristiques du contexte expliquent les aléas qu'a connus cette expérience.**

services de la faculté qui lui reprochent des négligences dans la gestion du Centre. Autre exemple : lorsque le programme de *coaching* se met en route, on voit des divergences apparaître entre les deux directrices et leur *coach* : Gloria et Anne voient les séances de *coaching* plutôt comme des occasions d'améliorer leur formation – elles apprécient les échanges stimulants qui s'y déroulent – tandis qu'Eric regrette leur faible implication dans leur rôle de directrice. Dernière illustration : lorsque, quelque trois ans après, Anne est appelée à remplacer Gloria à la direction du Centre, elle entre en conflit avec elle, lui reprochant de continuer à entretenir des contacts avec les autorités extérieures et à interférer indûment dans des décisions importantes.

Il est en outre possible de montrer que ces rapports de pouvoir se combinent avec l'influence du contexte. À plusieurs reprises, certains acteurs se réfèrent au contexte pour justifier les positions qu'ils prennent par rapport aux autres. Ainsi, lorsque Gloria va trouver Eric pour solliciter un accompagnement, elle justifie sa demande en faisant référence au contexte : elle explique que le Centre a perdu sa « culture familiale », du fait de la forte croissance qu'il a connue. Plusieurs mois plus tard, c'est Eric qui va s'appuyer sur les résultats accablants de l'audit dont le Centre a été l'objet, pour chercher à convaincre les deux directrices qu'il s'agit de prendre à bras-le-corps les questions organisationnelles.

Outre ces circonstances où les acteurs se réfèrent au contexte pour justifier leurs objectifs, il en est d'autres où leurs stratégies visent directement à contrôler ce contexte. Ainsi, lorsque Gloria entreprend les premières démarches pour mettre en place le programme de *coaching*, elle a, entre autres, pour objectif de redorer l'image du Centre auprès des autorités universitaires qu'elle sait très favorables aux démarches d'amélioration de la qualité. Et lorsque, à la fin de l'expérience de *coaching*, Anne – qui est désormais seule à être accompagnée par Eric – entend acquérir plus d'autonomie par rapport à Gloria, elle entreprend, sur le conseil de son *coach*, de modifier progressivement la composition du conseil d'administration.

> **Certaines expériences de *coaching* sont traversées par des jeux de pouvoir entre acteurs.**

Cette analyse de cas montre donc combien certaines expériences de *coaching* sont traversées par des jeux de pouvoir entre acteurs qui, tantôt vont justifier leurs initiatives en se référant au contexte de l'organisation, tantôt vont se servir du *coaching* pour contrôler ce contexte.

*Les ambiguïtés des pratiques d'accompagnement*

Dans son ouvrage relatif aux pratiques d'accompagnement, Maela Paul tente de distinguer les pratiques de *coaching* d'autres pratiques cousines (les formations, le conseil, le tutorat, etc.)[7]. Pourtant d'après des travaux de recherche empirique, dans les faits, ces frontières sont souvent difficiles à établir et des ambiguïtés subsistent, ce dont se plaignent tant les praticiens que les analystes. Notre hypothèse est que ces ambiguïtés, ces problèmes de frontière, s'éclairent par les jeux de pouvoir entre les acteurs autour du contexte de l'organisation.

Ainsi, dans le cas étudié par Eugene R. Schnell, une ambiguïté évidente court pendant les premiers mois de l'expérience : Gloria et Anne suivent-elles une formation ou sont-elles occupées à prendre à bras-le-corps les problèmes de l'organisation ? Cette ambiguïté renvoie aux divergences de vues qui existent à l'époque entre Eric et les deux directrices, celles-ci étant plus portées vers des échanges riches dont elles retirent un bénéfice personnel, tandis qu'Eric est plus sensible aux problèmes organisationnels et aux risques d'interférence des autorités universitaires. Même ambiguïté en fin d'expérience, lorsque Eric plaide pour la conception d'un plan de développement stratégique du Centre et de plans de carrière pour les cadres, s'écartant ainsi d'une stricte pratique du *coaching* pour déborder sur la gestion des ressources humaines et la stratégie. Ici aussi, ces problèmes de frontière s'expliquent par les rapports de pouvoir – en l'occurrence la volonté d'Anne (soutenue par Eric) d'acquérir son autonomie par rapport à Gloria ainsi que d'anticiper de nouveaux contrôles émanant des autorités universitaires.

Ainsi l'expérience décrite oscille, au gré des rapports de pouvoir, entre du *coaching*, de la formation, de la stratégie, de la gestion des ressources humaines, etc. De tels aléas nous semblent consubstantiels aux pratiques de *coaching*, si l'on admet qu'elles sont influencées par les contextes où elles se déploient et qu'elles sont l'objet de rapports de pouvoir entre les acteurs qui y sont impliqués.

> **L'expérience décrite oscille entre du *coaching*, de la formation, de la stratégie, de la gestion des ressources humaines, etc.**

## Conclusion

Ce chapitre s'est attaché à comprendre comment se met en place un dispositif de *coaching* et comment il évolue. On aurait pu mentionner des facteurs liés aux personnes (les motivations des formés, les modèles de référence des formateurs, etc.) et à leurs relations (la dynamique qui s'instaure dans le groupe en formation, etc.). Nous avons pourtant choisi de mettre en relief des déterminants plus méso, voire macrosociologiques.

Ainsi, dans la seconde partie du chapitre, nous avons montré toute l'importance des rapports de pouvoir entre acteurs lorsqu'il s'agit de comprendre l'introduction et le déploiement de certains dispositifs de *coaching*. Ces phénomènes de pouvoir expliquent notamment les ambiguïtés des dispositifs et en particulier la porosité des frontières qui les séparent d'autres dispositifs d'accompagnement, voire d'autres dispositifs de gestion. Enfin, nous avons suggéré que les influences exercées par les contextes sur les dispositifs de *coaching* – en particulier sur leur acceptation ou leur rejet – peuvent s'expliquer par des affinités entre certains contextes et les pratiques de *coaching*, des affinités mises en lumière par l'histoire économique et idéologique du système capitaliste.

### NOTES

1. P. Fatien Diochon et J. Nizet, *Le Coaching dans les organisations*, Paris, La Découverte, coll. « Repères », 2012.
2. D. Peel, « What factors affect coaching and mentoring in small and medium sized enterprises », *International Journal of Evidence Based Coaching and Mentoring*, 2008, vol. 6, n° 2, p. 1-18.
3. D. Plihon, *Le Nouveau Capitalisme*, Paris, La Découverte, coll. « Repères », 2003.
4. P. Vernazobres, *Approche contextualiste des pratiques de coaching prescrit dans les grandes entreprises en France. Vers de nouveaux modes de régulation sociale en gestion des ressources humaines ?*, Thèse de doctorat de sciences de gestion sous la direction de F. Pigeyre, Paris, 2008.
5. V. de Gaulejac, *La Société malade de la gestion. Idéologie gestionnaire, pouvoir managérial et harcèlement social*, Paris, Seuil, coll. « Économie humaine », 2005.
6. E.R. Schnell, « A case study of executive coaching as a support mechanism during organizational growth and evolution », *Consulting Psychology Journal: Practice and Research*, 2005, vol. 57, n° 1, p. 41-56.
7. M. Paul, *L'Accompagnement : une posture professionnelle spécifique*, Paris, L'Harmattan, 2004.

# Chapitre 10
# Les pratiques de transmission dans l'organisation

**Sophie Marsaudon**

Les outils collaboratifs et de management de la connaissance qui existent aujourd'hui présentent l'intérêt de répondre, en partie, aux injonctions – notamment managériales – à partager savoirs et savoir-faire. Pour autant, la question de la transmission des connaissances, des savoir-faire et des compétences reste, pour la majorité des entreprises, d'une très grande complexité.

Ce chapitre a pour ambition de retracer les questions qui ont émergé lors de la mise en œuvre des pratiques de transmission dans les entreprises, ainsi que les «conditions de réussite» qui ont apparu au fil des expérimentations. Pendant la dernière décennie, notre posture d'intervenante au sein de grandes entreprises, confrontées à la nécessité de construire des dispositifs de transmission, a permis d'aboutir à un constat : au travers de ces pratiques, c'est bien d'apprentissage qu'il s'agit, mais celui-ci n'est jamais «automatique». Ces fameuses conditions de réussite sont bien les garantes d'une efficacité formative réelle.

## Des questions immédiates et nombreuses

Quand il s'agit d'engager une réflexion sur le sujet ou de mettre en œuvre des actions de transmission, les questions se bousculent.

– Tout d'abord, quel doit être l'objet de cette transmission ? Des connaissances ? Des savoir-faire ? Des compétences ? Uniquement les plus stratégiques ou critiques, relevant du cœur de métier ? Et, dans ce cas, comment les identifier ?

– À qui transmettre ? Aux nouveaux embauchés seulement ? À l'ensemble des salariés ? Ou bien encore, à quelques destinataires identifiés ? Et, le cas échéant, selon quels critères ?

– Faut-il organiser la transmission uniquement dans les dernières années de carrière ? Dès la reconnaissance dans l'entreprise ou dans le cadre d'un savoir-faire particulier, d'une expertise ?

– Comment mettre en œuvre la transmission ? Par le biais d'une relation individualisée, inter-individus, permettant la transmission (compagnonnage, tutorat, etc.) ou bien encore par capitalisation ? En optant pour des modalités différentes selon que la connaissance est formalisée ou tacite ?

– Quel est son enjeu ? Prendre en compte une nouvelle donne démographique (vague de départs à la retraite, intégration et formation de jeunes diplômés recrutés en nombre, etc.) ? Passer en mode projet ? Renforcer la motivation (entre autres celle des salariés âgés) ? Améliorer la performance organisationnelle ? Innover ? Créer ou renforcer un avantage concurrentiel ? Car de la réponse à cette question dépendent processus et modalités de transmission.

– Et, enfin, comment convaincre les détenteurs de savoirs qu'ils ont quelque chose à transmettre ? Comment les accompagner dans cet acte de transmission, les former ? Et comment s'assurer de la manière dont le receveur, l'apprenant, s'est approprié le savoir ?

## De la transmission et des hommes...

Il ne sera question dans ce chapitre que de la transmission d'individu à individu[1]. Cette modalité, qui prend différentes formes (tutorat, compagnonnage, période de travail en binôme, mise en doublon dans le cas par exemple où un salarié quitte son poste et travaille avec son successeur pendant une période donnée, etc.), présente nombre d'avantages : interactivité, rapidité de transmission – des « allers et retours » entre transmetteur et receveur potentiellement rapides –, adaptation de la transmission – actions personnalisées, spécifiques –, probable richesse de l'information transférée, interrogeable de manière ouverte, etc. Mais la transmission d'homme à homme a également ses inconvénients : la transmission étant, de fait, impossible sans contact humain, le flou et l'imprécision peuvent prendre le dessus sur la rigueur et la précision ; les savoirs, connaissances et savoir-faire transmis ne sont ni stockés (dilution potentielle des connaissances) ni duplicables. Enfin, deux autres risques potentiels existent : l'insuffisance ou l'absence de neutralité dans la transmission et une rétention d'information par le transmetteur, lui permettant d'avoir le sentiment de conserver le pouvoir que lui confère le savoir qu'il détient.

**La transmission d'individu à individu présente de nombreux avantages mais également des inconvénients.**

Dans cette entreprise industrielle, quand se pose la question des modalités de conservation d'une expertise, c'est toujours la transmission de compétences d'un salarié à un autre qui est suggérée. On parle de compagnonnage, de mise en doublon, de binômat... La transmission du savoir est rarement imaginée comme pouvant se faire sans accompagnement humain, c'est-à-dire, par exemple, en laissant un novice se débrouiller avec un recueil de procédures et de modes opératoires. On transmet du vécu, de l'expérience terrain, des astuces, les ficelles du métier apprises avec le temps : tous ces détails d'importance, impossibles à transmettre autrement qu'à travers les échanges quotidiens entre professionnel expérimenté et novice[2].

## *Des conditions interdépendantes*

Les conditions *sine qua non* d'une transmission des compétences réussie sont de différentes natures, chacune portant sa propre logique. Elles sont cependant complémentaires et forment un cercle « vertueux » où chaque condition identifiée suggère la suivante tout en étant liée à la précédente. De la capacité des organisations à ne laisser de côté aucune condition, à les considérer comme faisant partie d'un tout, dépend la réussite des actions de transmission. Elle dépend également de leur aptitude à, d'une part, identifier les acteurs de cette transmission et, d'autre part, leur faire jouer le rôle adéquat.

**Transmettre des savoirs, des connaissances, des savoir-faire, revient à donner à celui qui reçoit la possibilité de construire sa propre compétence.**

Transmettre des savoirs, des connaissances, des savoir-faire et des compétences, revient avant tout à donner à l'autre, celui qui reçoit, la possibilité de construire sa propre compétence. En donnant du sens à tout ce qui l'entoure, en lui donnant les clés de lecture nécessaires, en lui apprenant les savoirs de base utiles, en le laissant reproduire les gestes de manière autonome, en l'initiant aux ficelles du métier, le transmetteur n'attend pas du receveur, de l'apprenant, qu'il l'imite. Il lui permet au contraire de réinterpréter le contexte, voire de s'affranchir des procédures. La représentation « mécaniste » et statique de la transmission des savoirs[3] est une vision inexacte du processus : plusieurs chercheurs[4] rappellent « l'importance pour le transmetteur et le destinataire de négocier le sens du savoir transmis comme fondement du processus, mettant ainsi l'accent sur la co-construction du savoir[5] ». Pour Béatrice Delay, le receveur ne doit pas « se placer dans une logique de conformité ou de reproduction des pratiques, d'ailleurs susceptible d'entrer en contradiction avec les impératifs de changement, mais plutôt adopter une démarche de sélection et de co-construction des savoirs utiles à l'entreprise[6] ».

Les organisations, lorsqu'elles réfléchissent ou s'engagent dans des actions de transmission, ne s'attardent pas suffisamment sur les acteurs de la transmission. Souvent, elles se focalisent sur deux personnages de l'histoire, le détenteur de savoirs et le receveur, et elles en omettent certains – le manager, le collectif de travail, etc. Pourtant, nous avons observé que la formalisation, par l'organisation, du rôle de chacun et en particulier celui du manager, du représentant de la fonction ressources humaines et de « l'homme » métier, s'avère indispensable. À noter que ce dernier, le référent métier, doit présenter certaines caractéristiques : il est une référence dans la connaissance de son métier, et il est reconnu comme tel au sein de son organisation. Il a une vision globale et un recul suffisant sur son métier pour avoir une pensée pertinente et solide sur le sujet, y compris quand il s'agit de le penser « en mode » prospectif.

Autre point : de la volonté et de la capacité donnée aux différents acteurs de travailler en synergie résulte l'efficacité des actions de transmission. Outre le fait que la coopération est facilitée dans les environnements dits « capacitants » et les organisations où les modes de management la permettent, cette aptitude et cette appétence à coopérer dépendent pour l'essentiel de la manière dont les acteurs se vivent ou non comme des parties prenantes d'un projet, comprennent et surtout partagent les enjeux, les finalités de la transmission et ce, malgré leurs enjeux propres et le rythme dans lequel ils s'inscrivent (court, moyen ou long terme).

> De la volonté et de la capacité donnée aux différents acteurs de travailler en synergie résulte l'efficacité des actions de transmission.

Le collectif de travail s'ajoute à la liste des acteurs déjà citée. En effet, la mobilisation – et donc la moindre capacité à « produire », pendant une période donnée – du transmetteur de savoirs mais également du receveur doit être socialement acceptable par le reste du collectif, exigeant alors un minimum de partage sur les finalités de la transmission. D'autre part, ce même collectif joue un rôle en ce qu'il est capable d'absorber l'éventuel surplus d'activité engendré par une moindre disponibilité du transmetteur de savoirs et du receveur.

Ainsi donc, les démarches de transmission des compétences, lorsqu'elles ont atteint leur but, ont adopté quelques principes incontournables. Elles ont en outre intégré le fait que le représentant de la fonction ressources humaines est le garant de l'efficacité du processus de transmission et que le manager, pour sa part, s'assure de la mise en œuvre de la transmission.

## Identifier et sélectionner les compétences : l'étape cruciale par excellence

Tous les savoirs, savoir-faire et compétences détenus aujourd'hui par les salariés (ou par certains salariés) ne sont pas à conserver, ni à transférer, ni pour aujourd'hui ni pour demain. Une sélection doit s'opérer. Lors de cette étape, comme dans toutes les autres d'ailleurs, trois personnages jouent un rôle clé : l'homme métier, le manager (au sens large, celui qui manage l'activité) et le représentant de la fonction RH. Ils mettent en perspective la transmission par rapport aux choix stratégiques de l'organisation, identifient les compétences réellement critiques par rapport aux évolutions des métiers à moyen-long terme.

> Trois personnages jouent un rôle clé : l'homme métier, le manager et le représentant de la fonction RH.

Plus concrètement, le manager, en étroite collaboration avec les hommes métier, mais également en synergie avec le transmetteur et le receveur, repère et sélectionne les activités clés que le receveur devra prendre en charge, ainsi que les situations de travail types auxquelles ce dernier sera confronté. Le responsable RH traduit activités et situations types en compétences. Il détermine également, en interaction constante avec le manager et l'homme métier, les critères qui permettront de mesurer la criticité des compétences ainsi que leur caractère stratégique. Telle compétence est-elle utile à une entité, un service, à l'entreprise ? Cette compétence est-elle difficile ou bien longue à acquérir ? Est-elle rare, est-elle dépendante d'autres compétences ou liée à certains savoirs ?

Quant aux compétences exercées de manière tacite, non explicitables, sans formalisation, uniquement présentes dans la tête d'un ou de plusieurs individus, le manager – ou éventuellement un autre acteur, l'homme métier par exemple – réalise, pour les repérer, un travail d'observation et plus encore : il fait également « parler » les tenants d'un métier ou d'une activité, transmetteurs potentiels et autres membres du collectif de travail, comme on le fait par exemple pour recueillir la littérature orale narrative.

La connaissance tacite, d'après Audrey S. Bollinger et Robert D. Smith, « est un savoir difficile à exprimer, contenu dans la tête d'une personne et souvent difficile à décrire et à transférer. Il comprend les leçons apprises, le savoir-faire, le jugement, les règles empiriques et l'intuition[7] ». Russel W. Wright et ses collègues, pour leur part, définissent le tacite comme « exprimé sans mots et discours, implicite ou indiqué mais non véritablement exprimé[8] ». Une compétence est tacite si elle est le fruit de « l'observation d'un jeu de règles qui ne sont pas connues comme telles par la personne qui les suit[9] ». Le caractère tacite peut faire que même la personne la plus qualifiée ne peut pas « codifier » ou expliquer les règles de décision qui sous-tendent son action.

Autre point essentiel, l'enjeu de maintien des compétences distinctives de l'entreprise à travers un dispositif de transmission doit être connu et partagé par toutes les parties prenantes, pour autant qu'elles se soient identifiées comme telles.

## Apparier les couples : une démarche subtile

Pour optimiser les apprentissages, une attention toute particulière est apportée au repérage et à l'assemblage des couples transmetteur/receveur. Dans les démarches de transmission réussies, le receveur n'est pas forcément le dernier embauché, il est au contraire déjà expérimenté. En effet, transmetteurs et receveurs doivent pouvoir échanger sur la base d'un langage commun, de repères et représentations partagés. En dépendent la qualité des interactions, l'acte de transmission en général et l'appropriation des connaissances par le receveur. De même, le transmetteur n'est pas forcément l'expert, le plus expérimenté, le plus âgé ou le plus proche de la retraite. Il est celui qui détient la compétence, les connaissances, les savoir-faire estimés critiques et/ou stratégiques.

Dans cette étape, le RH identifie, avec le management opérationnel, les critères de sélection qui permettront de repérer transmetteurs et receveurs. Il évalue en outre la nécessité de recourir à un tiers médiateur réflexif qui, en appui au couple transmetteur/receveur, favorisera la transmission en aidant par exemple le transmetteur à prendre conscience des savoirs, des compétences, des savoir-faire qu'il détient et/ou en offrant la possibilité au receveur apprenant de verbaliser ce qu'il a appris et ce qu'il a acquis.

Au-delà d'apparier idéalement les couples, certains facteurs facilitent, ou non, la transmission. Ainsi, plus ou moins d'affinités de goûts, de caractères dans un couple transmetteur/receveur assurera ou non une plus grande facilité dans les échanges. Une mise sous contrôle total du processus est impossible et n'est d'ailleurs pas souhaitable car les transmissions qui s'opèrent dans cette relation « d'homme à homme » relèvent en grande partie de l'informel. Ainsi, dans cette grande entreprise, la création du nouveau métier de chargé d'affaires par la fusion de deux métiers, l'un plutôt technique, l'autre nécessitant des savoir-faire relationnels, va se traduire par une profonde mutation des compétences requises. Pour créer ce nouveau métier, l'entreprise fait le choix de s'appuyer sur un principe de transmission mutuelle : les salariés de chaque métier d'origine acquièrent l'ensemble des compétences, techniques ou non, du métier qui n'était pas le leur. Le dispositif s'appuie sur un cursus national de formation

> **Transmetteurs et receveurs doivent pouvoir échanger sur la base d'un langage commun.**

(dispensé par des professionnels locaux) et des salariés tuteurs-formateurs, de l'un ou de l'autre métier d'origine, formés et qui accompagnent les futurs chargés d'affaires sur le terrain. En dépit d'un système organisé, fondé sur la formation et le tutorat, l'entreprise constate après coup, qu'à côté des dispositifs formalisés, des dynamiques naturelles de transmission à l'initiative des salariés se sont développées et se sont révélées, elles aussi, très efficaces. Ainsi, des modes relevant du spontané collectif, de la socialisation ont été identifiés : la transmission interpersonnelle, informelle, ponctuelle entre interlocuteurs multiples ; le « faire ensemble » (transmission verbale complétée par le geste, la visualisation, l'action à deux) ; la diffusion de connaissances, de modes de raisonnement par la proximité physique[10]...

**Dans toutes les démarches efficaces en termes d'apprentissage, les couples transmetteur/ receveur sont constitués en dehors de toute relation hiérarchique.**

Un dernier point important : dans les entreprises où les démarches se sont révélées efficaces en termes d'apprentissage, les couples transmetteur/receveur ont toujours été constitués en dehors de toute relation hiérarchique. Enfin, les démarches de transmission de compétences réussies sont accompagnées, voire précédées d'une réflexion sur les modes de management et ce, afin que la reconnaissance des actions de transmission y devienne « naturelle », que l'on accepte de « perdre du temps » pour en gagner...

## *Organiser et réguler le processus : formaliser pour laisser vivre*

Si, dans ce qui se joue entre transmetteur et receveur, l'efficacité de l'informel n'est jamais remise en cause, le processus de transmission est cependant organisé et régulé. Cela passe par la formalisation d'un cadre, « d'une marche à suivre », d'un processus cohérent avec les autres processus RH (évaluation, GPEC, recrutement, etc.) mais sans pour autant se donner comme objectif de tout contrôler. Les « points de passage » et les principes sont les mêmes pour tous mais, au final, rien n'empêche le binôme transmetteur/ receveur de choisir ensemble la « technique » de transmission des compétences qui lui convient le mieux.

Point clé du processus : plus les objectifs attendus pour chaque partie prenante – en particulier pour le receveur – seront clairement identifiés et plus il sera possible d'en valider l'atteinte : acquisition de savoirs spécifiquement requis, mise en œuvre de savoir-faire particuliers, de savoir-faire cognitifs permettant d'enclencher les opérations intellectuelles telles que l'induction ou la déduction, savoirs méthodologiques, connaissances des règles de fonctionnement, meilleure utilisation d'un réseau professionnel, usage de routines, etc. C'est en partant de ces objectifs préalablement fixés que le manager évalue, lors de *feedbacks* réguliers ou en situation de travail, d'une part, les acquis du receveur apprenant, l'intégration, dans les modes opératoires, les connaissances acquises et, d'autre part, la capacité du transmetteur à transmettre.

La fonction ressources humaines quant à elle co-construit, avec les principaux protagonistes de la transmission, des outils facilitateurs tels que guides du tutorat, du compagnonnage, etc. Et via des outils de suivi des démarches individuelles, des livrets de compagnonnage à trois mois, six mois, elle aide le management à apprécier la mise en œuvre effective de la transmission. Ainsi, dans cette entreprise où le compagnonnage est une pratique déjà ancienne, on éprouve la nécessité de le formaliser davantage, d'en faire un véritable contrat entre les acteurs de la transmission. Ainsi, chaque phase d'apprentissage est validée et les interventions d'un novice sur tel ou tel matériel doivent être programmées – pour cette entreprise, le respect des règles de sécurité est une condition d'exercice essentielle. Par ailleurs, dans le cadre d'un processus d'habilitation lié à une activité à haut risque, un manager, un tuteur et plusieurs experts endossent le rôle de compagnon à un moment donné et se relaient auprès d'un apprenant pour le former. Dans le but de rendre compte de l'évolution de l'apprentissage, ils échangent ainsi des informations de manière plus ou moins formelle (*e-mails*, réunions, etc.)[11].

**La fonction ressources humaines co-construit des outils facilitateurs tels que guides du tutorat, du compagnonnage, etc.**

## *Des principes souvent oubliés : volontariat et reconnaissance*

Le volontariat dans l'acte de transmettre est une condition absolue pour que la transmission ait réellement lieu. En effet, au-delà des bonnes intentions affichées par les transmetteurs potentiels, le processus peut néanmoins être vécu par le détenteur de savoirs comme une perte, un abandon, un don à sens unique. Transmettre ses compétences, ses connaissances, ses savoir-faire, n'est jamais un acte neutre.

Si les démarches observées confirment la nécessité d'organiser et de réguler le processus de transmission, une trop grande formalisation des procédures est en revanche souvent perçue comme une entrave à l'engagement des transmetteurs dans la démarche. Chaque couple transmetteur/receveur, dans le cadre qui lui est proposé, trouve son propre chemin et opte pour les « façons de s'y prendre » qui lui conviennent le mieux. Et, ce faisant, l'acte de transmission est déjà engagé…

> Il ne peut y avoir transmission sans évaluation ni reconnaissance officielle de l'engagement dans cet acte.

Enfin, force est de constater qu'il ne peut y avoir transmission sans évaluation ni reconnaissance officielle de l'engagement dans cet acte. Ainsi, la fonction ressources humaines est garante du fait qu'un « volet » transmission existe dans l'entretien annuel et son support. Elle proposera éventuellement un contrat tripartite « transmetteur-receveur-manager » afin de formaliser les engagements mutuels. Enfin, dans de nombreux cas, elle rédige une lettre de mission destinée au transmetteur et précisant les objectifs ainsi que les modalités de reconnaissance associées. Le manager, pour sa part, entretient la motivation à transmettre mais également à recevoir, en donnant et redonnant du sens à l'action. C'est lui qui soumet au transmetteur sa feuille de route et qui évoque avec lui ses éventuelles craintes ou réticences.

## Un accompagnateur ressource pour un apprenant acteur

Un dernier point est essentiel : il s'agit d'organiser la prise de conscience du transmetteur concernant son « capital compétences » et travailler avec lui sur sa posture d'accompagnateur-ressource « au service » d'un receveur, protagoniste de son apprentissage. Ainsi, plus le détenteur de savoirs, de compétences stratégiques et critiques, sera accompagné dans une démarche de prise de recul sur ce qu'il sait et/ou ce qu'il maîtrise professionnellement et plus il sera en mesure de se positionner comme une ressource pour un apprenant-acteur, avec l'idée que « chaque appropriation individuelle ou collective de ce qui est transmis peut conduire à sa transformation[12] ».

Le manager crée également les conditions propices à faire des situations de travail de réelles situations d'apprentissage ; droit à l'erreur, mises en situation, temps de verbalisation, etc.[13] Concernant la question du droit à l'erreur, toujours sujet à discussion, Cécilia Mornata et Étienne Bourgeois rappellent

> qu'il est indispensable que l'organisation soutienne l'apprentissage en situation de travail en octroyant des espaces (physiques et temporels) permettant les échanges informels entre collaborateurs, en ne sanctionnant pas systématiquement l'erreur mais en encourageant le partage d'erreurs dans un but d'apprentissage[14].

## En guise de conclusion...

Rappelons, pour terminer, une évidence : ce n'est pas parce qu'il y a transmission qu'il y a appropriation par le receveur de ce qui a été transmis. Pour que cela soit le cas, le passage par la métacognition – *je sais que je sais* – est l'une des conditions *sine qua non*. Il s'agit donc, entre autres pour le management, d'accompagner le receveur dans une démarche de prise de conscience de ses acquis. Pour ce faire, le management adopte des techniques de dialogue qui donnent la parole à l'apprenant, lui permettent d'expliciter ce qu'il a appris, l'aident à verbaliser ce qu'il a mis en œuvre. Ce questionnement à finalité pédagogique n'est ni une évaluation, ni un examen, ni une explication, ni un cours.

On peut également imaginer proposer aux receveurs des temps communs de prise de recul, organisés à des moments où les « choses » prennent du sens. Concernant les transmetteurs, des groupes d'échanges de pratiques entre pairs et l'émergence de communautés de pratique permettraient de les accompagner dans leur professionnalisation et favoriseraient leur nécessaire travail de réflexivité.

> Il s'agit, pour le management, d'accompagner le receveur dans une démarche de prise de conscience de ses acquis.

## EN PRATIQUE : UNE OBSERVATION QUI EN DIT LONG...

Prenons le cas de cette grande entreprise industrielle : elle embauche à un moment donné de son histoire – et sur une période relativement courte – un grand nombre de jeunes ingénieurs fraîchement diplômés. Il faut donc les intégrer rapidement, et surtout efficacement, à une organisation complexe – tant d'un point de vue technique que relationnel. Le caractère inhabituel – du fait du nombre de jeunes intégrés – se double d'une difficulté peu anticipée : il manque, pour accompagner ces nouveaux, toute une génération d'ingénieurs expérimentés. Ils ont évolué vers d'autres postes et ont, de toute façon, travaillé sur une ancienne génération d'ouvrage alors que les jeunes ingénieurs vont devoir en quelque sorte innover ou, du moins, concevoir un « produit » nouveau avec des techniques non encore expérimentées en rythme de croisière.

Des référents techniques sont donc désignés pour appuyer les jeunes ingénieurs nouvellement embauchés. Et quand il leur est demandé ce qu'ils transmettent aux nouveaux arrivants, voici leur réponse : de la méthode, des règles d'autocontrôle, des règles non explicitement écrites, du sens (la finalité d'une action) en expliquant davantage le « pourquoi » que le « comment », une vision globale, de la hauteur de vue, du réseau, des repères – en délimitant par exemple le périmètre de travail –, des informations ou des méthodes pour rechercher l'information et des usages. Autrement dit, les référents s'appliquent à transmettre les moyens de travailler de manière autonome plutôt que des « recettes de cuisine » et/ou des modes opératoires gravés dans le marbre.

Plus globalement, un constat se fait jour : au-delà du référent technique officiellement nommé mais souvent sur-sollicité, le collectif de travail est un acteur efficace et omniprésent dans l'intégration des nouveaux embauchés. On apprend avec les autres, avec ses collègues. Une place prépondérante est accordée à l'informel, reconnu comme moyen d'apprentissage : on apprend par frottement, par confrontation d'idées, à la machine à café ou lors de discussions informelles.

On note enfin l'importance du récit pour accéder au sens de l'activité, « *ce qui fait entre autres défaut, c'est "l'histoire dans son ensemble", les raisons de certains choix passés qui sont en mesure d'éclairer le présent...* ».

### NOTES

1. S. Duizabo et N. Guillaume, « Les modes de transfert de connaissances dans les entreprises », *Les Cahiers du GRES*, 1996, n° 9601.
2. M. Le Boulaire et S. Marsaudon, « Transférer les compétences, un savoir-faire », *Étude E&P*, 2008, n° 272.
3. N. Lauzon et coll., « La transmission intraorganisationnelle des savoirs : une perspective managériale anglo-saxonne », *Savoirs*, 2013, vol. 1, n° 31.
4. M.P. Thompson, R.J. Jensen et K. De Tienne, « Engaging embedded information : toward a holistic theory of knowledge transfer in organizations », *Competitiveness Review*, 2009, vol. 19, n° 4, p. 323-341.
5. N. Lauzon et coll., *op. cit.*
6. B. Delay, « Les rapports entre jeunes et anciens dans les grandes entreprises. La responsabilité organisationnelle dans la construction de dynamiques intergénérationnelles coopératives », Centre d'études de l'emploi, document de travail n° 103, 2008.
7. A.S. Bollinger et R.D. Smith, « Managing organizational knowledge as a strategic asset », *Journal of Knowledge Management*, 2001, vol. 5, n° 1, p. 8-18.
8. R.W. Wright, G. van Wijk et I. Bouty, « Les principes du management des ressources fondées sur le savoir », *Revue française de gestion*, 1995, n° 105, p. 70-75.
9. M. Polanyi, *Personal Knowledge : towards a post-critical Philosophy*, New York, Harper Torchbooks, 1958.
10. M. Le Boulaire et S. Marsaudon, *op. cit.*
11. M. Le Boulaire et S. Marsaudon, *op. cit.*
12. É. Bourgeois et C. Mornata, « Apprendre et transmettre le travail », in É. Bourgeois et M. Durand (dirs.), *Apprendre au travail*, Paris, Puf, 2012, p. 33-51.
13. N. Lauzon et coll., *op. cit.*
14. C. Mornata et É. Bourgeois, « Apprendre en situation de travail : à quelles conditions ? », in É. Bourgeois et M. Durand (dirs.), *op. cit.*, p. 53-67.

# Chapitre 11
# L'impact des TIC sur les manières d'apprendre dans l'entreprise

**Olivier Charbonnier et Sandra Enlart**

Le statut de ce chapitre est un peu particulier. En effet, évoquer l'impact des technologies de l'information et de la communication (TIC) sur les manières d'apprendre est un exercice qui se situe à mi-chemin entre l'observation et la projection. Car si Internet ne cesse de transformer les manières d'apprendre depuis les années 2000, les mutations sont loin d'être terminées et leur rythme ne cesse même de s'accélérer. C'est pourquoi une partie de cette publication se conjugue au futur. Mais l'ambition est aussi de repérer les questions épistémologiques que le développement des TIC dans l'entreprise va faire émerger. Nul doute que ce que nous entendons aujourd'hui par « apprendre » va fortement évoluer.

La société cognitive est en marche. Son activité principale repose sur les mécanismes de la pensée. Dans le monde du travail, cela se traduit par des emplois qui semblent tous converger vers le même mode opératoire : capter des signes, les interpréter, les transformer et en produire de nouveaux, bref travailler derrière un ordinateur. Dans le monde de la formation, cela prend la forme d'un changement majeur de paradigme : alors que la connaissance était rare et chère, elle est devenue en moins de dix ans abondante et (presque) gratuite. Corrélativement s'est développé un sentiment de plus en plus largement partagé d'*infobésité*, comme si nous produisions plus de données, d'informations et de connaissances que nous ne serons jamais capables d'en intégrer. Pour y faire face, chacun s'accommode en tâtonnant, en bricolant des parades pour ne pas se laisser déborder : traitement immédiat, multicanal et simultané, intégration de l'information dans le réel à travers la réalité augmentée, explosion de l'image, etc. De plus, des modes d'accès implicite au savoir se développent, tels que le *scanning*, le *zapping* ou encore l'exploration[1].

Cette matière première, brute à bien des égards, fluide et impalpable, pénètre de toute part la frontière qui séparait production et apprentissage. Jusqu'à réinterroger les pratiques de formation des entreprises. Jusqu'à modifier l'idée même que l'on se faisait de ce que signifie « savoir ». Nous commencerons par présenter les caractéristiques majeures de ce rapport au savoir émergent pour ensuite formuler un questionnement d'ordre épistémique et pédagogique : qu'est-ce que savoir avec les TIC ? Qu'est-ce qu'apprendre ce savoir ?

## *Savoir et apprendre : comment les TIC changent la donne*

*La délégation, jusqu'où ?*

La délégation aux machines (téléphone portable/smartphone, tablette, ordinateur) est le premier constat que l'on peut faire de l'impact des TIC sur notre rapport au savoir. **Une partie de plus en plus conséquente des données, informations et connaissances nécessaires est d'ores et déjà localisée dans ces « extensions » de soi** qui permettent à tout un chacun de ne pas avoir besoin de mémoriser. Parce que nous ne pouvons pas tout retenir, parce que les machines ont une capacité croissante de mémoire et de traitement, parce que leur ergonomie les place à portée de main, nous leur confions une partie de ce que nous mémorisions il y a quelques années. Lorsque nous avons un trou de mémoire – et nous en avons de plus en plus –, nous savons que nous pouvons compter sur elles pour nous aider. Chaque bonne réponse nous invite à leur déléguer un peu plus pour nous soulager d'autant – de toute façon, nous n'avons pas le choix. Alors, à quoi bon se rendre en formation si on ne retient pas le savoir qui nous est proposé et que l'on trouve de toute façon ailleurs ?

Cette délégation a eu un effet collatéral : pourquoi écouter un formateur « commenter ses power point » alors même que ce qu'il raconte est accessible en tous temps et en tous lieux par le biais des outils personnels ? C'est notamment par ce raisonnement tacite que la pertinence de la formation en présentiel est interrogée. Jusqu'à justifier, en partie du moins, la réduction des temps de formation en présentiel et le taux d'absentéisme observé dans certaines entreprises. Mais comment être sûr alors que l'apprentissage minimum a eu lieu ? Et comment le définir ? S'agit-il de savoir ou de savoir accéder rapidement au savoir ? L'enjeu ne sera donc plus de mémoriser ni même d'accéder au contenu mais bien d'utiliser des informations, des connaissances, voire des raisonnements au mieux et de façon contingente. Pour autant, *capter* le savoir dont on a besoin n'est pas *apprendre* ce savoir. Dit autrement, nos efforts d'apprentissage glissent progressivement d'une appropriation du contenu à une capacité à agir à partir des contenus qui nous sont donnés.

**L'enjeu ne sera plus de mémoriser du contenu mais bien d'utiliser des informations, des connaissances, des raisonnements.**

On voit bien que l'enjeu, pour l'entreprise, est à la fois de sécuriser une capacité de rappel des connaissances indispensables à l'action – par exemple des normes sécuritaires – tout en tenant compte de ce phénomène majeur de délégation aux outils. Peut-on alors renoncer à toute forme de savoir professionnel ? Mais qu'est-ce qu'un savoir professionnel ? Par définition, il se mobilise dans l'action, se manifeste dans l'activité. Peut-on le confier aux outils ? Peut-on équiper tous les collaborateurs d'un iPad et faire confiance à cet étrange binôme : un collaborateur qui n'a qu'une connaissance limitée mais qui sait à quel moment utiliser sa tablette, qui elle a toutes les informations ?

---

### EN PRATIQUE : PEUT-ON DÉLÉGUER DES OPÉRATIONS COGNITIVES COMPLEXES ?

Deux chercheurs américains ont mis au point un système permettant de « faire écrire » par la machine un article sur le match de base-ball qui s'est déroulé le week-end précédent à Santiago. Le système capte automatiquement toutes les informations mises en ligne sur ce match (*blogs*, vidéos, *podcasts*, etc.) puis trie et transforme cette matière automatiquement. Il ne s'agit pas d'une problématique nouvelle : elle était déjà soulevée il y a une trentaine d'années avec la Texas Instrument, cette calculatrice dont on craignait qu'elle ne concurrence nos capacités de calcul mental. Simplement, elle prend une acuité particulière en s'étendant à tous les domaines, toutes les populations, tous les métiers. L'explosion du *Big Data*, doublée de capacités de traitement des données toujours plus puissantes, laisse penser que nos « raisonnements manuels » seront de plus en plus largement concurrencés par des algorithmes.

## De la délégation à la personnalisation

L'amélioration des moteurs de recherche, le développement des interfaces homme-machine et une lecture de plus en plus intuitive des informations fournies (images, vidéos, etc.) vont encore accentuer la mutation du rapport au savoir. Si les moteurs de recherche permettent déjà, pour le meilleur comme pour le pire, d'accéder de façon personnalisée aux informations et savoirs (Google s'appuie sur plus de 1 000 ingénieurs pour améliorer quotidiennement la performance de ses algorithmes), cette personnalisation va se renforcer dans des proportions importantes. Parce que Google connaît de mieux en mieux chaque utilisateur et croit savoir ce qui intéresse chacun en analysant ses traces, parce que les ressources numériques sont chaque jour davantage mises en scène pour simplifier leur usage, le processus de délégation à Internet ne cesse de s'amplifier.

Ce mouvement va se renforcer avec le développement d'interfaces homme-machine orales, gestuelles ou cérébrales, permettant d'accéder de façon immédiate aux données, informations et savoirs recherchés. Pour que la machine devienne une extension du cerveau, encore faut-il que le savoir utile soit rapidement accessible. C'est encore loin d'être le cas mais les avancées technologiques dans ce domaine sont rapides. La possibilité de s'immerger, par exemple avec les lunettes à réalité augmentée de type Google Glass attendues fin 2013, permettra probablement un jour de recevoir en temps réel les informations recherchées sans que cela ne perturbe l'échange entre deux personnes.

Enfin, les environnements devraient également bouger avec le développement de puces RFID (*radio frequency identification*) dans des contextes professionnels où les procédures occupent une place importante. Pourquoi là aussi apprendre des normes et procédures si celles-ci s'affichent en temps réel au moment où le technicien passe devant l'installation à vérifier, avec une alerte et une validation de l'action pertinente ? Bien entendu, il va falloir s'interroger sur les risques majeurs de ce type de délégation : la difficulté à contextualiser le savoir ainsi standardisé et la perte de concentration sur le réel. Néanmoins le champ des possibles s'ouvre de manière extrêmement prometteuse et les acteurs de la formation ne peuvent se désintéresser de ces évolutions.

*Peut-on définir un « socle minimum de connaissances » ?*

Partons de l'idée qu'un minimum incompressible doit être « incorporé dans le cerveau » de l'apprenant pour lui permettre d'être *capable d'agir* : les machines, aussi performantes soient-elles, ne sont pas encore capables de trouver en temps réel les connaissances nécessaires pour réaliser une action – interaction, situation d'urgence, etc. – , *a fortiori* lorsque celle-ci est peu prévisible et singulière dans sa mise en œuvre. Tout l'enjeu consiste alors à définir ce minimum, délicat à anticiper et jamais universel. Au contraire il est profondément relié à un contexte, il est par nature *situé*[2]. De plus, il varie en fonction du domaine visé par l'apprentissage, du niveau de motivation et de maîtrise *a priori* des apprenants pour le sujet, des possibilités d'accès à ces connaissances via les TIC en dehors de toute médiation pédagogique. Plus précisément, il se définit à travers trois questions.

– *Quelles sont, sur cet objet de formation, les connaissances indispensables qui permettent à l'apprenant d'acquérir des savoirs complémentaires ?* Ces connaissances peuvent être des concepts, une grammaire, une terminologie, etc. Par exemple, pour utiliser Internet et avoir ainsi accès à des connaissances, il faut savoir écrire ; pour maîtriser le maniement d'un microscope confocal, il est nécessaire de connaître les termes qui permettront de comprendre ses fonctionnalités, etc.

– *Quelles sont les connaissances indispensables pour organiser son action ou agir dans l'immédiat ?* En médecine, le fait d'avoir une vision globale du corps, ou de savoir comment réagir dans les secondes qui suivent le malaise d'un patient, peut être considéré comme fondamental ; en mécanique, il s'agit d'avoir une compréhension d'ensemble des fonctionnalités d'un moteur, etc. Ces cartographies globales sur un sujet d'une part, ces connaissances immédiatement convocables d'autre part, semblent indispensables pour permettre à l'apprenant de relier ensuite les fragments de connaissance qu'il trouvera sur son smartphone lorsqu'il a besoin d'aller plus loin pour agir ou au contraire d'agir au plus vite.

– *Qu'est-ce qui semble difficilement appropriable sans médiation pédagogique ?* Pour se repérer, on peut aussi s'attacher au caractère transmissible ou non des savoirs.

**L'utilité d'une médiation pédagogique dépend du niveau de motivation et de maîtrise du sujet par les apprenants.**

## EN PRATIQUE : LE SAVOIR SUR INTERNET : DES PAQUETS EN VRAC

Aux antipodes de la vision classique qui a prévalu en Occident jusqu'aux années 2000, le savoir qui nous est proposé sur la Toile se distribue en vrac, en morceaux de taille et de qualité très inégales. D'ailleurs, le terme de savoir est très impropre : les informations, les données et les connaissances auxquelles nous avons accès lorsque nous faisons une requête sont de toutes natures, scientifique, commerciale, littéraire, expérientielle, artistique... Chaque URL est une clé d'accès à un «paquet» (en écho au regard que porte l'artiste numérique Albertine Meunier sur Internet), sans que ces paquets n'aient de lien entre eux. Plus encore, à l'intérieur de chaque paquet, nous pouvons accéder à d'autres paquets et naviguer ainsi de lien en lien, à l'image de lianes numériques pendues dans une forêt d'octets dont la configuration bougerait en permanence. Cette nouvelle forme d'organisation du savoir est évidemment en rupture totale avec la façon dont le savoir est envisagé, par exemple avec des démarches de type e-learning.

Serait-il possible d'espérer combiner les avantages d'un savoir sélectionné, organisé selon une architecture pensée à l'avance pour faciliter, structurer, orienter notre compréhension et notre appropriation avec ceux d'un terrain vague sur lequel pousse tout et n'importe quoi, le meilleur comme le pire? Entre une organisation du savoir pensée de façon rigide et un savoir qui nous arrive en vrac, les entreprises vont devoir proposer des solutions plus souples, sélectionnant «à grosses mailles» dans un même espace des savoirs liés à un thème ou à une problématique à investir – comment conduire ses entretiens d'évaluation, améliorer ses techniques de négociation, etc. –, tout en donnant à l'apprenant les moyens d'organiser ce savoir pour le mettre à sa main. Dit autrement, il s'agit de combiner les qualités du *e-learning* (un savoir présélectionné et un peu agencé) à celles d'Internet (une grande souplesse et une personnalisation dans l'usage des savoirs disponibles).

Certains raisonnements, concepts, règles, peuvent exiger la présence du pédagogue pour décoder, décrypter, dialoguer avec les apprenants. L'utilité d'une médiation pédagogique sur tel ou tel contenu dépend fortement du niveau de motivation et de maîtrise *a priori* du sujet par les apprenants.

## *Apprendre pour « savoir avec » les TIC : du neuf et de l'ancien*

### *Apprendre à traiter l'information*

L'explosion des TIC dans le quotidien privé et professionnel a entraîné un double mouvement que les acteurs de la formation en entreprise doivent prendre en compte. D'une part, les activités professionnelles sont de plus en plus immergées d'informations. Que l'on soit médecin, hôtesse d'accueil, guichetier, téléopérateur ou mécanicien, le traitement et la production d'informations occupent une place croissante (via les systèmes d'information internes, Internet et les applications). Chacun est devenu, en quelques années, un « professionnel de l'information » spécialisé dans tel ou tel domaine. Or, sauf si l'on apprend à utiliser un système d'information d'un point de vue technique, jamais n'est envisagée la question de l'apprentissage du traitement cognitif des données (modalités de lecture, mise en lien, sélection, croisements, etc.) et de ses conséquences sur l'individu (surcharge, frustration, sentiment de travail inachevé, etc.). La plasticité cérébrale laisse certes penser que le cerveau s'adapte à cette inflation, mais il semble que la seconde – l'inflation d'informations – évolue plus rapidement que la première – notre plasticité cérébrale. Les chiffres des pratiques les plus courantes donnent le vertige : un million et demi d'applications sur Androïde et Apple, soixante-cinq milliards de téléchargements, l'équivalent de 3,5 jours de vidéos mis en ligne chaque jour sur You Tube, deux cent trente mille tweets envoyés chaque minute… Il devient urgent que la formation intègre cette explosion informationnelle et propose des solutions d'allègement plutôt que d'ajouter – qui plus est sous forme de « power point » ! – une masse supplémentaire d'informations à ce que l'on ne parvient déjà pas à intégrer chaque jour. Dit autrement, l'individu doit apprendre à accéder, à trier, à organiser, à interpréter l'information qu'il utilise quotidiennement, mais aussi à prendre de la distance, du recul, à couper au bon moment, bref à gagner en agilité, en pertinence et en fluidité autant qu'en équilibre personnel. Le développement de capacités telles que la polarisation mentale, la flexibilité mentale et l'ouverture mentale devrait à cet égard être pleinement intégré dans l'offre pédagogique proposée par les entreprises[3].

> Chacun est devenu, en quelques années, un « professionnel de l'information » spécialisé dans tel ou tel domaine.

Cela reviendra alors à centrer la formation sur l'*usage* des ressources informationnelles accessibles en situation de travail, davantage que sur le contenu lui-même. Parce que le savoir qui nous est proposé dans ces outils, et *a fortiori* sur Internet, est éclaté et de facture hétérogène, il nous faudra nous entraîner à faire des liens, à mettre en sens, à sélectionner aussi car nous savons que tout n'est pas bon à prendre. Nous devrons en quelque sorte à chaque fois reconstituer une histoire singulière. Concrètement, il s'agira par exemple de s'exercer à mobiliser les informations requises, mettre à sa main une nouvelle application, un Intranet, s'approprier un système d'information que l'on vient de refondre… Le temps laissé à l'apprenant pour traiter le cas proposé sera d'abord souple, de façon à ce qu'il s'entraîne à utiliser les sources d'information à sa disposition et les mette à sa main.

Progressivement, ce temps se rapprochera du temps réel pour simuler au plus près sa situation future.

C'est un changement majeur de paradigme face auquel certains seront plus à l'aise que d'autres pour construire leur mode d'action en conséquence. Nous nous y sommes d'ailleurs déjà accommodés. Mais nous savons aussi que cela s'apprend, au risque sinon de « subir » ces bouts de connaissance parce qu'on ne saura pas faire autrement.

*Apprendre à rappeler les connaissances : s'appuyer aussi sur les émotions*

Curieusement, les entreprises n'ont pas encore relégué leurs « stages de deux jours » et autres séminaires au rang de vieillerie. Elles sont parfois critiquées pour cette posture conservatrice, décalée, qui ignore superbement les nouveaux comportements liés aux TIC. Pourtant, elles ont sans doute raison, mais pour des raisons qu'elles ignorent ! Apprendre exige de prendre du temps et du recul – deux dimensions justement malmenées dans nos environnements professionnels –, les temps de formation en présentiel pourraient devenir de précieux remparts et (re)trouver plus que jamais leur raison d'être. Les recherches sur le concept de *psychological safety* apportent là des éléments essentiels sur les contextes d'apprentissage[4]. À condition d'être repensés dans leur architecture pédagogique de façon à prendre en compte un rapport à l'information et au savoir en mutation, les apprentissages de demain réinventeront peut-être des lieux dédiés à l'apprentissage. Le débat ne se fera peut-être pas entre présentiel et à distance mais entre présentiel protégé et présentiel en situation de travail.

La seconde raison pour repenser l'apprentissage comme un moment en présentiel tient plus à la question du rappel des connaissances que nous avons évoquée plus haut. La formation présentielle est aussi l'occasion pour chacun d'entendre des *récits* : c'est un lieu où se *raconte* ce qu'il faut savoir sur tel ou tel sujet. Libre à chaque apprenant de faire la part des choses entre ce qu'il peut laisser filer et ce qu'il retiendra sous forme d'histoire – le fameux *storytelling* –, de traces, de mots clés, de *tags*. Insistons sur la dimension émotionnelle ou affective de ces histoires : elle leur permet d'être plus facilement mémorisées, à travers un registre d'émotions relativement universelles et manichéennes – réussite/échec, peur, danger/sécurité, méfiance/

confiance, amour/haine. On le sait, depuis entre autres Antonio Damasio[5], ces accroches sont de véritables ancres mnésiques à partir desquelles il sera beaucoup plus rapide et efficace d'aller à la pêche de l'ensemble de l'information utile. Ces indices permettent alors de retrouver rapidement l'ensemble des connaissances qu'autrefois il fallait mémoriser. C'est à cette condition que l'apprenant saura faire ensuite une recherche rapide, quand le besoin s'en fera sentir, pour retrouver ce qu'il a décidé de ne pas retenir – et plus encore. Bien entendu, ces histoires ne circulent pas uniquement dans les formations traditionnelles. Elles appartiennent aussi à ce que l'on a nommé, de manière parfois un peu vague, la « culture d'entreprise ». Mais il ne s'agit pas ici seulement de valeurs et comportements partagés. Il s'agit bien d'une capacité de rappel mnésique en situation d'action : le fait de déléguer de plus en plus de connaissances aura comme contrepartie l'émergence de nouvelles stratégies pour connoter et donner du sens aux informations utiles à l'action, celles qui devront être mobilisées et donc rappelées rapidement.

> Déléguer de plus en plus de connaissances aura comme contrepartie l'émergence de stratégies pour donner du sens aux informations utiles à l'action.

*Tutorat et compagnonnage*

Rien de très inédit ici, si ce n'est un renouveau récent depuis qu'en France la loi reconnaît que l'école de la vie vaut autant que la vie à l'école (loi du 17 janvier 2002 consacrant la VAE). L'essoufflement des formats pédagogiques traditionnels organisés sur un mode descendant, le besoin d'introduire du concret et du visible dans un contexte d'hypertrophie cognitive du travail, et la nécessité de prendre en compte une subjectivation croissante du travail, donnent à l'apprentissage du geste professionnel un nouvel élan dont les professionnels de la formation se sont déjà emparés.

Lorsque ce tour de main est un geste physique reposant sur la maîtrise d'un outil, la manipulation d'une matière palpable ou encore la réalisation d'un mouvement observable à l'œil, la formation les prend déjà largement en compte en organisant des séquences pédagogiques dédiées à leur maîtrise. Lorsqu'il s'agit en revanche d'un geste professionnel croisant le traitement d'informations (parfois complexes) à un acte (parfois sensible), la formation a plutôt tendance à ne pas l'intégrer explicitement au processus d'apprentissage, ou alors à la marge. Or c'est précisément parce que ce geste se complexifie du fait du croisement « traitement d'informations/acte professionnel » et qu'il va s'exercer de façon singulière dans un contexte donné, que le tutorat et ses déclinaisons ont un rôle central à jouer. La façon d'accueillir un client pour une hôtesse d'accueil, le moment de la négociation pour un commercial, une information sensible à délivrer à son patient pour un médecin, se sont considérablement complexifiés en mêlant le traitement d'une information à la relation dans laquelle ce traitement s'inscrit. C'est précisément à cette *délicate combinaison* que l'individu doit s'entraîner *in situ*. À ses côtés, qu'il s'agisse d'un pair ou d'un manager, d'un compagnon ou d'un tuteur, d'un facilitateur ou d'un *coach*, l'apprenant opère sous le regard d'un tiers le croisement entre les informations et connaissances issues de son cerveau ou de la machine et le monde réel. Cette opération, toujours singulière, fera l'objet d'un tutorat réflexif bien plus que mimétique, comme c'est le cas avec l'apprentissage du geste physique. Si l'entreprise investit autant aujourd'hui dans les dispositifs en alternance tout en formant ses tuteurs à la réflexivité, c'est sans doute qu'elle a déjà parfaitement perçu l'efficacité de ces « micro-temps » de recul dans les processus de professionnalisation.

## *En conclusion*

De manière peut-être paradoxale, la révolution épistémique due à l'explosion des TIC n'amène pas à « jeter le bébé avec l'eau du bain » en termes de modalités pédagogiques. En revanche, les entreprises devront repenser en profondeur ce que signifient apprendre et savoir, dans leur rapport à une activité professionnelle elle-même en pleine mutation du fait des technologies[6]. Ce qui semble aujourd'hui « nouveau », comme les *serious games* ou l'utilisation des réseaux sociaux, relève de prémices d'une transformation beaucoup plus profonde.

Cette transformation concernera les articulations entre un individu au travail et ces extensions de lui-même que sont déjà les TIC, des flux de données quasiment incessants, des temps et des espaces où la différence entre apprendre et travailler sera de plus en plus floue. C'est sur trois de ces articulations que nous souhaitons conclure.

*Première articulation : apprentissage, information, action*

Apprendre, s'informer et agir tendent à s'imbriquer pour le meilleur et pour le pire. Pour le meilleur, il s'agit de sortir de cloisonnements pédagogiques peu féconds pour stimuler une dynamique itérative dans laquelle chaque composante nourrit les autres. Pour le pire, l'apprentissage est relégué au rang de vieillerie sous couvert d'une information, tout est dans tout, il n'y a plus besoin d'apprendre. Dans les développements qui précèdent, nous nous sommes gardés de distinguer donnée, information, connaissance et savoir car il nous semble que le bouleversement numérique actuel invite à regarder, à pratiquer, à expérimenter, bref à ne pas figer trop rapidement des lignes qui bougent beaucoup.

*Seconde articulation : stock/capitalisation, flux/collaboration*

Là encore il convient d'être modeste. Nous n'avons pas encore suffisamment de recul pour faire la part des choses entre ce que nous avons intérêt à stocker – dans notre cerveau ? dans notre machine ? – et ce que nous gagnerions à laisser en flux. Mais c'est de toute évidence une question majeure qui devra être intégrée dans les démarches d'ingénierie d'apprentissage et de compétences.

*Troisième articulation : temps et espace d'apprentissage*

La législation, même si elle a évolué au cours des dix dernières années, reste très contraignante. Pourtant, l'évolution des pratiques déjà à l'œuvre et les perspectives qui se dessinent marquent un éclatement, un raccourcissement, parfois même une dilution de nos espaces et temps d'apprentissage. Il n'est pas dit que nous sachions les accompagner aussi vite que les pratiques ne bougent. Comment extraire et donc valoriser des apprentissages qui transiteront par exemple par un réseau social ? Comment investir dans des solutions technologiques de type « plugging de savoir » (puces RFID, etc.) quand les règles en matière d'imputabilité imposent de raisonner action par action – et que l'annualité budgétaire de la formation interdit en outre de procéder à des investissements à trois ans ?

En conclusion, il nous semble que la formation pourrait rapidement devenir schizophrénique, avec d'un côté une offre à l'ancienne et de masse fondée sur une législation et des processus de gestion qui peinent à se renouveler ; et de l'autre des solutions mouvantes, évoluant au rythme de notre environnement technologique et de nos pratiques quotidiennes de consommation, de travail, de vie affective, etc., faisant fi des cadres habituels pour butiner ce qui s'offre à nous au gré de nos besoins. Il paraît urgent d'adopter une position ouverte, modeste et expérimentale en matière de formation, et de travailler davantage avec les chercheurs, autant pour capitaliser que pour nous alerter sur les risques de dérive qui ne manqueront pas de se produire. La confusion entre révolution technologique et révolution pédagogique n'est jamais très loin.

**NOTES**

1. S. Enlart et O. Charbonnier, *Faut-il encore apprendre ?*, Paris, Dunod 2010.
2. J. Lave et E. Wenger, *Situated Learning : Legitimate peripheral Participation*, Cambridge, Cambridge University Press, 1991.
3. S. Enlart et O. Charbonnier, *op. cit.*
4. A.C. Edmondson, «Psychological safety, trust and learning : a group-level lens», *in* R. Kramer et K. Cook (dirs.), *Trust and Distrust in Organizations : Dilemmas and Approaches*, New York, Russel Sage Foundation, 2004, p. 239-272 ; A. Carmeli, «Social capital, psychological safety and learning behaviours from failure in organizations», *Long Range Planning*, 2007, vol. 40, n° 1, p. 30-44 ; C. Mornata et É. Bourgeois, «Apprendre en situation de travail : à quelles conditions ?», *in* É. Bourgeois et M. Durand (dirs.), *Apprendre au travail*, Paris, Puf, 2012, p. 53-67.
5. A.R. Damasio, *L'Erreur de Descartes : la raison des émotions*, Paris, Odile Jacob, 1995.
6. S. Enlart et O. Charbonnier, *À quoi ressemblera le travail demain ?*, Paris, Dunod, 2013.

## EN PRATIQUE : APPRENDRE AVEC LES MÉDIAS SOCIAUX

Utiliser les médias sociaux pour s'informer, voire se former, est aujourd'hui un réflexe largement intégré. Consulter ce que les internautes ont partagé en ligne (vidéos, photos, forums spécialisés, site de curation, réseaux sociaux, etc.) pour apprendre à bien tenir son archet de violoncelle, à réparer un siège de voiture ou à créer une fonction excel constitue un moyen de se former gratuitement, au moment où l'on en a besoin et à ce dont on a exactement besoin. Pariant sur le fait que d'autres internautes ont été confrontés à la même situation, question, difficulté, chacun peut ainsi mobiliser les interlocuteurs pertinents et/ou profiter de contenus déjà produits pour acquérir de nouveaux savoirs, voire de nouvelles compétences – en procédant notamment par itération : échange en ligne, essai, nouvel échange, etc. Souvent, il s'agit de sujets bien prosaïques mais l'essor des MOOC (*Massive Online Open Courses*) ouvre aujourd'hui de nouvelles perspectives.

Les cours en ligne qui peuvent réunir des milliers de personnes réparties sur l'ensemble du globe traitent de toutes les disciplines. Si certains MOOC, les xMOOC, sont le reflet d'une approche classique de l'enseignement avec des cours dispensés par des enseignants qualifiés qui auront préalablement préparé et structuré leur intervention, d'autres, les cMOOC, plutôt que de transmettre des savoirs déjà existants, vont se focaliser sur la génération de savoirs par les apprenants.

Les cMOOC peuvent être considérés comme une illustration des principes pédagogiques du connectivisme, théorie d'apprentissage élaborée par George Siemens et Stephen Downes. Celle-ci s'appuie également sur le réseau comme métaphore de l'apprentissage : apprendre, c'est établir des connexions neuronales, cognitives et sociales. Ces connexions étant en constante évolution, l'enjeu est de créer les conditions pour que celles-ci se développent plutôt que de vouloir transmettre des modèles de connexion déjà établis. Avec les cMOOC, la connaissance est distribuée, générée par tous et structurée par chacun, en fonction d'objectifs pédagogiques qui lui sont propres. Les ressources pédagogiques sont abondantes et agrégées par tous. L'apprentissage se fait par navigation plutôt qu'en suivant le fil du cours et s'appuie sur les interactions relayées par le réseau des apprenants sur leurs propres *blogs*, comptes Twitter, etc.

Maud Dégruel

Références
G. Siemens, « Connectivism : a learning theory for the digital age », *International Journal of Instructional Technology and Distance Learning*, 2005, vol. 2, n° 1.
S. Downes, « An introduction to connective knowledge », in T. Hug (dir.), *Media, Knowledge & Education – Exploring new Spaces, Relations and Dynamics in digital media Ecologies*, 2007.

Troisième partie

# Les questions transversales de recherche

# Chapitre 12
# Les figures de l'apprentissage au travail. Au-delà de la réflexivité

**Étienne Bourgeois**

## Apprentissage en situation de travail et réflexivité : panacée ? phénomène de mode ?

L'une des évolutions majeures concernant la question du développement des compétences dans l'entreprise, au cours de ces deux dernières décennies, est la remise en question, parfois radicale, de la « formation » comme cadre exclusif de l'apprentissage. Nous entendons ici « formation » au sens classique du terme, à savoir un espace-temps clairement distinct de l'espace-temps du travail, conçu et opéré par des professionnels dédiés à cette fonction (ingénieur de formation, responsable de formation, formateur), impliquant la définition d'objectifs d'apprentissage explicites, des moyens et ressources organisés pour maximiser ces objectifs et des dispositifs censés évaluer les résultats – satisfaction, acquis, transfert et/ou impact.

Depuis une quinzaine d'années, chercheurs et professionnels de la formation en entreprise redécouvrent la réalité et les vertus de ce qu'il est convenu d'appeler aujourd'hui l'« apprentissage en situation de travail » : oui, on peut – aussi – apprendre en travaillant, en dehors de la formation ! Les motifs en sont divers et ont été analysés par ailleurs[1]. On relèvera ici rapidement des raisons d'ordre pédagogique et stratégique : en le rapprochant du travail, on rend l'apprentissage plus « signifiant » – et donc motivant – pour l'apprenant, et davantage en prise avec les « vraies » questions à résoudre dans le travail, donc plus efficace. Il ne s'agissait pas pour autant d'en revenir purement et simplement à l'« apprentissage sur le tas », mais plutôt de chercher à optimiser celui-ci, afin de le rendre plus efficient et efficace. S'en est dès lors suivi un questionnement assez systématique sur les conditions susceptibles de favoriser cet apprentissage en situation de travail, sur la façon dont on peut rendre les environnements et les activités de travail plus « formatifs ».

Ce questionnement s'est avéré plutôt productif ces dernières années, du côté de la recherche – avec, notamment, le développement exponentiel des travaux sur l'« analyse de l'activité » et plus largement sur le « workplace learning », ou « workplace curriculum »[2] – mais aussi sur le terrain de l'entreprise, avec le développement de nouveaux dispositifs formatifs d'accompagnement, individuels (*coaching*, *mentoring*, supervision, etc.) ou collectifs (*action learning group*, analyse de pratique, intervision, méthode d'analyse en groupe, étude de cas, communauté de pratique, etc.). À la base de ce mouvement, on trouve une idée centrale, somme toute assez intuitive : **pour apprendre plus efficacement en travaillant, il s'agit non seulement de faire, de pratiquer, mais également de réfléchir à ce que l'on fait.** Ainsi, on encouragera par exemple le collaborateur, confronté à un problème pratique dans le cours de son activité, à décrire le problème en en repérant les paramètres essentiels, à en poser un diagnostic par la formulation d'hypothèses explicatives pertinentes, à identifier sur cette base la solution optimale et réalisable, à tester celle-ci et à en évaluer les conséquences. Dans certains cas – par exemple, dans la perspective du courant de la didactique professionnelle –, il sera même encouragé à expliciter les connaissances implicites sous-tendant le raisonnement qu'il a suivi dans cette démarche de résolution de problème, de façon à les faire évoluer si nécessaire. Cette idée a rapidement trouvé ses fondements théoriques dans les travaux autour du concept de « réflexivité », en particulier ceux de John Dewey sur l'« expérience » et sur la démarche d'« enquête »[3], de Donald Schön sur le « praticien réflexif[4] » ou de David Kolb sur le « cycle d'apprentissage expérientiel[5] ».

À l'heure actuelle, on assiste à un étrange paradoxe : d'un côté, cette focalisation sur la réflexivité comme moteur de l'apprentissage en situation de travail a connu un tel engouement qu'elle fait quasiment figure de dogme, et de l'autre, la notion telle qu'utilisée aujourd'hui n'a jamais été aussi floue, désignant tantôt une démarche rationnelle d'analyse bien spécifique de la pratique, tantôt quasiment toute forme d'exercice de la pensée autour d'une pratique – en étant alors quasiment assimilée à la notion commune de « réflexion ». D'autre part, ce mouvement, marquant un engouement pour la notion de réflexivité et les dispositifs afférents, prend aujourd'hui tant de place qu'il tend à occulter, voire même à disqualifier, des types plus « traditionnels » de dispositif – en particulier la « formation » au sens rappelé plus haut – ainsi que d'autres formes d'apprentissage, pourtant tout aussi essentielles et d'ailleurs pas nécessairement incompatibles avec l'apprentissage par la réflexivité. Il nous semblait donc utile de proposer dans les lignes qui suivent : 1) une brève clarification du concept de réflexivité et de sa fonction dans le processus d'apprentissage en contexte de travail, 2) un rappel d'autres formes d'apprentissage, de leurs limites et potentialités respectives en contexte de travail, et enfin, 3) une évocation de quelques conditions mises en évidence par la recherche comme fondamentales pour favoriser l'apprentissage au travail, indépendamment des formes particulières que peut prendre celui-ci.

**L'engouement pour la notion de réflexivité prend aujourd'hui tant de place qu'il tend à occulter des approches plus « traditionnelles ».**

## L'apprentissage réflexif : mais qu'est-ce au juste ?

Qu'entend-on aujourd'hui par « réflexivité », ou plus exactement par « apprentissage réflexif » ? Examinons un instant un dispositif particulièrement emblématique, censé précisément soutenir et accompagner les collaborateurs dans un apprentissage réflexif autour de leur pratique de travail, à savoir l'analyse de pratique en groupe. Au-delà de ses multiples variantes (méthode d'analyse en groupe, intervision, étude de cas, *action learning group*, sans oublier son vénérable ancêtre, le cercle de qualité), le dispositif engage les participants dans une démarche qui ressemble peu ou prou à ceci : partant de la description d'une situation-problème exposée par un participant, le groupe élabore un diagnostic du problème présenté en sélectionnant l'information pertinente, en établissant des liens. Formulant des hypothèses explicatives *ad hoc*, il s'interroge éventuellement sur les principes abstraits qui sous-tendent ces hypothèses, il examine ensuite les possibles solutions qui découlent logiquement de l'analyse qui précède, compare leurs avantages et inconvénients respectifs en termes d'efficacité potentielle et de faisabilité, élabore un plan d'action destiné à être mis en œuvre et *in fine* évalué, pour reprendre éventuellement à nouveau le processus si nécessaire. Au plan théorique, on retrouve là, en gros, les étapes du fameux « cycle de l'apprentissage expérientiel » proposé par David Kolb : 1) *expérience concrète*, 2) *observation réflexive*, 3) *conceptualisation abstraite* et 4) *expérimentation active*. Cette proposition fait elle-même écho au processus d'« enquête » (*inquiry*) tel que proposé par John Dewey : 1) *institution du problème*, 2) *détermination des solutions possibles*, 3) *raisonnement déductif* (à propos des implications pratiques de chacune des solutions envisagées) et 4) *corroboration expérimentale*. Notons qu'on ne parlera spécifiquement d'apprentissage dans le cadre de cette démarche qu'à partir du moment où les connaissances préalables activées au cours de ce processus sont perturbées d'une manière ou d'une autre (conflit cognitif) et se verront *in fine* transformées au terme du processus.

De ce trop sommaire rappel, on peut ainsi dégager les quelques éléments suivants que nous pouvons considérer comme caractérisant spécifiquement ce type de démarche. Tout d'abord, on y trouve toujours une forme ou une autre d'*explicitation*, à trois niveaux possibles – selon le degré voulu de formalisation de la démarche : l'explicitation de la situation-problème elle-même, par sa description, sa mise en récit (orale ou écrite) ; l'explicitation de l'interprétation de cette situation concrète (construction de sens) ; et l'explicitation des connaissances abstraites et souvent implicites (théories, concepts, croyances, conceptions, représentations, etc.) qui sous-tendent cette interprétation. Ensuite, au plan cognitif, il s'agit d'une démarche *rationnelle* de pensée, de type analytique voire hypothético-déductif : sélection de l'information pertinente, identification et construction des liens (causalité, co-occurrence, ressemblance/différence, etc.), induction des hypothèses explicatives, déduction des hypothèses d'action, tests, etc. Enfin, il s'agit d'une

> Au plan cognitif, il s'agit d'une démarche *rationnelle* de pensée, de type analytique voire hypothético-déductif.

démarche toujours exercée dans l'*après-coup* de l'action, dans un espace-temps distinct du travail, même s'il peut être à distance variable de celui-ci – dans le cadre de réunions de travail plus ou moins informelles, de « mises au vert », de séances spécifiques dédiées à l'analyse de pratique, voire dans le cadre de sessions de formation, internes ou externes à l'entreprise.

On retrouve là les caractéristiques de ce que Donald Schön appelle la « réflexion *sur* l'action » (*reflection-on-action*), ou de ce que Michael Eraut qualifie de mode de cognition de type « délibératif/analytique[6] ». Or, on tend parfois à l'oublier ces derniers temps, ces deux auteurs ont justement souligné que ce mode d'exercice de la pensée réflexive au travail n'est pas le seul. Donald Schön distingue la réflexion *sur* l'action de la réflexion *dans* l'action (*reflection-in-action*), soulignant que le professionnel au travail ne pense pas – toujours – comme un scientifique, bien au contraire, qu'il peut aussi réfléchir dans le cours même de l'action sans interrompre celle-ci (et non plus seulement *après-coup, à côté*), sans nécessairement expliciter le sens qu'il donne à la situation et encore moins des savoirs abstraits mobilisés dans la construction de ce sens (dont il n'a d'ailleurs le plus souvent pas conscience), et sans non plus nécessairement suivre une démarche rationnelle, séquencée comme le postule David Kolb ou John Dewey. De même, Michael Eraut distingue le mode « délibératif/analytique » des modes dits « rapide/intuitif » et « instantané/réflexe », notamment par le caractère plus ou moins immédiat de la réponse d'ajustement ; par le mode d'appréhension de la situation-problème (diagnostic rationnel dans le premier cas, interprétation rapide dans le second, et reconnaissance de configurations dans le troisième) ; par la séquence d'action (action rationnellement planifiée avec évaluation périodique des progrès *versus* mise en œuvre de routines acquises ponctuées de rapides prises de décision *versus* mise en œuvre quasiment automatique de routines) ; ou encore par le mode de métacognition à l'œuvre (*monitoring* conscient de la pensée et de l'action et réflexivité consciente et explicite en vue de l'apprentissage *versus monitoring* implicite et réflexivité courte et réactive *versus* reconnaissance de la situation comme configuration plus ou moins familière).

Il ne s'agit pas moins pour autant d'une réelle démarche de pensée réflexive, mise en œuvre dès que le cours d'action est perturbé ou interrompu, requérant un ajustement du comportement du sujet. Cette conception plus élargie de la réflexivité ouvre la voie à l'idée que d'autres formes d'apprentissage – en dehors de cette « réflexion sur l'action » rationnelle – sont possibles, mobilisant elles aussi des formes de pensée, certes sans doute moins visibles et accessibles mais néanmoins tout aussi complexes et surtout performantes. Donald Schön et Michael Eraut, et bien d'autres encore, soulignent même que ces autres formes sont de loin les plus courantes en situation de travail.

## On apprend aussi au travail par imitation, par essais et erreurs et par transmission verbale

Les autres formes d'apprentissage dont il sera question ici, même si elles ne sont pas (ou plus) aujourd'hui vraiment dans l'air du temps, n'en ont pas moins été identifiées et documentées de très longue date au plan de la recherche et donné lieu à des pratiques d'accompagnement et de formation tout aussi longuement éprouvées.

*L'apprentissage par imitation*

Il a fait l'objet de nombreux travaux, dès les années 1950, en particulier avec les recherches du psychologue américain Albert Bandura[7]. Dans un contexte dominé à l'époque par les théories béhavioristes du comportement humain, et de l'apprentissage en particulier, Albert Bandura a pu montrer qu'on pouvait tout autant et tout aussi efficacement apprendre en observant le comportement d'autrui et ses conséquences, sans nécessairement en faire soi-même l'expérience. C'est ce qu'il appelle l'*apprentissage social* (ou *vicariant*). Plus récemment, Jean-Marie Schaeffer a repris cette thématique de l'apprentissage par imitation en la replaçant dans le cadre plus large de la question de la *mimèsis* et de la fiction[8]. Il s'attache entre autres à expliquer pourquoi cette forme d'apprentissage a si mauvaise presse aujourd'hui, montrant combien elle mobilise pourtant des formes de pensée aussi complexes, même si à l'évidence moins visibles et accessibles, que la « réflexivité » rationnelle évoquée plus haut. Tout comme Albert Bandura, il révèle également combien ce type d'apprentissage est extrêmement courant, à tous les âges de la vie, sans doute en raison de son efficience et de son efficacité – en comparaison de toutes les formes d'apprentissage passant par sa propre expérience et/ou impliquant une démarche rationalisante et logocentrée de pensée.

Pour faire (très) court, on peut rappeler ici quelques principes de base de l'imitation mis en évidence par la recherche. 1) Tout d'abord, l'apprentissage par imitation suppose l'investissement par le sujet d'un autrui comme « modèle » auquel il peut suffisamment s'identifier. Il peut s'agir bien sûr d'un modèle investi comme tel au titre d'expert, incarnant un idéal à suivre que l'on va tenter *a priori* d'imiter. Mais il peut s'agir aussi d'un *alter ego*, d'une sorte de sosie, dont on va observer le comportement et ses conséquences dans la perspective d'un apprentissage, en quelque sorte « par procuration », évitant au sujet d'être lui-même confronté aux risques de conséquences négatives du comportement. 2) Il s'agira ensuite pour le sujet d'observer le plus finement possible le comportement du modèle et ses conséquences dans la réalité, en vue, d'une part, d'apprécier la pertinence et la désirabilité de ces conséquences par rapport à ses propres buts et valeurs (afin notamment de prendre la décision d'imiter le comportement ou pas) et, d'autre part, le cas échéant, de pouvoir imiter le plus fidèlement possible le comportement du modèle. 3) L'imitation passe ensuite par une phase de rétention (Albert Bandura) ou de modélisation (Jean-Marie Schaeffer), c'est-à-dire de représentation mentale du comportement imité. Cette phase apparaît comme cruciale pour la qualité de l'imitation en acte qui suivra. 4) Cette troisième phase pourra être suivie d'une mise en acte (*enactement*, selon les termes d'Albert Bandura, *instanciation* selon Jean-Marie Schaeffer) par le sujet du comportement imité, avec ou sans ajustement subséquent selon l'appréciation qu'il fera des conséquences observées de ses tentatives d'imitation.

On soulignera ici l'importance des opérations cognitives en jeu dans ce type d'apprentissage. Le travail cognitif consistera, pour l'essentiel, à distinguer dans le comportement observé les éléments « de surface » (ceux qui ne sont pas réellement opérants dans les conséquences observées) des éléments « de structure » (qui apparaissent, au contraire, essentiels pour produire les conséquences). À cet égard, tout l'accompagnement verbal du geste chez le modèle, dans le

**Le travail cognitif consiste à distinguer dans le comportement observé les éléments « de surface » des éléments « de structure ».**

cadre d'une transmission guidée par imitation (lorsque, par exemple, le tuteur explique ce qu'il fait tout en effectuant et en montrant le geste) vise précisément, le plus souvent, à orienter sélectivement l'attention du novice vers ces éléments de structure. Cela étant, il s'agit d'un mode de cognition essentiellement « holistique » et non pas analytique – le comportement et ses conséquences en situation sont appréhendés comme une configuration globale, et intériorisés « en bloc », par immersion, en dehors de tout calcul rationnel, de toute explicitation de règles abstraites.

*L'apprentissage par essais et erreurs*
Son étude a longtemps été une sorte de « chasse gardée » des béhavioristes, tout particulièrement autour des travaux de Burrhus Skinner sur le *conditionnement opérant* dans les années 1950 et 1960 dont l'impact dans le champ de l'éducation a été considérable à l'époque. On connaît le principe : au départ, le sujet adopte un comportement donné, le plus souvent de façon fortuite, ce comportement peut être suivi de conséquences de nature à renforcer ce comportement (on parlera alors de renforcements, positifs ou négatifs, selon qu'il s'agit d'une conséquence agréable ou du retrait d'une conséquence désagréable) ou au contraire l'inhiber (en cas de conséquences désagréables, comme les punitions). Dans cette perspective, « apprendre » signifie augmenter – ou diminuer – la fréquence d'un comportement adopté par le sujet en fonction de ses conséquences. Même si les béhavioristes, et Burrhus Skinner en particulier, se sont employés à minimiser le rôle de la cognition dans ce type d'apprentissage, il est difficile aujourd'hui d'en nier la réalité. C'était déjà l'objet du débat qui a fait rage dans les premières décennies du siècle dernier, entre les béhavioristes et les tenants de la psychologie de la forme (et leur fameuse théorie de l'*insight*). John Dewey lui-même, pourtant le chantre de la « réflexivité rationnelle », ainsi que nous l'avons qualifiée plus haut, reconnaissait à sa manière toute l'importance de la cognition dans l'apprentissage par essais et erreurs, en soulignant que celui-ci suppose nécessairement, et avant tout, l'établissement – par la pensée – d'un lien entre le comportement et ses conséquences telles qu'éprouvées par le sujet.

Mais on peut supposer qu'il y a plus. Tout comme il a été pointé à propos de l'imitation, on peut aisément concevoir que l'essentiel du travail cognitif dans ce type d'apprentissage portera également sur la distinction entre les caractéristiques « structurelles » et « de surface » du comportement, en lien avec ses conséquences – repérer dans le comportement ce qui a effectivement été opérant dans ses conséquences éprouvées. De même l'on peut supposer que le caractère holistique du mode cognitif mobilisé – le comportement et ses conséquences en situation traités comme une configuration globale – est également de mise ici. Soulignons aussi que, comme pour l'imitation, l'apprentissage par essais et erreurs ne suppose pas – nécessairement en tout cas – un travail rationnel d'explicitation et d'analyse logique, réalisé en décalage spatio-temporel de l'action.

> **L'apprentissage par essais et erreurs ne suppose pas un travail rationnel d'explicitation et d'analyse logique.**

Enfin, il faut noter que, contrairement à ce qui se passe dans le cas de figure de la « réflexivité rationnelle », le choix du comportement au départ n'est pas guidé par un calcul hypothético-déductif – « j'agis de la sorte délibérément pour tester une hypothèse que j'ai consciemment à l'esprit ». Il peut s'agir de comportements soit réellement fortuits, soit contraints par des circonstances externes, soit encore spontanés mais sans aucune idée *a priori* des conséquences possibles. Ce type d'apprentissage est également extrêmement courant. Il apparaît cognitivement plus économique que l'apprentissage réflexif, mais peut s'avérer plus coûteux (à la fois en termes d'énergie de temps et de prise de risque) que l'imitation, puisqu'il s'agit à chaque fois d'en passer par *sa* propre expérience. Il ne requiert par contre pas de modèle à disposition.

*L'apprentissage par la transmission verbale de savoirs explicites*

Il est évidemment hypertrophié en milieu scolaire et plus largement dans divers contextes de formation formelle. Il est néanmoins très présent aussi en milieu de travail, y compris de façon informelle : par exemple, suite à une question posée par le novice, l'expert explique le principe régissant une nouvelle procédure que le collaborateur doit exécuter. Ce qui peut se passer au plan cognitif, dans ce type d'apprentissage, a été largement documenté par la psychologie cognitive contemporaine à propos du traitement de l'information verbale[9].

Distinguer ces formes d'apprentissage nous apparaît utile, à la fois pour comprendre ce qui se joue spécifiquement dans

**La combinaison des différentes formes d'apprentissage en assure sans doute une plus grande efficacité.**

des situations d'apprentissage particulières en contexte de travail, ainsi que pour tenter d'optimiser les pratiques et dispositifs de formation et d'accompagnement, prenant en compte la diversité des modalités possibles d'apprentissage et échappant ainsi aux effets de mode ou aux dogmes du moment. Nous nous empressons cependant de souligner que, dans la réalité, ces différentes modalités se combinent volontiers et que leur combinaison, globalement, en assure sans doute une plus grande efficacité.

Par exemple, une séquence initiale d'essais et erreurs pourrait conduire à un moment donné à une impasse – le sujet ne parvenant pas à trouver la conduite à adopter pour produire le résultat escompté –, pouvant conduire le sujet à recourir à un modèle-expert qu'il tentera d'imiter au mieux. Il peut éventuellement coupler cette démarche d'imitation à une démarche de réflexivité rationnelle, tentant de comprendre le principe logique sous-jacent expliquant l'efficacité du comportement imité – et donc pourquoi ses essais initiaux étaient voués à l'échec à répétition. De même qu'on pourrait aisément imaginer que ce processus de réflexivité pourrait être facilité à un moment donné par le recours à la transmission verbale, soit que le sujet aille chercher les savoirs explicites pertinents en cours de route, soit qu'il réactive des savoirs explicites antérieurement mémorisés mais qui n'avaient pas pris sens jusque-là.

## Faciliter les apprentissages en contexte de travail : engagement, affordances, accès

Au terme de ce panorama sommaire des figures de l'apprendre au travail, la question des conditions censées favoriser l'apprentissage en contexte organisationnel reste entière – question vaste mais néanmoins cruciale si l'on prétend chercher à améliorer les dispositifs mis en place par les entreprises pour faire apprendre. La question mériterait à elle seule un ouvrage entier, nous nous contenterons dans les lignes qui suivent d'esquisser quelques pistes de réflexion. Avec Stephen Billett, nous posons d'emblée que la question des conditions d'apprentissage au travail doit être réfléchie à l'intersection de trois types de facteur : 1) ceux liés à l'apprenant, censés contribuer à sa disposition à apprendre, en particulier son *engagement* ; 2) ceux liés à l'environnement de travail et aux dispositifs de formation et d'accompagnement susceptibles de faciliter l'apprentissage (ce que Stephen Billett appelle les *affordances*) ; et enfin 3) ceux qui touchent à l'*accès* de l'apprenant aux « affordances » potentielles offertes par l'environnement[10].

Commençons par la troisième, avant de nous attarder davantage sur l'engagement et les « affordances ». Cette question de l'*accès*, trop souvent négligée, est néanmoins cruciale. Apprendre dans l'entreprise suppose, comme on va le voir, des collaborateurs engagés dans leur travail et disposés à apprendre, ainsi qu'un environnement de travail et des dispositifs formatifs offrant de réelles opportunités d'apprentissage (ou affordances). Encore faut-il que les collaborateurs y aient effectivement accès ! On touche là à la question du positionnement de l'acteur dans l'organisation, que l'on pourrait aborder sous deux angles. D'une part, les travaux sur la notion de « communauté de pratique » (Jean Lave, Etienne Wenger, Barbara Rogoff) ont magistralement mis en lumière les interactions – soit vertueuses, soit vicieuses – entre la participation de l'acteur à une communauté de pratique et les apprentissages qu'il peut y réaliser : plus l'acteur apprend et maîtrise les codes culturels de sa communauté de pratique, plus il pourra y participer et y occuper une position centrale. Inversement, plus il y occupe une position centrale, plus il aura accès aux opportunités d'apprendre. D'autre part, on peut également convoquer sur cette question la sociologie des organisations et les travaux sur les rapports de pouvoir (voir le chapitre de Jean Nizet et Pauline Fatien Diochon dans le présent ouvrage), l'accès aux ressources d'apprentissage pouvant en effet faire l'objet de stratégies de pouvoir entre les acteurs et être conditionné par le positionnement des acteurs dans les rapports de pouvoir qui les relient.

> **Plus l'acteur apprend et maîtrise les codes culturels de sa communauté de pratique, plus il pourra y occuper une position centrale.**

Par ailleurs, l'importance de l'*engagement* de l'apprenant comme condition nécessaire à son apprentissage – quelles qu'en soient les modalités (réflexivité, imitation, essais et erreurs, transmission verbale) – n'est plus à démontrer aujourd'hui. On ne compte plus ces vingt dernières années les travaux sur la dimension motivationnelle de l'apprentissage. Cette question a cependant été traitée jusqu'ici très largement dans des contextes scolaires ou de formation formelle. Or, s'agissant d'apprentissage en contexte de travail, il nous semble qu'elle se complexifie davantage. Reprenant la position de Pierre Rabardel selon laquelle l'apprentissage est une dimension *inhérente* à l'activité de travail et constitutive de celle-ci (ce qu'il appelle la dimension «constructive» de l'activité, au côté de sa dimension «productive»)[11], la question de l'engagement du sujet dans l'apprentissage en contexte de travail ne peut être séparée de celle, plus vaste encore, de son engagement au travail : inutile d'espérer un collaborateur engagé dans une dynamique d'apprentissage au travail qui ne soit, au départ, engagé dans son activité de travail tout entière. Cela dit, il nous semble essentiel de ne pas confondre les deux : l'engagement dans le travail n'implique pas nécessairement l'engagement dans une dynamique d'apprentissage au travail. L'engagement dans l'apprentissage implique que l'on soit à même d'appréhender toute expérience vécue dans le cadre de son activité – y compris, voire surtout, les plus pénibles – comme des occasions potentielles d'apprendre. Nous posons donc que celle-ci relève de dispositions *spécifiques* du sujet.

> **L'engagement dans le travail n'implique pas nécessairement l'engagement dans une dynamique d'apprentissage au travail.**

Pour caractériser ces dernières, on peut se tourner vers la notion d'«apprenance», telle que proposée et discutée par Philippe Carré dans le présent ouvrage (voir le chapitre 8), celle de «self-directed learning readiness» proposée par Lucy M. Guglielmino et ses collègues[12]. On peut également convoquer à nouveau John Dewey qui distingue quatre attitudes fondamentales de l'apprenant, nécessaires à son engagement dans une démarche réflexive : la capacité à se remettre en question (*open-mindedness*), à s'engager tout entier comme personne (*wholeheartedness*), à assumer la pleine responsabilité des conséquences pratiques de ses apprentissages (*responsability*), et enfin ce qu'il appelle la foi dans l'action humaine (*directness*)[13]. Quant aux facteurs susceptibles de favoriser l'engagement, contentons-nous simplement ici de rappeler le paradigme dit de l'*expectancy-value*, qui souligne deux sources majeures d'engagement : le sens et la valeur attribués à l'activité d'une part, et la perception de ses chances de réussir l'activité en question d'autre part[14].

Une autre condition fondamentale de l'apprentissage, traversant la diversité de ses modalités possibles, est l'émergence d'un conflit cognitif : que l'on soit engagé dans un processus de réflexivité autour de sa pratique, d'imitation, d'essais et erreurs ou encore de transmission verbale, il ne pourra y avoir apprentissage que si, d'une manière ou d'une autre, les connaissances préalables mobilisées dans ce processus s'y trouvent à un moment donné perturbées, bousculées, mises en question – condition nécessaire, mais non suffisante encore, pour leur éventuelle transformation subséquente. Ceci renvoie à une phase cruciale présente dans toutes les modalités d'apprentissage, à savoir la phase initiale d'observation, de description, d'écoute de la situation, de ce qu'elle a à nous faire voir et entendre, y compris de discordant par rapport à nos représentations initiales. Dans la vie quotidienne, la plupart du temps, nous recourons – le plus souvent à notre insu – à des mécanismes de régulation homéostatique qui nous « protègent » des conflits cognitifs, assurant ainsi une relative stabilité à notre système de connaissances et de croyances – stabilité tout aussi fonctionnelle que le changement pour notre adaptation à l'environnement. C'est ainsi que, dans de nombreuses situations d'interaction avec notre environnement, nous n'entendrons ou verrons que ce que nous « voulons » bien entendre ou voir, c'est-à-dire tout ce qui sera compatible avec notre système actuel de connaissances et de croyances.

**Dans la vie quotidienne, nous recourons à des mécanismes de régulation homéostatique qui nous « protègent » des conflits cognitifs.**

C'est la différence que John Dewey établit entre la *reconnaissance* (« dans la situation, je ne fais que reconnaître ce qui m'est familier, ce qui confirme mes croyances ») et la *perception* (« j'accorde une égale attention à tous les éléments de la situation, y compris ceux qui peuvent me déranger »). Se mettre en condition d'apprentissage suppose dès lors que l'on puisse accorder une attention suffisante – parfois contre une propension spontanée – à tous les éléments de la situation à laquelle nous sommes confrontés, y compris ceux susceptibles de venir perturber nos connaissances. Cela requiert, nous semble-t-il, une disposition particulière : celle de pouvoir être, en tout cas au moment d'aborder une situation nouvelle, pleinement attentif, ouvert, réceptif, disponible, alerte, présent – aux niveaux cognitif, émotionnel et sensoriel – à l'ici et maintenant de la situation. Ce qui suppose aussi de pouvoir mettre provisoirement en suspens nos croyances ; non pas les ignorer, mais ne pas s'y identifier ou s'y « accrocher », notamment en en faisant, elles aussi, un objet d'observation. On rejoint ici l'idée de « pleine conscience » (*mindfulness*), ou encore de *presencing*, dont on commence aujourd'hui à mesurer toute l'importance au départ de tout processus de changement, que ce soit au niveau individuel[15] ou collectif[16]. S'ajoute là aussi une autre figure de l'engagement que celle de l'« homme d'action » ou du « sujet héroïque », si dominante aujourd'hui dans les théories et les discours sur l'engagement, et si caractéristique, comme l'a si bien démontré François Jullien, de notre culture occidentale. Cette autre figure de l'engagement serait ainsi celle d'un sujet « passivement actif », pour reprendre l'aphorisme du sage hindou Swâmi Prajnânpad.

Quant au troisième type de facteur – les opportunités d'apprentissage offertes par les environnements de travail et les dispositifs pédagogiques (les affordances) – limitons-nous ici à deux considérations. D'une part, comme nous venons de le voir, observer et écouter dans une attitude de *presencing* (pouvoir voir et entendre, y compris ce qui dérange) ne vont pas de soi. Certes, il s'agit d'une compétence qui peut s'apprendre, mais elle est parfois difficile à mettre en œuvre, en particulier quand pourraient être mises en question des connaissances et des croyances étroitement liées à l'identité du sujet. À cet égard, l'accompagnement ou le guidage de ce processus peut s'avérer aidant, parfois indispensable, pour produire les conflits cognitifs propices à l'apprentissage. Il consistera, sous diverses formes selon les modalités d'apprentissage, par exemple en un accompagnement verbal du geste à imiter, visant à focaliser sélectivement l'attention de l'apprenant sur les aspects de la situation qu'il risque de ne pas « voir » spontanément. Ou encore, en la sélection et l'organisation intentionnelles des situations auxquelles on confronte le sujet, de façon à lui faire expérimenter des manières de voir et d'agir qu'il n'adopterait pas forcément de façon spontanée, mais dont les conséquences éprouvées seraient de nature à bousculer ses croyances et ses connaissances.

D'autre part, la prise en compte de la diversité possible des modalités d'apprentissage invite à sortir de l'idée que la « réflexivité rationnelle » et les dispositifs afférents, de type analyse de pratique, sont la panacée de l'apprentissage en situation de travail. À sortir aussi de l'idée, plus largement encore, que l'« apprentissage en situation de travail » est la panacée de l'apprentissage dans l'entreprise. Oui, la formation, au sens classique du terme, a encore de beaux jours devant elle. D'une part, parce qu'elle présente en soi des vertus irréductibles, notamment d'offrir à l'apprenant, de par sa distance relative aux situations réelles de travail, un «espace protégé» propice à la prise de risque de penser et de faire autrement, à l'exploration de l'inconnu sans se mettre – trop – en danger, et ce, quel que soit le mode d'apprentissage considéré (voir à ce sujet, le chapitre 14 du présent ouvrage). Ensuite, parce qu'elle se prête particulièrement bien à certains modes d'apprentissage, en particulier la transmission verbale et la réflexivité rationnelle. Nous sommes ainsi invités, pour la conception pédagogique des dispositifs de formation et d'accompagnement, à adopter une perspective «intégrée» ou «hybride», jouant sur la diversité et la complémentarité des modalités d'apprentissage, leurs potentialités et limites respectives. Enfin, nous sommes invités à repenser les pratiques d'ingénierie, encore largement conçues pour des dispositifs de formation formelle relativement distante de l'espace-temps de travail, pratiques qui devraient s'inscrire davantage dans cette perspective intégrée du développement des compétences dans l'entreprise.

## NOTES

1. S. Enlart et M. Bénaily, *La Fonction formation en péril. De la nécessité d'un modèle en rupture*, Paris, Éditions Liaisons, 2008.
2. S. Billet, *Learning in the Workplace: Strategies for effective Practice*, Crows Nest, Allen & Unwin, 2001 ; S. Billet (dir.), *Learning through Practice. Models, Traditions, Orientations and Approaches*, Dordrecht, Springer, 2010 ; É. Bourgeois et M. Durand (dirs.), *Apprendre au travail*, Paris, coll. «Apprendre», Puf, 2012.
3. J. Dewey, *Logic: the Theory of Inquiry*, New York, Holt and Co., 1938.
4. D.A. Schön, *The reflective Practitioner: how Professionals Think in Action*, Londres, Temple Smith, 1983.
5. D.A. Kolb, *Experiential Learning. Experience as the Source of Learning and Development*, Englewoods Cliffs, Prentice Hall, 1984.
6. M. Eraut, «Learning from other people in the workplace», *Oxford Review of Education*, 2007, vol. 33, n° 4, p. 403-422.
7. A. Bandura, *Social Learning Theory*, Englewoods Cliffs, Prentice Hall, 1977 ; A. Bandura (dir.), *Psychological Modeling: conflicting Theories*, New Brunswick, AldineTransactions, 1971.
8. J.-M. Schaeffer, *Pourquoi la fiction ?*, Paris, Seuil, 1999.
9. J.-F. Richard, *Les Activités mentales: de l'interprétation de l'information à l'action*, 4e éd., Paris, Armand Colin, 2005.
10. S. Billet, 2001, *op. cit.*

## J'ai lu

**HANDBOOK OF REFLECTION AND REFLECTIVE INQUIRY. MAPPING A WAY OF KNOWING FOR PROFESSIONAL REFLECTIVE INQUIRY**
de Nona Lyons (dir.)

Ainsi qu'on l'évoque par ailleurs, la publication de l'ouvrage de Donald Schön, *The reflective Practitioner*, en 1983, et les nombreuses traductions qui ont suivi ont marqué un tournant important non seulement pour la recherche sur l'apprentissage en situation de travail, mais aussi pour le développement de dispositifs de professionnalisation, tout particulièrement dans les métiers de l'humain – tels l'enseignement, mais aussi le travail social et la santé. Récemment, plusieurs ouvrages se sont attachés à faire le point sur l'évolution des recherches, des réflexions et des pratiques se revendiquant de ce courant. En français, un ouvrage collectif dirigé par Maurice Tardif, Cecilia Borgès et Annie Malo (*Le Virage réflexif en éducation. Où en sommes-nous 30 ans après Schön?*, Bruxelles, De Boeck, 2012), propose ce type de bilan, spécifiquement dans le champ de la formation des enseignants. Mais nous voudrions ici nous attarder davantage sur un autre ouvrage collectif de plus grande ampleur, celui dirigé par Nona Lyons, articulant pas moins de vingt-neuf contributions de chercheurs (une cinquantaine d'auteurs et quarante-six «reviewers»).

L'ouvrage est structuré en sept parties. La première fait le point sur l'évolution de la réflexion, des débats et des pratiques autour de cette problématique de la réflexivité, abordant cet historique sous un angle principalement conceptuel – les définitions. La seconde pose un cadre conceptuel pour penser aujourd'hui les pratiques réflexives, notamment autour des questions de l'engagement du sujet (formateur ou apprenant) dans une démarche réflexive et de la métacognition à l'œuvre dans une telle démarche. Ensuite, l'ouvrage fait le point sur la façon dont cette question est traitée, conceptualisée et mise en pratique, dans différents champs de formation professionnelle – enseignants, professions juridiques, médecine, ergothérapie, soins infirmiers, formation des adultes, travail social, ou encore administration publique. La quatrième partie se penche sur le rôle du contexte organisationnel dans le développement de ces pratiques. La cinquième approfondit la question des processus à l'œuvre dans les pratiques de formation et de recherche fondées sur une démarche réflexive, en examinant tour à tour divers dispositifs emblématiques de la démarche réflexive. La sixième partie aborde la question de l'évaluation des pratiques réflexives, y compris dans sa dimension éthique. Dans la dernière partie sont évoquées les pistes et perspectives d'avenir pour la recherche et les pratiques autour de cette question. Un tel ouvrage, largement fondé sur de récents travaux de recherche, nous paraît bien utile pour structurer et étoffer la réflexion sur le sujet, loin des discours incantatoires et des effets de mode que l'on a parfois pu constater autour de cette problématique. Il permet de réaliser également l'ampleur du phénomène, au-delà des frontières de la francophonie.

Référence : N. Lyons (dir.), *Handbook of Reflection and Reflective Inquiry. Mapping a Way of Knowing for professional reflective Inquiry*, Londres, Springer, 2010.

11. P. Rabardel, « Instrument, activité et développement du pouvoir d'agir », in R. Teulier et Ph. Lorino (dirs.), *Entre connaissance et organisation : l'activité collective*, Paris, La Découverte, 2005, p. 251-265.

12. S.K. McCune, L.M. Guglielmino et G. Garcia, « Adult self-direction in learning: a preliminary meta-analytic study of research using the self-directed learning readiness scale », in H.B. Long et coll. (dirs.), *Advances in Research and Practice in self-directed Learning*, Norman, Oklahoma Research Center for Continuing Professional and Higher Education, p. 145-156.

13. J. Dewey, *How we Think. A Restatement of the Relation of reflective Thinking to the educative Process*, 2e éd., Boston, D.C. Heath, 1933.

14. É. Bourgeois, « La motivation à apprendre », in É. Bourgeois et G. Chapelle (dirs.), *Apprendre et faire apprendre*, 2e éd., Paris, Puf, 2011, p. 229-246.

15. C. Rodgers et M. Raider-Roth, « Presence in teaching », *Teachers and Teaching: Theory and Practice*, 2006, vol. 12, n° 3, p. 265-287 ; T. Hyland, *Mindfulness and Learning: celebrating the affective Dimension of Education*, Dordrecht, Springer, 2011.

16. P. Senge et coll., *Presence: an Exploration of profound Change in People, Organizations, and Society*, New York, Doubleday, 2005 ; O. Scharmer, *Theory U. Leading from the Future as it Emerges*, San Francisco, Berrett-Koehler Publishers, 2009.

# Chapitre 13
# L'autorégulation des apprentissages

**Laurent Cosnefroy**

Les recherches sur l'apprentissage autorégulé se donnent pour objectif d'expliquer comment l'apprenant réussit à se mettre au travail, à faire preuve de persévérance et à atteindre les buts fixés en contrôlant lui-même ses processus d'apprentissage et sa motivation. Leur spécificité est de considérer l'acte d'apprendre sous un double registre cognitif et motivationnel. Apprendre requiert de disposer de connaissances préalables et de stratégies d'apprentissage mais ces ressources doivent être mobilisées activement et durablement, ce qui pose la question des déterminants motivationnels soutenant leur utilisation spontanée.

L'enjeu de ces recherches est à la fois de déterminer les conditions cognitives et motivationnelles de l'autonomie dans les apprentissages et d'identifier les facteurs susceptibles d'influencer positivement le développement de celle-ci. Un petit nombre de modèles semble exercer un fort pouvoir d'attraction si l'on en juge par les références dont ils font l'objet dans les publications sur l'apprentissage autorégulé. Les têtes d'affiche en ce domaine ont pour noms Paul R. Pintrich, Monique Boekaerts, Lyn Corno, Barry J. Zimmerman et Philip H. Winne. Tous ces modèles reposent sur deux énoncés de base et formulent quatre conditions pour qu'advienne un apprentissage autorégulé.

## Deux énoncés de base

*Être autonome requiert des efforts*

Dale H. Schunk définit l'apprentissage autorégulé comme un ensemble de processus par lesquels les sujets activent et maintiennent des cognitions, des affects et des conduites systématiquement orientés vers l'atteinte d'un but[1]. Cette définition laisse entendre que la continuité de l'action et l'atteinte du but ne vont pas de soi. Elle met implicitement en avant le rôle de l'effort dans l'autorégulation des apprentissages puisque le contrôle doit être exercé durablement (« activer et maintenir », écrit Dale H. Schunk) dans trois domaines distincts – cognitions, affects, conduites. Afin de faire apparaître plus explicitement le lien entre autonomie et effort et les raisons de l'effort, nous pouvons définir l'apprentissage autorégulé de la façon suivante : *apprentissage contrôlé de l'intérieur par l'apprenant, qui lui permet de trouver des ressources pour se mettre au travail et y rester en adaptant ses cognitions, ses affects et ses conduites, afin de résister aux distractions et de prévenir ou de surmonter les difficultés.*

La nécessité de faire des efforts tient au fait que la continuité de l'action ne va pas de soi. Choisir de s'engager dans une activité revient à n'en pas choisir une autre qui possède aussi des attraits. Tout engagement a donc un coût, et le problème majeur est de protéger le déroulement de l'activité jusqu'à son terme puisque, à tout moment, peuvent surgir des intentions concurrentes qui détournent de l'objectif initial. La protection de l'intention d'apprendre est la fonction principale dévolue à une famille de stratégies dites « volitionnelles », appelées aussi stratégies de contrôle de l'action, sur lesquelles nous reviendrons dans la seconde partie de ce chapitre. La confrontation victorieuse à la difficulté requiert également des efforts, pour deux raisons distinctes : repérer et analyser correctement les erreurs afin d'adapter la manière de travailler ; ne pas céder au doute et au découragement en maintenant à un niveau élevé la perception de compétence. Dans le premier cas l'effort fait appel à des ressources métacognitives, dans le second il mobilise des ressources motivationnelles.

En somme, faire des efforts se traduit par un ensemble de processus complexes, relevant de la cognition et de la

> La protection de l'intention d'apprendre est la fonction principale dévolue à une famille de stratégies dites « volitionnelles ».

motivation, que les théories de l'apprentissage autorégulé se proposent de formaliser.

*Distinguer motivation et volition*
Parler d'effort implique que le pilotage efficace d'un apprentissage ne s'apparente pas à un long fleuve tranquille. La motivation initiale, même élevée, peut en partie être sapée par la concurrence d'autres activités plus tentantes, ou bien par la survenue de difficultés imprévues. C'est pourquoi il est indispensable d'intervenir activement pour entretenir voire renforcer le niveau initial de motivation. Toutes les recherches sur l'apprentissage autorégulé soulignent la distinction entre motivation initiale et régulation de la motivation. Cette régulation peut se produire en essayant d'agir directement sur les états internes, en trouvant par exemple de bonnes raisons de s'investir dans l'apprentissage demandé, ou de façon plus indirecte. Aller travailler en bibliothèque est ainsi un moyen d'empêcher que d'autres activités viennent concurrencer l'activité en cours.

Il y a donc loin de la coupe aux lèvres. Se fixer un but motivant est une chose, l'atteindre en est une autre. Dès lors il convient de distinguer deux ensembles de processus : la motivation, qui prépare les décisions et promeut une intention d'apprendre – fixation des buts ; la volition, qui protège la mise en œuvre de ces décisions – atteinte du but[2]. Motivation et volition constituent deux composantes d'un ensemble plus vaste que l'on pourrait appeler, à la suite de Maurice Reuchlin, la conation, celle-ci désignant les facteurs qui régissent l'orientation des conduites et leur contrôle[3].

> La conation désigne les facteurs qui régissent l'orientation des conduites et leur contrôle.

Insistons sur le fait que la distinction entre motivation et volition prend à rebours une théorie implicite de la motivation pensée comme un déclic libérateur, lequel pousse l'apprenant à se dire qu'en étant motivé tout serait tellement plus facile. La tentation est alors de chercher la bonne formation ou l'environnement d'apprentissage adéquat, qui déclenchera cette motivation salvatrice aplanissant toutes les difficultés. Dans cette perspective la motivation est pensée comme un substitut de l'effort. Or, loin d'être un substitut de l'effort, la motivation est au contraire ce qui permet l'effort. C'est bien parce que l'apprenant réussit à rester motivé qu'il peut consentir aux efforts que requiert l'apprentissage en cours.

## Les conditions de l'autorégulation

Elles sont au nombre de quatre : une motivation initiale suffisante, la définition d'un but à atteindre, la possibilité de recourir à des stratégies d'autorégulation et la capacité à s'auto-observer.

*Une motivation initiale suffisante*

La distinction entre motivation et volition ne doit pas faire oublier que le contrôle de l'action et la protection de l'intention d'apprendre ne sont pas indépendants de la motivation initiale. Un apprenant faiblement motivé a peu de chances de déclencher des conduites d'autorégulation coûteuses en effort. Reste à savoir, et c'est l'un des débats théoriques majeurs, le poids qu'il convient d'accorder à la motivation initiale. Les chercheurs qui s'adossent le plus fermement au concept de volition, par exemple Lyn Corno[4], plaident pour une relative autonomie des processus d'autorégulation par rapport aux conditions motivationnelles initiales. D'après l'un des arguments majeurs à l'appui de cette thèse, le passage de l'intention à l'action n'est pas automatique, tout comme l'initiation de l'action ne garantit en rien qu'elle sera poursuivie jusqu'à son terme. La continuité entre la motivation initiale et l'autorégulation ultérieure est au contraire plus fortement affirmée dans d'autres modèles. Paul R. Pintrich considère pour sa part que l'orientation de la motivation vers des buts de performance ou vers des buts d'apprentissage détermine en grande partie les conduites d'autorégulation mises en œuvre ultérieurement[5].

*La définition d'un but à atteindre*

Un but fonctionne comme critère servant de point de comparaison pour décider s'il faut infléchir d'une manière ou d'une autre le cours de l'action[6]. Sans but, pas de processus de comparaison et pas d'action compensatrice possible. Toutes les définitions de l'autorégulation associent étroitement ce processus au concept de but, à l'instar de la définition très épurée de Jeffrey B. Vancouver et David V. Day : l'autorégulation désigne les processus impliqués dans l'atteinte et le maintien des buts[7]. Un calibrage correct des buts à atteindre est nécessaire pour guider efficacement les processus d'autorégulation. Edwin A. Locke et Gary P. Latham ont identifié trois caractéristiques des buts en mesure de

> Le passage de l'intention à l'action n'est pas automatique, tout comme l'initiation de l'action ne garantit en rien qu'elle sera poursuivie jusqu'à son terme.

dynamiser leur pouvoir de guidage : spécificité, proximité et difficulté[8].

La fonction incitatrice des buts a conduit Barry J. Zimmerman à distinguer deux composantes de l'autorégulation : une autorégulation proactive créatrice de buts et de plans d'action, et une autorégulation réactive destinée à dépasser les obstacles empêchant l'atteinte du but, et sur laquelle insistait particulièrement la définition donnée au début de ce chapitre[9]. À ce premier niveau cognitif de la définition des buts s'en ajoute un second, en rapport avec le soi et ce que l'on appelle les schémas de soi – c'est-à-dire des structures de connaissance sur soi inférées à partir de l'expérience passée – qui médiatisent la conduite sans que la personne soit pour autant nécessairement consciente de cette influence[10]. En cherchant à valoriser ou au contraire à protéger le soi, l'apprenant peut être conduit à mal calibrer les buts, soit en se fixant un but satisfaisant du point de vue des schémas de soi activés mais en réalité trop difficile à atteindre, soit en se fixant un but modeste qui, en étant facile à atteindre, protège d'un échec qui pourrait être durement ressenti.

### *Un répertoire de stratégies d'autorégulation*

Une fois engagé dans l'action, le pilotage de l'activité d'apprentissage s'effectue au moyen de stratégies d'autorégulation, à savoir des règles générales d'action qui orientent l'activité en vue de la rendre optimale par rapport au but visé. C'est par l'utilisation de diverses stratégies d'autorégulation que se traduit la prise de contrôle de l'apprenant sur son apprentissage. Si les stratégies d'apprentissage et les stratégies métacognitives ont fait l'objet de nombreux travaux, il n'en va pas de même pour ce qui concerne les stratégies volitionnelles, ou stratégies de contrôle de l'action, visant à soutenir la motivation et l'effort. Ces dernières, à la différence des premières, n'ont pas vocation à agir directement sur les modalités de traitement de l'information, c'est-à-dire sur les opérations cognitives mises en œuvre pour effectuer la tâche. Leur objectif consiste à maintenir l'engagement dans la tâche, à protéger l'intention d'apprendre et la continuité de l'action.

**Une fois engagé dans l'action, le pilotage de l'activité d'apprentissage s'effectue au moyen de stratégies d'autorégulation.**

### *L'observation de soi*

Adopter un regard critique sur son propre fonctionnement permet de juger le travail accompli et de décider, si besoin, de changer tout ou partie de la méthode de travail utilisée jusqu'alors. C'est lorsque l'individu cesse de s'observer en train d'agir qu'une autorégulation efficace de l'action est compromise[11]. La mise en œuvre des stratégies d'autorégulation dépend de processus métacognitifs, et plus précisément de ce que l'on appelle les jugements métacognitifs se traduisant par des prises de conscience effectuées au cours du travail (impression de savoir, impression que le travail stagne, etc.). Le développement de compétences en matière d'autorégulation ne saurait donc se réduire à l'acquisition de stratégies, aussi pertinentes soient-elles. Ce serait négliger ce qui fonde la mobilisation efficace de ces stratégies.

## Les stratégies d'autorégulation

*Le conflit au cœur de l'autorégulation*
Le terme de stratégie d'autorégulation est en fait un terme générique qui recouvre trois familles distinctes de stratégie, chacune avec leur fonction propre : les stratégies cognitives et métacognitives, les stratégies volitionnelles et les stratégies défensives[12]. Les deux premières concourent à la réussite de l'apprentissage, les dernières se mettent en place lorsque la situation d'apprentissage présente une menace du point de vue de la valeur de soi (cf. figure ci-dessous).

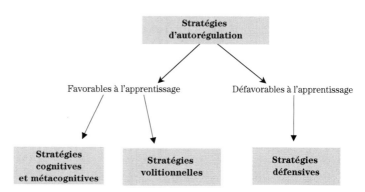

Architecture des stratégies d'autorégulation

Cette architecture des stratégies d'autorégulation reflète la dimension toujours conflictuelle de l'apprentissage autorégulé, et ceci à un double niveau : tout d'abord parce qu'il convient de protéger sans cesse l'activité en cours d'activités concurrentes qui menacent de prendre le dessus ; mais aussi parce que l'apprenant peut être tiraillé entre le désir de s'engager dans l'apprentissage et la crainte que le succès ne soit pas assuré ou que le prix à payer pour y parvenir soit trop élevé. C'est alors que des stratégies défensives entrent en scène. Leur fonction est de prévenir la dégradation du bien-être et de protéger l'estime de soi. Le rôle accordé dans ce schéma aux stratégies défensives doit beaucoup à l'hypothèse de la double priorité développée par Monique Boekaerts[13]. Dans toute situation d'apprentissage, la conduite est gouvernée par deux buts parallèles : accroître ses connaissances et maintenir un sentiment de bien-être suffisant. Lorsque l'apprenant détecte un décalage entre les exigences de la tâche à accomplir et les ressources dont il dispose, la situation d'apprentissage peut être considérée comme menaçante et déclencher des stratégies défensives afin de juguler les émotions désagréables activées par le caractère menaçant de la situation. En revanche, lorsque la situation d'apprentissage est perçue comme stimulante, une véritable intention d'apprendre se forme et les stratégies cognitives et volitionnelles l'emportent sur les stratégies défensives. Le poids respectif de ces trois ensembles de stratégie n'est pas fixé une fois pour toutes. Une situation d'apprentissage d'abord évaluée positivement et entraînant l'adhésion de l'apprenant peut devenir menaçante, du fait par exemple de difficultés inattendues, déclenchant une sorte d'aiguillage interne qui mène l'apprenant sur des rails défensifs.

> Des stratégies défensives peuvent entrer en scène pour prévenir la dégradation du bien-être et protéger l'estime de soi.

Il faut donc considérer que l'apprenant régule aussi sa conduite pour faire advenir un soi possible désiré, ou pour éviter d'actualiser une conception de soi négative[14]. L'apprenant régule sa conduite en fonction de buts multiples où se mêlent aspects cognitifs et conatifs. À vrai dire, il ne s'agit pas tant de savoir si l'apprenant s'autorégule ou non que de s'interroger sur les normes qui guident l'autorégulation, en lui faisant prendre parfois des chemins inappropriés, peu efficients pour soutenir une dynamique positive de l'apprentissage mais parfaitement adaptés pour protéger l'estime de soi[15]. L'autorégulation défensive illustre de façon exemplaire cette proposition.

*Les stratégies volitionnelles*
Moins étudiées que les stratégies cognitives et métacognitives, les stratégies volitionnelles se ventilent en deux sous-ensembles : les stratégies de contrôle de soi, ou contrôle des états internes, et les stratégies de contrôle du contexte

**Les stratégies volitionnelles sont de deux types : contrôle de soi et contrôle du contexte d'apprentissage.**

d'apprentissage. Le contrôle des états internes porte sur la motivation et l'émotion. Les représentations concernant la valeur accordée à la tâche à accomplir – son intérêt intrinsèque, son utilité par exemple – et le sentiment d'efficacité personnelle constituent les deux piliers qui déterminent la motivation[16]. La plupart des stratégies agissant directement sur les états internes visent à renforcer ces représentations et plus particulièrement la valeur de la tâche.

Le contrôle du contexte d'apprentissage renvoie à trois familles de stratégie. La structuration de l'environnement consiste à organiser l'espace de travail de façon optimale, afin de se protéger de l'irruption de distractions. Fermer la porte ou éteindre la radio pour être au calme sont des exemples typiques de ce type de stratégie. L'accroissement des ressources disponibles désigne des conduites qui visent à rendre la tâche à effectuer plus maniable, soit en renégociant avec le formateur un certain nombre de paramètres (objectifs à atteindre, délai imparti), soit en cherchant des informations supplémentaires (aide d'autrui, Internet). La structuration du temps, enfin, concerne des stratégies de programmation et de planification des activités.

La différence essentielle entre les deux catégories de base des stratégies volitionnelles peut se résumer par l'opposition processus interne d'autorégulation *versus* processus externe d'autorégulation ou encore contrôle direct *versus* contrôle indirect des états internes. En effet, les stratégies de la seconde catégorie ont toutes pour caractéristique d'agir indirectement sur les états internes, en modifiant en premier lieu le contexte d'apprentissage. Demander de l'aide à autrui permet de ramener l'anxiété à un niveau plus acceptable, de même que s'isoler dans un endroit agréable, loin de toute sollicitation, crée un climat de détente émotionnelle favorable au travail.

## Conclusion : vers l'autorégulation collective

Pour clore ce chapitre, abordons une question qui n'est pas traitée actuellement, ou de façon peu satisfaisante, dans les recherches sur l'apprentissage autorégulé : l'autorégulation collective. Savoir travailler en équipe est aujourd'hui une compétence fondamentale dans de nombreux métiers. Sous l'effet du développement d'une approche par compétence, les dispositifs de formation accordent une place de plus en plus importante aux apprentissages collectifs, tels l'apprentissage par projet ou l'apprentissage par problème. Réussir implique alors de s'autoréguler collectivement. Les quatre conditions de l'autorégulation décrites préalablement doivent être transposées et redéfinies à un niveau groupal. De plus, les interactions sociales qui se nouent en groupe génèrent des conflits qui, selon la manière dont ils seront traités, influencent la dynamique de l'autorégulation collective. Le problème est donc complexe et nous ne disposons pas actuellement d'une théorie satisfaisante de l'autorégulation collective. C'est de toute évidence la question prioritaire à mettre à l'ordre du jour de la recherche sur l'autorégulation des apprentissages.

**Les interactions sociales qui se nouent en groupe génèrent des conflits qui influencent la dynamique de l'autorégulation collective.**

## NOTES

1. D.H. Schunk, « Self-regulation of self-efficacy and attributions in academic settings », in D.H. Schunk et B.J. Zimmerman (dirs.), *Self-regulation of Learning and Performance : Issues and educational Applications*, Hillsdale, Lawrence Erlbaum, 1994, p. 75-99.
2. L. Corno, « Volitional aspects of self-regulated learning », in B.J. Zimmerman et D.H. Schunk (dirs.), *Self-regulated Learning and academic Achievement : theoretical Perspectives*, 2ᵉ éd., Mahwah, Lawrence Erlbaum, 2001, p. 191-225.
3. M. Reuchlin, *Évolution de la psychologie différentielle*, Paris, Puf, 1999.
4. L. Corno, *op. cit.*

5. P.R. Pintrich, « The role of goal orientation in self-regulated learning », in M. Boekaerts, P.R. Pintrich et M. Zeidner (dirs.), *Handbook of self-Regulation*, San Diego, Academic Press, 2001, p. 451-502.
6. P.R. Pintrich, « A conceptual framework for assessing motivation and self-regulated learning in college students », *Educational Psychology Review*, 2004, vol. 16, n° 4, p. 385-407.
7. J.B. Vancouver et D.V. Day, « Industrial and organisation research on self-regulation : from constructs to applications », *Applied Psychology*, 2005, vol. 54, n° 2, p. 155-185.
8. E.A. Locke et G.P. Latham, « Building a practically useful theory of goal setting and task motivation : a 35-year

odyssey », *American Psychologist*, 2002, vol. 57, n° 9, p. 705-717.
9. B.J. Zimmerman, « Attaining self-regulation : a social cognitive perspective », in M. Boekaerts, P.R. Pintrich et M. Zeidner (dirs.), *op. cit.*, p. 13-39.
10. H. Markus, « Self-schemata and processing information about the self », *Journal of Personality and Social Psychology*, 1977, vol. 35, n° 2, p. 63-78.
11. R.F. Baumeister et T.F. Heatherton, « Self-regulation failure : an overview », *Psychological Inquiry*, 1996, vol. 7, n° 1, p. 1-15.
12. L. Cosnefroy, *L'Apprentissage autorégulé, entre cognition et motivation*, Grenoble, PUG, 2011.
13. M. Boekaerts, « Self-regulated learning : a new

concept embraced by researchers, policy makers, educators, teachers, and students », *Learning and Instruction*, 1997, vol. 7, n° 2, p. 161-186.
14. T. Garcia et P.R. Pintrich, « Regulating motivation and cognition in the classroom : the role of self-schemas and self-regulatory strategies », in D.H. Schunk et B.J. Zimmerman (dirs.), *op. cit.*, p. 127-154.
15. P.W. Winne et A. Hadwin, « Studying as self-regulated learning », in D. Hacker, J. Dunlosky et A. Graesser (dirs.), *Metacognition in educational Theory and Practice*, Mawhah, Lawrence Erlbaum, 1998, p. 279-306.
16. J.S. Eccles et A. Wigfield, « Motivational beliefs, values, and goals », *Annual Review of Psychology*, 2002, vol. 53, p. 109-132.

# Chapitre 14
# La sécurité psychologique ou comment démystifier l'apprentissage en situation de travail

**Cecilia Mornata**

## Introduction

L'apprentissage en situation de travail (AST) est aujourd'hui considéré par d'aucuns comme *la* solution à plusieurs problématiques d'actualité dans les organisations : une activité en constant changement et nécessitant des apprentissages de plus en plus spécialisés avec, à la clé, des changements de comportement de plus en plus rapides, avec de moins en moins de temps et à moindre prix. Repenser les modalités d'apprentissage dans un tel contexte va de soi et l'AST semble en effet permettre de répondre à ces besoins contingents de manière adéquate, car se situant au plus près de l'activité de travail. De nombreuses recherches viennent soutenir l'accueil positif réservé à ce type de dispositif, en soulignant ses bénéfices, notamment en termes de transfert de compétence et d'engagement – tout en insistant sur les conditions organisationnelles en termes de soutien à l'apprentissage (voir le chapitre 15 dans ce même ouvrage).

Malgré l'attention portée à ces conditions, dans les pratiques actuelles comme dans la recherche, on tend à oublier qu'apprendre implique des tâtonnements, des prises de risque, des erreurs[1] qui semblent contraster avec l'activité organisationnelle réelle et individuelle. Ne pas prendre en compte cette spécificité revient en quelque sorte à nier une condition indispensable à tout processus d'apprentissage : le sentiment de pouvoir se tromper en toute sécurité.

Ce constat nous amène à questionner l'enthousiasme généralisé pour l'AST, en nous demandant s'il est possible d'allier deux réalités qui peuvent paraître contradictoires : la nécessité de la productivité et l'erreur comme source d'apprentissage. Pour répondre à cette question, nous allons dans un premier temps présenter un concept essentiellement exploré par la littérature anglo-saxonne : le sentiment de sécurité psychologique ou *psychological safety*, condition indispensable à tout apprentissage pourtant difficile à garantir en situation de travail[2]. Après une brève présentation de cette condition, nous présenterons les recherches sur les effets qu'elle exerce dans l'apprentissage organisationnel et sur les facteurs qui l'influencent. À la lumière de ces éléments, nous mettrons en perspective l'AST en montrant qu'*il ne va pas de soi* : alors que la sécurité psychologique est une condition indispensable, elle ne se retrouve pas dans toute situation organisationnelle.

## Le psychological safety, origine et nature du concept

Les origines théoriques du concept se trouvent, pour Amy C. Edmondson, dans l'ouvrage d'Edgar H. Schein et Warren G. Bennis publié en 1965, dans lequel les auteurs soulignent la nécessité d'assurer une sécurité psychologique dans les équipes pour que les personnes se sentent en mesure de changer[3]. Plus tard, en 1985, Edgar H. Schein soutiendra que la sécurité psychologique permettrait aux personnes de dépasser l'anxiété d'apprendre, identifiée comme une posture de défense face à une déception ou à une conséquence inattendue de ses propres conduites[4].

Amy C. Edmondson reprend dans un article de 1999 cette idée, définissant la sécurité psychologique comme un ensemble de croyances partagées par les membres d'une même équipe concernant le sentiment de se sentir protégé en cas de prise de risque interpersonnelle[5]. L'auteure identifie quatre risques principaux liés à l'image de soi, auxquels on serait confronté en situation de travail : le risque d'être perçu comme *ignorant* en posant des questions, comme *incompétent* par le fait d'admettre ses erreurs, comme *négatif* par le partage d'avis critiques concernant la performance actuelle ou passée, comme ayant un comportement *perturbateur* par le fait de demander de l'aide[6]. Se sentir rassuré concernant ces risques faciliterait ce qu'Amy C. Edmondson identifie comme des comportements d'apprentissage, tels que poser des questions, chercher du *feedback*, rapporter une erreur ou proposer une nouvelle idée, et qui auraient des conséquences sur la performance. Le sentiment de sécurité n'aurait donc *pas d'effet direct sur l'apprentissage d'une nouvelle compétence, mais bien sur les comportements qui permettent à cette compétence d'être acquise.*

Pour créer un sentiment de sécurité, il ne s'agit évidemment pas d'éviter les interactions et les conflits qui caractérisent le travail d'équipe – et qui peuvent être source d'apprentissage comme la recherche l'a largement montré ces dernières années (David W. Johnson et Roger T. Johnson, Dean W. Tjosvold, etc.). La cohésion, permettant d'aplanir les différences et réduisant le souhait d'exprimer une pensée différente de celle du groupe, n'est donc pas la solution pour Amy C. Edmondson car elle implique aussi une diminution de la prise de risque, si importante à l'apprentissage. Il s'agit plutôt de promouvoir et adopter des interactions bienveillantes, d'accompagner la résolution de conflit en fournissant les conditions nécessaires, notamment en termes d'aménité, pour qu'il n'y ait pas atteinte à l'image de soi. Considérer son contexte de travail comme bienveillant résulte d'une évaluation fine des interactions qui ont lieu au sein de l'équipe – évaluation non explicite, mais partagée par les membres du groupe, qui sont sujets au même type d'influence et dont les croyances se construisent à partir d'expériences marquantes partagées.

> **Considérer son contexte de travail comme bienveillant résulte d'une évaluation fine des interactions qui ont lieu au sein de l'équipe.**

## *Les effets du sentiment de sécurité*

Le sentiment de sécurité, tel que défini plus haut, produit des effets intéressants pour l'amélioration de la performance organisationnelle. Parmi ces effets, on pense notamment aux suivants.

### Des comportements facilitant l'apprentissage

Comme souligné auparavant, le sentiment de sécurité psychologique influence les comportements caractéristiques de l'apprentissage : demander un *feedback*, poser des questions, rapporter des erreurs et les discuter[7].

En plus de ces comportements, le sentiment de sécurité est aussi considéré comme une condition pour que les conflits survenant dans le milieu de travail et en lien avec la tâche aboutissent à une amélioration de la performance[8].

### L'engagement au travail

Plusieurs recherches ont approfondi l'étude du lien entre plusieurs représentations, dont la sécurité psychologique et l'engagement dans le travail. Dans ces travaux, l'engagement est conçu comme résultant des représentations du collaborateur concernant son environnement de travail et ses capacités. Pour susciter de l'engagement, l'environnement de travail doit être perçu comme sécurisant, positif et bienveillant à son égard et à l'égard de l'ensemble des collaborateurs, proposant des activités de travail stimulantes, variées et créatives dont la résolution aurait un impact sur les objectifs de l'organisation. Enfin, ces représentations influencent directement l'engagement, indirectement la performance et modèrent l'impact des objectifs. Rappelons quelques-uns de ces travaux, sans prétention à l'exhaustivité.

Les travaux de William A. Kahn traitent du lien entre trois facteurs et l'engagement dans l'activité[9]. Le premier facteur est le sentiment de sécurité : les collaborateurs sont plus engagés dans des situations caractérisées par un sentiment de sécurité psychologique. Ils partagent ainsi des idées divergentes, proposent des solutions créatives et manifestent une tendance à l'apprentissage plus importante. Le deuxième facteur étudié est le sentiment que l'activité est pertinente pour atteindre les objectifs de l'organisation – *psychological meaningfulness*. La pertinence ressentie est influencée par la nature de la tâche, le profil du poste et les interactions de travail. Si la tâche, dont les objectifs sont identifiés, est variée et créative, si le profil du poste soutient l'image idéale de soi, si les interactions soutiennent la dignité, l'appréciation mutuelle, le sens de la valeur et touchent à des éléments personnels et professionnels, alors

> La pertinence ressentie de l'activité est influencée par la nature de la tâche, le profil du poste et les interactions de travail.

le collaborateur se sentira davantage engagé dans son activité. Le troisième facteur est la disponibilité – *availability* : le sentiment de disposer des ressources physiques, émotionnelles et psychologiques pour s'investir dans des comportements performants. La disponibilité ressentie dépend des énergies – physique et émotionnelle – disponibles chez l'individu, du sentiment d'efficacité personnelle et de la qualité de la vie hors-travail. Dans un travail plus récent, Steven P. Brown et Thomas W. Leigh ont révélé que la sécurité psychologique perçue et la pertinence perçue ont une influence directe sur l'engagement et indirecte sur l'effort au travail et la performance[10]. Ingrid M. Nembhard et Amy C. Edmondson ont également démontré l'influence de la sécurité psychologique sur l'engagement, mais cette fois dans le domaine de la santé[11]. D'autres recherches se sont intéressées à l'influence du sentiment de sécurité sur l'effet motivationnel des objectifs. La formulation d'objectifs est reconnue comme jouant un rôle important sur l'engagement des personnes dans des activités[12]. Leur rôle est bel et bien de rendre l'activité significative (ayant un sens) et d'expliciter le niveau d'exigence pour susciter l'envie du défi en vue de les réaliser. Amy C. Edmondson[13] a approfondi cette question en montrant que le sentiment de sécurité psychologique modère l'effet motivationnel des objectifs : plus le sentiment est fort, plus les objectifs seront motivants et auront un effet important sur les comportements apprenants[14].

*L'engagement en un processus créatif*
L'influence du sentiment de sécurité psychologique a aussi été étudiée en lien avec les processus créatifs, d'après l'hypothèse qu'un contexte perçu comme bienveillant et privé de jugement est indispensable dans un domaine où le risque d'erreur est très élevé. Ronit Kark et Abraham Carmeli ont ainsi approfondi la question sur la base, entre autres, des théories de la psychologie positive[15]. Ces chercheurs ont montré comment le sentiment de sécurité psychologique influence positivement l'engagement en un travail créatif et le sentiment de vitalité, défini comme le ressenti d'être en vie, d'avoir plein d'énergie et de fonctionner pleinement. Ainsi, le sentiment de sécurité faciliterait le processus de création mais aussi la perception de son propre bien-être.

> Le sentiment de sécurité psychologique influence positivement l'engagement en un travail créatif et le sentiment de vitalité.

*L'adoption de nouveaux outils collaboratifs*

Des recherches se sont intéressées à l'influence de la sécurité psychologique sur l'adoption de nouveaux outils collaboratifs. La littérature retient classiquement deux facteurs comme déterminants dans l'adoption d'un logiciel collaboratif : la perception de son utilité et la facilité d'utilisation. D'après une étude quantitative regroupant 361 étudiants universitaires, la sécurité psychologique influence de manière importante ces deux perceptions, facilitant ainsi l'adhésion et l'utilisation du logiciel[16]. De plus la sécurité psychologique, en diminuant l'anxiété de l'utilisateur, influence directement l'emploi du logiciel qui se verrait ainsi amélioré.

La propension à l'utilisation de nouveaux outils techniques et collaboratifs a également été étudiée par Amy C. Edmondson, Richard M. Bohmer et Gary P. Pisano : le sentiment d'être en sécurité par rapport aux erreurs commises permet à des subalternes de poser des questions concernant l'introduction du nouvel outil et contribue ainsi à la dynamique d'apprentissage organisationnelle[17].

## Les facteurs facilitant le sentiment de sécurité psychologique

Plusieurs facteurs ont été retenus dans la littérature comme influençant les croyances en une sécurité psychologique.

*Le facteur « responsable hiérarchique »*

La sensibilité des collaborateurs au comportement du leader a été largement étudiée dans la littérature sur le management. Amy C. Edmondson identifie trois comportements que le leader devrait adopter pour promouvoir le sentiment de sécurité psychologique chez ses collaborateurs :
– se montrer disponible pour réduire la perception de barrières empêchant la discussion constructive ;
– solliciter explicitement les *feedbacks* pour valoriser l'opinion d'autrui, et permettre de soutenir et dédramatiser la participation active de tous à l'amélioration de la pratique ;
– représenter l'ouverture et la faillibilité pour réduire les barrières de statut et faciliter la prise de risque chez les collaborateurs[18].

À ce propos, Steven P. Brown et Thomas W. Leigh identifient, en s'inspirant essentiellement des travaux de William

A. Kahn[19], trois comportements managériaux indispensables au développement de la sécurité psychologique :
– un style de management perçu comme flexible, ouvert et responsabilisant les collaborateurs quant à l'accomplissement de leur activité ;
– la clarté et l'explicitation des objectifs organisationnels et des attentes concernant les profils de poste, la prévisibilité de la situation de travail et de ses enjeux ;
– la tolérance et la bienveillance envers l'expression de différents points de vue[20].

**Trois comportements managériaux sont indispensables au développement de la sécurité psychologique.**

Douglas R. May, Richard L. Gilson et Lynn M. Harter ont également listé des comportements dont le manager devrait faire preuve afin d'assurer un sentiment de sécurité psychologique :
– la cohérence et l'intégrité ;
– le partage du contrôle, en impliquant les collaborateurs et les subalternes dans les processus de décision ;
– une communication précise, explicite et ouverte sur les choix managériaux entrepris ;
– une bienveillance envers les collaborateurs en exprimant de la considération, en protégeant leurs intérêts et en diminuant les risques d'exploitation[21].

Concernant les effets de ces comportements, la perception – individuelle et groupale – positive du support du responsable et des collègues influence positivement le sentiment de sécurité psychologique, avec des effets positifs sur l'adoption d'un nouvel outil informatique[22].

*Le facteur interpersonnel*

Plusieurs recherches ont mis en lumière le rôle important des relations interpersonnelles, qui contribuent au sentiment de sécurité tout en le nourrissant. Nous en retiendrons deux en guise d'exemple.

D'après une recherche menée par Nanine A.E. van Gennip, Mien S.R. Segers et Harm H. Tillema, le sentiment de sécurité découlant de relations positives facilite les modalités collaboratives d'évaluation par les pairs[23]. Les étudiants bénéficiant d'un contexte bienveillant investissent ce type de modalité, évitant d'évaluer les collègues affectivement mais privilégiant des retours constructifs et pédagogiquement utiles.

Un autre facteur interpersonnel semble jouer un rôle important dans le sentiment de sécurité : le partage d'informations personnelles entre les membres d'un groupe[24]. Selon des résultats de recherche, plus les collaborateurs perçoivent qu'ils partagent des informations de la sphère privée, plus ils se sentent sécurisés et investissent des comportements bienveillants et constructifs avec les collègues[25]. En ce sens, on peut penser que des relations de nature personnelle facilitent le sentiment de sécurité.

*Le contexte organisationnel*

La confiance organisationnelle, définie comme le crédit octroyé à l'organisation par le collaborateur, jouerait un rôle important en amont du sentiment de sécurité psychologique. Dans des situations de travail prévisibles, cohérentes, claires et donc inspirant confiance, les collaborateurs se sentent en sécurité d'un point de vue psychologique[26]. Les personnes démontrent alors une connaissance des frontières entre ce qui est permis – et non permis – et les conséquences potentielles de leurs comportements. La confiance peut également être inspirée par le cadre normatif proposé par l'organisation et par l'adhésion des collaborateurs à ce cadre. Le fait de clarifier les comportements attendus, tout en acceptant les comportements qui s'éloignent raisonnablement des normes identifiées, peut favoriser la sécurité psychologique. En revanche un contexte rigide, exigeant une forte adhésion aux normes, provoquerait une diminution importante de la sécurité psychologique – étant donné que chaque écart serait perçu comme un risque de sanction élevé.

> La confiance peut être inspirée par le cadre normatif proposé par l'organisation et par l'adhésion des collaborateurs à ce cadre.

*Le capital social*

Les travaux d'Abraham Carmeli mettent en lumière une autre dimension du facteur organisationnel influençant le sentiment de sécurité psychologique : le capital social[27]. Ce concept, introduit par Paul S. Adler et Seok-Woo Kwon[28], est défini par Abraham Carmeli comme l'ensemble des ressources, en termes de connaissance, d'idée et d'opportunité, qui passent à travers un réseau de relations internes et externes à l'organisation, permettant le développement de la sécurité psychologique et de comportements d'apprentissage basés sur l'erreur. Un contexte marqué par un capital social positif se traduit par un environnement dans lequel les ressources sont partagées et échangées, de telle manière que les collaborateurs se sentent à l'aise dans l'expression de leur pensée et donc sécurisés d'un point de vue psychologique.

*La conscience de soi*

La conscience de soi, ou *self-consciousness*, est définie comme la capacité à se percevoir comme un objet social et à percevoir le jugement des autres concernant sa personne. Elle est considérée comme un trait, une disposition qui se manifeste particulièrement dans des situations de prise de risque social et détermine la sensibilité individuelle aux réactions de l'environnement par rapport à soi. Une forte conscience de soi induit une forte régulation de son propre comportement selon le désir et les attentes d'autrui et une peur accentuée de décevoir, d'être rejeté ou intimidé. Ce facteur, comme Douglas R. May, Richard L. Gilson et Lynn M. Harter l'ont montré, réduit la perception individuelle de sécurité psychologique[29]. Autrement dit, plus la personne sera concernée par le jugement perçu des autres, moins elle sera sensible à la sécurité psychologique du contexte, car déjà désécurisée en amont par la perception de soi qu'elle attribue aux autres.

**Plus la personne sera concernée par le jugement perçu des autres, moins elle sera sensible à la sécurité psychologique du contexte.**

## La sécurité psychologique : une remise en question de l'apprentissage en situation de travail

Ces travaux sont en cohérence avec d'autres conclusions de cet ouvrage. Ils reprennent et amplifient de manière évidente qu'un contexte bienveillant est nécessaire aux apprentissages. De même, le comportement du manager joue un rôle essentiel dans l'apprentissage de ses collaborateurs, notamment en termes d'accompagnement (cf. le chapitre 9 dans le présent ouvrage). Le soutien organisationnel est un facteur très important pour le transfert et l'apprentissage organisationnels (cf. le chapitre 15).

Cependant, le sentiment de sécurité psychologique apporte un autre éclairage fondamental. Il oblige à nous demander s'il est concrètement possible de remplir ses conditions dans un contexte organisationnel tourné vers la productivité. La réponse est moins évidente : l'apprentissage, contrairement à ce qui semble parfois être un lieu commun aujourd'hui, *ne peut pas* se faire *a priori* et *uniquement* en situation de travail si nous souhaitons garantir un espace sécurisé pour qu'il puisse se construire.

## L'AST et la réalité productive de l'organisation

Penser que la situation de travail est le lieu à privilégier pour tout apprentissage signifie aussi nier les priorités de performance auxquelles l'organisation est soumise. Comme nous l'avons présenté dans ce chapitre, apprendre implique des erreurs, leur partage et le temps et l'espace nécessaires à leur régulation. La situation de travail n'est pas conçue en ce sens, le travail devant être effectué dans des temps et des conditions qui nient l'espace de l'erreur et l'espace pour une bienveillance vis-à-vis de l'erreur. Et il serait illusoire de croire qu'il « suffit » de modifier le contexte de travail pour le rendre plus apprenant. Ce changement impliquerait d'une part, une évolution bien plus importante, un changement social de la conception du travail actuelle et, d'autre part, une modification profonde du fonctionnement organisationnel, dont le but est la production qui assure son existence. Promouvoir l'AST alors que nos contextes de travail sont portés à empêcher la maladresse, pour répondre à un besoin vital de production, ne serait-il pas une manière de nier la réalité organisationnelle ?

## L'AST, l'individu et ses fragilités

On n'apprend pas tous de la même manière, à la même vitesse, par les mêmes moyens. Chaque individu étant différent, le temps et l'énergie nécessaires à l'intégration de nouvelles compétences ne sont pas identiques pour tout le monde. Proposer un contexte d'apprentissage sécurisé au niveau psychologique implique de considérer les différences et les fragilités de chacun. Cela implique aussi de proposer un contexte où chacun puisse bénéficier du temps et de l'accompagnement dont il a besoin. Le risque est de limiter, dans la pratique, l'apprentissage à la participation à des activités de travail, ce qui ne serait aucunement suffisant pour qu'il y ait apprentissage. Si c'était le cas, il suffirait de travailler pour apprendre alors que, nous l'avons largement vu dans les différentes contributions de cet ouvrage, ceci n'est pas suffisant.

C'est d'ailleurs bien pour cela que l'AST n'est pas assimilé au travail. Il est indispensable que d'autres supports puissent être offerts aux collaborateurs pour accompagner de manière appropriée leur processus d'apprentissage. Reste à savoir si le contexte de travail est le meilleur moment, le meilleur lieu pour offrir cet accompagnement personnalisé. On peut en effet craindre que ce contexte soit trop « connoté » par la nécessaire production pour que les conditions de la sécurité psychologique soient réunies.

*L'AST et les tensions interindividuelles*
Penser le lieu de travail comme lieu d'apprentissage implique aussi le risque de nier les difficultés interpersonnelles que les collaborateurs rencontrent dans une période de crise de plus en plus tendue. Nous l'avons largement souligné dans ce chapitre, des relations interpersonnelles de qualité sont une clé indispensable pour garantir un sentiment de sécurité et donc des comportements apprenants. Cependant, ce facteur est malheureusement encore trop souvent éloigné de la réalité organisationnelle. Alors que les modèles de gestion du personnel se font de plus en plus agressifs, que la compétition entre les collaborateurs est souvent préférée à la collaboration et que la souffrance au travail ne relève plus d'un cas isolé, mais prend plutôt l'allure d'une épidémie, n'est-il pas risqué de défendre ce dispositif dans un contexte où le processus d'apprentissage aura de fortes chances d'être utilisé comme un moyen d'évaluation supplémentaire des performances des collaborateurs, augmentant leur – déjà haut – sentiment d'insécurité?

*L'AST, les relations de pouvoir et le rôle du manager*
Promouvoir l'AST semble aussi faire abstraction des relations de pouvoir présentes dans les organisations. Pour que le sentiment de sécurité soit assuré, il est nécessaire que le leader soit garant d'une série de comportements bienveillants qui semblent difficilement réalistes dans les contextes de travail actuels. Comment promouvoir la bienveillance sans nier les rapports hiérarchiques qui empêchent justement d'intégrer les collaborateurs au processus décisionnel, qui ne permettent pas d'expliciter l'ensemble des choix managériaux, qui ne favorisent pas les comportements cohérents dans le temps, etc.? Par ailleurs, demander au manager de faire preuve de bienveillance, de clarté, de disponibilité, d'ouverture ne revient-il pas à nier son rôle au sein de son équipe, alors que lui-même est soumis à des objectifs de productivité qui vont à l'encontre de tout cela? Qui assurerait la sécurité psychologique du chef d'équipe alors que celui-ci, en plus de remplir son cahier des charges, devrait s'improviser garant d'un sentiment de sécurité qu'il n'éprouverait probablement pas de son côté?

**Comment promouvoir la bienveillance sans nier les rapports hiérarchiques qui empêchent d'intégrer les collaborateurs au processus décisionnel?**

## En conclusion, l'AST comme retour à une posture idéologique naïve ?

Ces quatre points amènent à nous demander comment et pourquoi nous, chercheurs et formateurs, pouvons prendre le risque de faire abstraction de la réalité organisationnelle et individuelle en proposant l'AST comme *la* réponse aux questions d'apprentissage actuelles. Par cette démarche, ne serions-nous pas en train de revivre, une fois de plus, le rêve d'une réconciliation – peu probable actuellement – entre l'individu et l'organisation, en souhaitant qu'un contexte en réalité potentiellement tendu, difficile et psychiquement insécurisant puisse être son contraire ? En quelque sorte, promouvoir l'AST signifie croire en une organisation *suffisamment bonne*, pour reprendre les termes de Donald Winnicott, alors qu'elle n'est souvent pas capable, de par sa nature, d'un regard bienveillant et sécurisé sur ses collaborateurs.

L'exposé que nous venons de faire sur la sécurité psychologique montre bien que ses conditions sont difficilement actualisables dans la réalité organisationnelle actuelle. Et non parce que l'organisation est *mauvaise*, mais plutôt parce que sa finalité n'est pas l'apprentissage ni l'épanouissement de ses collaborateurs, mais bien la production qui lui permet d'exister et qui, par ailleurs, permet à ces mêmes collaborateurs d'y travailler. Cette réalité peut nous contrarier, mais les travailleurs doivent s'y confronter quotidiennement et nous avons l'obligation de la considérer en tant que telle, avec lucidité, si nous souhaitons les accompagner dans leurs apprentissages. Nous envisageons bien évidemment le travail comme source d'apprentissage, mais pas comme la *source unique* et par excellence, car les conditions qui permettraient à ce contexte d'être suffisamment sécurisé ne sont souvent pas réunies.

> Revenir à la formation en salle impliquerait nier les effets positifs des dispositifs d'AST sur le développement des compétences.

Devons-nous alors revenir à la formation en salle ? Elle permet de travailler en amont les conditions de telle manière que le contexte soit suffisamment sécurisé pour que les participants se sentent libres de se tromper sans être jugés. Cependant, revenir à la formation en salle impliquerait nier ses limites en termes de transfert et les effets positifs que les dispositifs d'AST ont sur le développement des compétences, si difficilement assuré par la formation formelle classique. La réponse, si réponse il y a, se trouve probablement à

mi-chemin, dans des dispositifs hybrides qui ne confondent pas l'apprentissage avec le travail, mais qui :
– restent au plus proche des activités réelles – nous pensons ici aux dispositifs impliquant la simulation, la fiction, les jeux de rôle –, tout en assurant une grande sécurité psychologique de par le « faire semblant » qui autorise l'erreur ;
– valorisent les interactions sociales – par les nouvelles technologies (réseaux sociaux, etc.), mais aussi les dispositifs innovants de *co-working* (mise en commun et à disposition de compétences) et d'entraide, les dispositifs d'apprentissage mutuel, etc. – qui créent des espaces et des moments protégés sur les lieux de travail ;
– tiennent compte des spécificités individuelles en essayant de ne pas les gommer, mais bien de proposer des ajustements permettant aux collaborateurs d'avancer selon leurs propres capacités – en proposant des dispositifs variés et hybrides, en promouvant l'apprentissage mutuel et de co-développement, mais aussi aux dispositifs de *coaching* ;
– offrent le temps nécessaire à l'apprentissage, en éludant la croyance selon laquelle « si ce n'est pas appris tout de suite, ça ne sera jamais appris », et en proposant des moments de réflexivité hors temps de travail, permettant de revenir sur les erreurs et les régulations nécessaires ;
– soient accessibles à l'ensemble des collaborateurs, aux femmes comme aux hommes, aux jeunes comme aux seniors, tous statuts confondus ;
– soient reconnus au sein de l'organisation et, si possible, à l'extérieur de l'organisation.

Ainsi, il ne s'agit pas ici de prendre une position dogmatique contre l'AST mais de chercher à faire évoluer la réflexion vers des dispositifs intégrant la sécurité psychologique comme élément de base, sans nier pour autant l'importance des situations de travail comme espace possible d'apprentissage.

**NOTES**

1. J. Bauer et C. Harteis (dirs.), *Human Fallibility: the Ambiguity of Errors for Work and Learning*, Londres, Springer, 2012.
2. C. Mornata et É. Bourgeois, « Apprendre en situation de travail : à quelles conditions ? », *in* É. Bourgeois et M. Durand (dirs.), *Apprendre au travail*, Paris, Puf, coll. « Apprendre », 2012, p. 53-67.
3. E.H. Schein et W.G. Bennis, *Personal and organizational Change through Group Methods: The Laboratory Approach*,

New York, Wiley, 1965.
4. A.C. Edmondson, « Managing the risk of learning: psychological safety in work teams », *in* M.A. West, D. Tjosvold et K.G. Smith (dirs.), *International Handbook of Organizational Teamwork and cooperative Working*, Chichester, John Wiley & Sons, 2003, p. 255-276.
5. A.C. Edmondson, « Psychological safety and learning behavior in work teams », *Administrative Science Quarterly*, 1999, vol. 44, n° 2, p. 350-383.
6. A.C. Edmondson, 2003, *op. cit.*
7. L. Argote, D. Gruenfeld et C. Naquin, « Group learning in organizations », *in* M.E. Turner (dir.), *Groups at Work: Theory and Research*, Mahwah, Mawrence Erlbaum, 2001, p. 369-411.
8. B.H. Bradley et coll., « Reaping the benefits of task conflict in teams: the critical role of team psychological safety climate », *Journal of Applied Psychology*, 2012, vol. 97, n° 1, p. 151-158; T.L. Simons et R.S. Perterson, « Task conflict and relationship conflict in top management teams: the pivotal role of intragroup trust », *Journal of Applied Psychology*, 2000, vol. 85, n° 1, p. 102-111.
9. W.A. Kahn, « Psychological conditions of personal engagement and disengagement at work », *Academy of Management Journal*, 1990, vol. 33, n° 4, p. 692-724.
10. S.P. Brown et T.W. Leigh, « A new look at psychological climate and its relationship to job involvement, effort, and performance », *Journal of Applied Psychology*, 1996, vol. 81, n° 4, p. 358-368.
11. I.M. Nembhard et A.C. Edmondson, « Make it safe: the effects of leader inclusiveness and professional status on psychological safety and improvement efforts in health care teams », *Journal of Organizational Behavior*, 2006, vol. 27, p. 941-966.
12. E.A. Locke, « Motivation by goal setting », *in* R.T. Golembiewski (dir.), *Handbook of organizational Behavior*, New York, Marcel Dekker, 2001, p. 43-54.
13. A.C. Edmondson, 2003, *op. cit.*
14. S.G. Barsade et coll., « To be angry or not to be angry in groups: examining the question », *Academy of Management Annual Meeting*, Washington D.C., août 2001.
15. R. Kark et A. Carmeli, « Alive and creating: the mediating role of vitality and aliveness in the relationship between pschological safety and creative work involvement », *Journal of Organizational Behavior*, 2009, vol. 30, n° 6, p. 785-804.
16. J. Schepers et coll., « Psychological safety and social support in groupware adoption: a multi-level assessment in education », *Computers & Education*, 2008, vol. 51, n° 2, p. 757-775.
17. A.C. Edmondson, R.M. Bohmer et G.P. Pisano, « Learning new technical and interpersonal routines in operating room teams: the case of minimally invasive cardiac surgery », *in* M.A. Neale, E.A. Mannix et T.L. Griffith (dirs.), *Research on Managing Groups and Teams: Technology*, Stamford, JAI Press, 2000, vol. 3, p. 29-51.
18. A.C. Edmondson, « Psychological safety, trust and learning: a group-level lens », *in* R. Kramer et K. Cook (dirs.), *Trust and Distrust in Organizations: Dilemmas and Approaches*, New York, Russel Sage Foundation, 2004, p. 239-272.
19. W.A. Kahn, *op. cit.*
20. S.P. Brown et T.W. Leigh, *op. cit.*
21. D.R. May, R.L. Gilson et L.M. Harter, « The psychological conditions of meaningfulness, safety and availability and the engagement of the human spirit at work », *Journal of Occupational and Organizational Psychology*, 2004, vol. 77, n° 1, p. 11-37.
22. J. Schepers et coll., *op. cit.*
23. N.A.E.van Gennip, M.S.R. Segers et H.H. Tillema, « Peer assessment as a collaborative learning activity: the role of interpersonal variables and conceptions », *Learning and Instruction*, 2010, vol. 20, n° 4, p. 280-290.
24. J.T. Polzer, L.P. Milton et W.B. Swann, « Capitalizing on diversity: interpersonal congruence in small work groups », *Administrative Science Quarterly*, 2002, vol. 47, n° 2, p. 296-324.
25. R. Wilkens et M. London, « Relationships between climate, process, and performance in continuous quality improvement groups », *Journal of Vocational Behavior*, 2006, vol. 69, n° 3, p. 510-523.
26. W.A. Kahn, *op. cit.*; S.P. Brown et T.W. Leigh, *op. cit.*
27. A. Carmeli, « Social capital, psychological safety and learning behaviours from failure in organizations », *Long Range Planning*, 2007, vol. 40, n° 1, p. 30-44.
28. P.S. Adler et S.-W. Kwon, « Social capital: prospects for a new concept », *The Academy of Management Review*, 2002, vol. 27, n° 1, p. 17-40.
29. D.R. May, R.L. Gilson et L.M. Harter, *op. cit.*

## EN PRATIQUE : UN DISPOSITIF DE FORMATION EN CONTEXTE HUMANITAIRE

Nous avons eu l'occasion de développer un dispositif de formation qui permet d'illustrer certains des développements proposés dans ce chapitre. Il s'inscrit dans le contexte d'une organisation humanitaire. Des collaborateurs d'origine différente, parlant des langues différentes, présentant un profil de compétences différent et une expérience variable au sein de l'organisation, devaient acquérir des compétences en logistique et en gestion d'équipe en situation d'urgence. Le dispositif prévoyait une mise en situation de deux semaines dans un contexte proche des situations humanitaires auxquelles les collaborateurs étaient confrontés (dans la forêt africaine) mais avec les ressources naturelles (un lac) nécessaires au bon déroulement de l'exercice. La mise en situation était conçue selon la chronologie des activités logistiques réelles : à partir d'informations fictives concernant un important déplacement de population, les participants devaient mener une analyse de besoins humanitaires et un plan d'action pour l'ouverture d'un camp de réfugiés à soumettre au siège pour approbation.

Une fois cette étape franchie, les participants s'attelaient à la construction du camp en sous-groupes, à partir d'objectifs fixés par les experts techniques de l'organisation dans différents domaines de la logistique. Plus précisément, chaque groupe était confronté pendant deux jours à un domaine d'activité. Dès la réception des objectifs, un nouveau chef d'équipe était désigné selon ses compétences en gestion d'équipe et dans le domaine d'activité, afin d'être au plus proche des besoins des participants – les personnes ayant des difficultés en gestion d'équipe recouvraient cette fonction pour des activités dont ils avaient les compétences techniques, et inversement. La mission du chef d'équipe consistait à déléguer les sous-activités dans le sous-groupe et à superviser le bon déroulement de celles-ci et leur accomplissement dans le temps imparti. Après deux jours, il présentait à l'ensemble des participants les problèmes techniques majeurs rencontrés et les solutions trouvées ou envisagées. Par cette démarche, tous les participants étaient au courant de l'avancement des activités et des problèmes rencontrés, et ils pouvaient aussi contribuer à leur résolution si le problème persistait.

Le chef d'équipe transmettait ensuite l'activité, selon la procédure de passation habituelle, au groupe nouvellement responsable du domaine d'activité. Chaque chef d'équipe était supervisé par un supérieur hiérarchique direct, une personne ayant ce profil de poste dans la vie réelle – en plus d'une sensibilité pédagogique. Son objectif était de superviser l'ensemble des activités et la dynamique de groupe pendant les deux semaines, en accompagnant le chef d'équipe si nécessaire. De plus, les responsables techniques en poste au siège étaient présents pendant la mise en situation, pour aider, in situ, les participants face aux questions techniques sans réponse immédiate. La méthodologie privilégiée était celle de la résolution de problème, le but étant l'explicitation et le traitement des erreurs de manière sécurisée, le développement d'une démarche réflexive individuelle et en groupe, le partage d'expériences positives et négatives, le développement de relations interpersonnelles bienveillantes et l'acquisition de nouvelles compétences. Ce dispositif a introduit un grand changement de culture au sein de l'organisation, qui n'aurait jamais pu voir le jour sans la contribution et le soutien du responsable logistique en poste à ce moment-là.

# Chapitre 15
# Le soutien organisationnel perçu à la formation

**Isabelle Bosset**

## *Pourquoi s'intéresser au soutien organisationnel perçu à la formation ?*

Un paradoxe traverse les organisations et leur rapport à la formation : d'un côté, des milliers d'euros sont dépensés annuellement par les organisations de toute taille afin d'offrir des formations de qualité à leurs employés, visant *in fine* à augmenter leur performance au sein de l'organisation d'appartenance, dans une perspective plus générale de développement des compétences. Le discours du *lifelong learning* semble aujourd'hui intégré et la nécessité de la formation n'est plus discutée. Pourtant, d'un autre côté, la question se pose toujours de savoir quel est réellement le niveau d'utilisation des compétences et connaissances issues de la formation, et du coup, quel est le « retour sur investissement » en termes de plus-value de performance de la formation. Du côté des DRH, la question se pose donc de savoir comment bien investir l'argent de l'entreprise, mais aussi comment contrôler des coûts relatifs au *turnover* potentiel et souvent redouté à la suite d'une formation longue.

Du côté des collaborateurs, la nécessité de maintenir et de développer leur employabilité, qui est souvent perçue comme étant de leur seule responsabilité, est au cœur de leur rapport à la formation. Comment se positionner au sein de l'organisation, en termes de rôle et de responsabilité, et comment développer sa carrière ? Telles sont leurs préoccupations. En termes de formation, il s'agit alors de trouver un équilibre entre des enjeux plus personnels, pas forcément liés à l'organisation d'appartenance, et le réinvestissement de la formation (surtout lorsque celle-ci est financée, à hauteur variable, par l'organisation) dans celle-ci, le cas échéant.

Le soutien organisationnel perçu à la formation apporte un élément de réponse aux questions ci-dessus en postulant d'une part, que le départ du salarié au terme d'une formation n'est pas une fatalité et d'autre part, que le soutien organisationnel perçu à la formation peut dépasser largement la question financière. Il peut également jouer un rôle important dans la clarification des objectifs et des enjeux des uns et des autres.

## Que dit la littérature sur le sujet ?

Certains auteurs ont essayé de conceptualiser le soutien organisationnel à la formation et d'identifier les effets qu'il pouvait avoir. Par exemple, d'après Humphry Hung et Yiu Hing Wong, lorsque l'employeur approuve la formation, les employés se sentent davantage soutenus de manière générale par leur organisation[1]. Cette approbation passe pour eux par un climat de travail qui encourage l'apprentissage et par des règles qui facilitent la participation de la formation au développement de compétences. Ils ont également noté que les employés dont on approuve la formation sont généralement plus satisfaits de leur travail et démontrent une performance au travail plus élevée. Maria L. Kraimer et ses collègues ont développé un concept intéressant, le « soutien organisationnel pour le développement », qui est défini comme « la perception de l'employé que l'organisation fournit des programmes et des opportunités qui soutiennent son développement[2] ». Leur recherche montre que ce sont la participation à des cours et des ateliers, les échanges leader-membres et le mentorat de carrière qui sont à la source de cette perception. Le développement de relations de qualité avec des personnes seniors est particulièrement important. Ils mettent également en évidence l'importance de l'opportunité de carrière perçue, c'est-à-dire la perception des employés d'avoir la possibilité de se développer à l'intérieur de l'organisation.

Ce facteur est particulièrement important par rapport à la performance au travail et au départ volontaire (démission). Fleur Koster, Andries De Grip et Didier Fouarge ont développé

> **Les employés dont on approuve la formation démontrent une performance au travail plus élevée.**

le concept de «soutien perçu au développement de l'employé», qui indique une relation négative avec l'intention de quitter[3]. Le fait de participer à des formations augmente le soutien perçu au développement et c'est pourquoi l'intention de quitter baisse. Chay Hoon Lee et Norman T. Bruvold ont quant à eux défini l'«investissement perçu dans le développement de l'employé» comme reflétant «les croyances des employés concernant l'engagement organisationnel à améliorer leurs compétences et augmenter leur *marketability* (employabilité), à l'interne comme à l'externe»[4]. D'après leur étude, un lien direct existe avec l'implication organisationnelle affective – le lien affectif de l'employé envers l'organisation, caractérisé par le désir d'y rester – ainsi qu'avec la satisfaction au travail.

Ce bref survol de quelques recherches centrées sur le soutien organisationnel perçu à la formation, sous des appellations différentes, montre l'intérêt qu'il y a, du côté des organisations et plus précisément des personnes en charge du développement des compétences, à prendre au sérieux la question du soutien – qui, comme on le voit ici, dépasse largement la question financière. Les enjeux liés au soutien à la formation se lisent dans les effets soit positifs (satisfaction au travail par exemple), soit négatifs (intention de quitter par exemple).

## Soutien organisationnel perçu à la formation : de quoi parle-t-on au juste ?

Afin de conceptualiser plus précisément le soutien organisationnel à la formation et d'arriver à des propositions concrètes pour le terrain, nous pouvons dans un premier temps prendre appui sur la théorie du soutien organisationnel perçu telle que proposée par Robert Eisenberger[5]. Cet auteur s'est en effet intéressé à la perception qu'ont les employés d'être soutenus, de manière générale, par l'organisation. Il a retenu deux dimensions de cette perception : d'une part, le souci du bien-être de l'employé et d'autre part, la valorisation de ses contributions. Nous pouvons nous baser sur cette définition pour essayer de l'appliquer à la question de la formation, en considérant que le soutien organisationnel perçu à la formation est constitué d'une part d'un soutien au *processus* de formation, et d'autre part d'un soutien à la valorisation des contributions *issues de la formation*, en particulier les acquis de l'apprentissage.

**Le soutien organisationnel perçu à la formation concerne le *processus* de formation et la valorisation des contributions *issues de la formation*.**

Avec cet auteur, nous pouvons également considérer que la relation organisation-collaborateur est basée sur la théorie de l'échange social : elle postule que les individus développent et maintiennent des relations sociales dans le but de maximiser leur gain de ressources[6]. Dans le cadre de la formation, nous faisons l'hypothèse qu'un jeu subtil d'échanges entre employeur et employé se crée.

Nous proposons à ce stade de retenir la définition suivante du soutien organisationnel perçu à la formation : *le niveau auquel le collaborateur entreprenant une formation considère que l'organisation soutient son processus de formation et valorise les contributions issues de celle-ci au sein de l'organisation d'appartenance.*

## Quels éléments concrets peuvent constituer le soutien organisationnel perçu à la formation ?

Une étude exploratoire que nous venons de réaliser récemment a permis de mettre en évidence des éléments concrets pour alimenter les deux dimensions mentionnées ci-dessus – le soutien au processus de formation et le soutien aux contributions issues de la formation. Contrairement au financement qui est généralement « réglé » en début du processus, et à la mise en œuvre des nouvelles compétences qui est habituellement encouragée au terme de celle-ci, nous proposons de considérer le soutien organisationnel perçu dans une dimension temporelle, allant du temps de l'avant-formation, au moment de la formation, et jusqu'à l'après-formation. Nous proposons également de considérer les personnes impliquées dans le soutien, notamment le supérieur hiérarchique et les pairs. Deux dimensions sont distinguées : le soutien au processus de formation et le soutien à la valorisation des contributions issues de la formation. Ainsi, nous proposons le modèle suivant pour réfléchir au soutien organisationnel perçu :

*Le soutien organisationnel perçu peut être envisagé dans une dimension temporelle, de l'avant-formation jusqu'à l'après-formation.*

| Soutien organisationnel perçu à la formation ||
|---|---|
| Soutien au processus de formation de la personne | Soutien à la valorisation des contributions issues de la formation |

Plusieurs éléments concrets, relevant des deux dimensions, sont explicités dans le tableau ci-dessous :

| Soutien organisationnel perçu à la formation : de quoi peut-il être constitué ? | |
|---|---|
| **Soutien au processus de formation de la personne** | **Soutien à la valorisation des contributions issues de la formation** (issu de la littérature sur le transfert de compétences et de l'opportunité de carrière perçue, PCO) |
| - Financement de la formation<br>- Temps pour la formation<br>- Aménagement du temps<br>- Décharge de travail<br>- Clauses contractuelles<br>- Formulation d'attentes formelles<br>- Marques de reconnaissance pour la motivation démontrée à se former<br>- Accueil favorable du projet de formation<br>- Premières réactions favorables suite à l'entrée en formation<br>- Respect du temps de formation<br>- Déplacement de réunions pour permettre au collaborateur d'y participer<br>- Mise au courant de décisions prises lors des absences du collaborateur<br>- Échanges autour des contenus de la formation<br>- Suivi régulier de la formation (contenu, progression, équilibre travail/formation, attentes en termes de soutien)<br>- Mise à disposition de ressources (matériel, informations, personnes)<br>- Socialisation de la formation, possibilité d'en parler dans l'équipe<br>- Possibilité de critiquer l'organisation sans crainte de représailles, sécurité psychologique<br>- Absence de reproche<br>- Marques de reconnaissance pour l'effort de formation fourni et, le cas échéant, du diplôme obtenu<br>- Principes sous-jacents: transparence, confiance | - Lien stratégique mis en évidence entre la formation et les objectifs de l'organisation, du département et/ou de l'équipe<br>- Possibilité à mettre en œuvre de nouvelles compétences et connaissances<br>- Soutien social envers le transfert<br>- Climat de transfert favorable<br>- Reddition de comptes<br>- Opportunité de carrière perçue<br>- Innovation et possibilité de créer |

QUI PEUT DONNER DU SOUTIEN : ORGANISATION, SUPÉRIEUR HIÉRARCHIQUE, PAIRS, ÉQUIPE...

QUAND DONNER DU SOUTIEN : EN AMONT, PENDANT, APRÈS LA FORMATION

## Un même soutien pour tous ? Le rôle des facteurs individuels

Le praticien peut dès lors raisonnablement se poser la question suivante : suffit-il de mettre en œuvre tous ces éléments pour s'assurer d'un retour sur investissement et d'une performance accrue ? D'après notre recherche, tel n'est pas le cas. En effet, des facteurs individuels, notamment le sens donné par le collaborateur à son projet de formation – dès lors que la formation n'est pas effectuée sous la contrainte – module les effets du soutien organisationnel perçu. Ainsi, pour une personne dont le sens donné à la formation n'inclut pas d'emblée l'organisation (par exemple, lorsque la formation est effectuée à des fins de plaisir épistémique uniquement ou pour se constituer un réseau professionnel, ou encore dans la perspective d'une mobilité externe), la sensibilité au soutien organisationnel sera très faible, voire nulle. En d'autres termes, une telle personne ne se souciera guère de savoir si son supérieur hiérarchique s'intéresse ou pas à sa formation ou si une opportunité de carrière se présentera à elle au terme de celle-ci. Il sera dès lors vain pour l'organisation de mettre en œuvre toute une série d'actions visant à soutenir ce collaborateur puisqu'il ne sera de toute façon pas sensible à ces efforts, qui risquent même de le gêner plus qu'autre chose.

À l'autre extrême de cette configuration, il existe des personnes qui d'emblée souhaitent réinvestir leur formation dans leur organisation d'appartenance. Le sens qu'elles accordent à la formation est fortement lié à l'organisation, à laquelle elles se montrent généralement très attachées. Le sens qu'elles donnent à la formation va de pair avec l'organisation et/ou leur poste de travail, voire leur équipe. Dans ce cas aussi, leur sensibilité au soutien organisationnel sera faible, dès lors qu'elles sont « décidées » à s'investir dans l'organisation en question. Le soutien est certes apprécié, mais il n'apparaît pas comme essentiel.

C'est dans la troisième configuration que les actions de l'organisation semblent avoir le plus de poids. En effet, il s'agit de personnes dont le projet de formation s'insère à la fois dans un projet de vie ou de carrière plus large, à la fois dans l'organisation et le poste occupé au moment de la formation. Ainsi, il existe une sorte d'ouverture qui les rend extrêmement sensibles aux efforts perçus de l'organisation pour soutenir leur formation. Ce sont donc des personnes, majoritaires dans notre étude, pour qui les actions de l'organisation seront très fortement remarquées et prises en compte dans leur décision – par ailleurs consciente ou non – de réinvestir leur savoir dans l'organisation, mais aussi de s'y attacher et d'y endosser de nouveaux rôles le cas échéant.

Cette troisième configuration montre que l'organisation peut, si elle le souhaite, faire « pencher la balance » de son côté et ainsi éviter la démission volontaire ou le désengagement progressif du collaborateur en formation. Ces trois configurations nous rendent attentifs au fait que le soutien organisationnel perçu ne « fonctionne » pas de façon mécanique : il ne suffit pas de mettre tous les ingrédients potentiels « dans la machine » pour s'assurer d'un même résultat. Or, d'après les retours des interviewés, dès lors que la formation est prise en charge financièrement, l'organisation peut penser que cela représente un soutien suffisant. Si le financement est fort apprécié dans la plupart des cas, on voit bien ici qu'il ne suffit pas à constituer du soutien, ni même qu'il en constituera en tant que tel – certaines personnes préfèrent par exemple ne pas se sentir redevables et évitent d'entrer dans une logique de financement ou de co-financement pour cette raison.

> **L'organisation peut faire « pencher la balance » de son côté et éviter le désengagement progressif du collaborateur en formation.**

## D'autres éléments venant moduler la perception du soutien

La théorie du soutien organisationnel perçu que nous avons mentionnée plus haut met en avant quelques principes sous-jacents fort intéressants. Ils viennent encore moduler la manière dont le soutien organisationnel sera perçu et partant, l'impact qu'il pourra avoir sur d'autres comportements ou attitudes, comme l'intention de transférer ou de rester dans l'organisation.

Le premier élément est la notion de *sincérité de l'organisation*. De la même manière qu'une augmentation de salaire n'aura pas le même impact sur la perception de soutien organisationnel, selon qu'elle résultera d'une lutte acharnée avec des syndicats ou d'une récompense reconnue par une performance accrue, le financement d'une formation ne sera

*Le financement d'une formation ne sera pas perçu comme du soutien si celle-ci est octroyée comme un moyen de «garder au chaud» le collaborateur.*

pas perçu comme du soutien dès lors que le collaborateur se rend compte que la formation lui est octroyée comme un moyen de le «garder au chaud» – c'est-à-dire comme une mesure de rétention, par exemple.

Le deuxième élément est la *discrétion organisationnelle*. À titre d'exemple, si une mesure de sécurité est octroyée parce qu'elle répond à des normes, elle ne sera pas appréciée de la même manière si elle fait suite à des remarques des collaborateurs quant à leur sécurité. De même, l'octroi de temps pour la formation n'aura pas le même effet si ce temps est imposé à l'organisation par des lois externes, ou s'il est offert de manière discrète, c'est-à-dire non contrainte.

Le troisième élément venant encore moduler la perception du soutien est l'*adhésion à la norme de réciprocité*. Celle-ci, découlant directement de la théorie de l'échange social mentionnée plus haut, postule que celui qui a reçu se sentira redevable, et voudra rendre quelque chose. Or, nous ne sommes pas tous égaux quant à l'adhésion à cette norme. Ainsi, une personne qui y adhère fortement se sentira plus redevable envers l'organisation et se sentira peut-être moins légitime de la quitter dès lors que cette dernière lui aura octroyé un certain soutien, alors qu'une personne peu sensible à cette norme aura moins de réticences à la quitter, même en ayant bénéficié de soutien. Ces trois notions montrent encore, en sus des facteurs individuels liés au projet de formation, que soutien n'égale pas soutien.

Nous pouvons donc à ce stade remanier notre proposition initiale en y intégrant les éléments discutés ci-dessus:

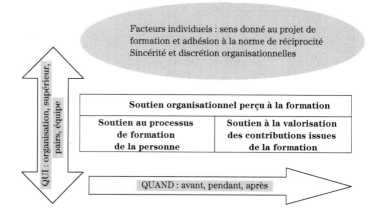

## Les effets potentiels d'un meilleur soutien organisationnel perçu à la formation

Nous l'avons vu plus haut, les effets du soutien organisationnel perçu à la formation se lisent dans des attitudes et comportements. L'intention de démissionner, l'implication organisationnelle, la satisfaction au travail et la performance sont quelques-uns des éléments dont on peut supposer qu'ils seront affectés. Nous y rajoutons l'intention de transférer, qui apparaît comme un point clé dans la littérature sur le transfert.

Ces éléments proviennent directement de la littérature mentionnée plus haut, mais nous aimerions y ajouter des éléments venant de notre propre recherche empirique. En effet, nous avons constaté que les personnes en situation d'incertitude, dont le projet n'est pas bien défini et qui perçoivent des messages ambivalents – voire contradictoires – de la part de l'organisation, vivent difficilement cet état de fait. À force de ne pas savoir « sur quel pied danser », où placer la formation dans l'organisation et du coup dans leur projet personnel, elles se lassent et parfois surinvestissent la formation comme une occasion de compenser ce qu'elles ne trouvent pas au travail – notamment en cherchant un contact rapproché avec les formateurs[7]. Nous pouvons faire l'hypothèse que cette lassitude et cet investissement fort en dehors du travail contribuent également à diminuer l'engagement et la performance professionnels.

**Les personnes surinvestissent parfois la formation comme une occasion de compenser ce qu'elles ne trouvent pas au travail.**

## Comment améliorer le soutien organisationnel perçu à la formation ?

La bonne nouvelle, surtout pour les petites entreprises, est que le financement ne constitue pas l'unique voie pour soutenir la formation d'un collaborateur. En ce qui concerne le processus même de la formation, force est de constater que les opportunités sont nombreuses, pour les responsables de formation, DRH, supérieurs hiérarchiques et pairs, de témoigner de leur appui, de leur aide et de leur intérêt pour la formation d'un collaborateur-collègue. Toutes les mesures pouvant constituer du soutien ne doivent pas être mises en œuvre, cela relève de l'utopie. De plus, nous avons vu plus haut que la perception du soutien est dépendante de certains facteurs individuels, et aussi de trois autres éléments. Ainsi, il semble logique de favoriser le dialogue entre l'organisation et le collaborateur afin de déterminer : 1) la place de la formation par rapport au projet personnel et/ou professionnel du collaborateur ; 2) ses besoins en termes de soutien à la formation ; 3) l'évolution de ses besoins en cours de route, et la réévaluation régulière de ceux-ci.

Quelques limites doivent cependant être émises : en effet, formuler d'emblée ses intentions, pour le collaborateur, relève également de l'utopie. Certains buts se découvrent en cours de formation[8], d'autres ne sont pas forcément exprimables spontanément, d'autres encore « veulent » rester secrets. Du côté des organisations, l'intention de quitter est-elle toujours une mauvaise chose ? Quelle sincérité peut-on attendre des organisations, soumises à des pressions considérables et qui ne rechignent peut-être pas tant que cela à se séparer de certains collaborateurs après quelques années de bons et loyaux services ? Ainsi, la question du soutien organisationnel perçu à la formation repose sur un nombre de présupposés « positifs » qui ne reflètent sans doute pas toujours la réalité des collaborateurs – qui se doivent de maintenir leur employabilité présente et future ! – et des organisations – qui se doivent de rester compétitives à tout prix.

## Conclusion

Le soutien organisationnel perçu à la formation ne se réduit pas à la question financière, ni à l'aide pour l'application directe des compétences. Il est plus large en ce qu'il inclut un soutien au processus de formation tout entier, de la première entrée en matière ou négociation au sujet de celle-ci, jusqu'à la réception du diplôme et de sa reconnaissance. Il est plus large également car il ne se réduit pas au transfert « pur et dur », mais à la manière dont les employés fraîchement diplômés, et même avant la réception du diplôme, peuvent ou non endosser de nouveaux rôles, contribuer à l'organisation de manière plus large, notamment par la créativité et l'innovation. Trois idées principales sont à retenir.

*Ne pas sous-estimer les facteurs individuels*
La théorie du soutien organisationnel ne leur accorde que peu de place, ce qui se comprend au vu de la primauté de l'organisation dans cette théorie. Néanmoins, ces facteurs individuels pourront faire toute la différence. Dans le cas du soutien organisationnel perçu, un même soutien (par exemple le financement de la formation) ne sera pas interprété de la même manière selon les objectifs de mobilité de l'apprenant. Dans le cas d'un objectif de développement personnel, le suivi rapproché des travaux de validation, par exemple, pourra représenter une contrainte malvenue, alors que dans le cas d'un objectif lié à la mobilité interne, il sera interprété comme un encouragement, voire une promesse pour accéder à une opportunité de carrière. Dans le même ordre d'idée, la demande de socialisation avec les pairs des connaissances issues de la formation pourra fortement gêner un apprenant pour qui la formation représente un style de vie, alors qu'il sera fortement apprécié par un apprenant soucieux de partager son savoir avec son organisation.

*Prendre en compte la temporalité en termes de soutien*
Le soutien organisationnel perçu varie et se modifie au fil du temps, en fonction des facteurs organisationnels rencontrés, de leur influence sur les facteurs individuels, et inversement. Ainsi, un collaborateur en formation peut très bien, en amont de la formation, jouer avec l'idée de quitter son organisation au terme de la formation, afin d'explorer de nouveaux horizons professionnels qui lui semblent inatteignables au sein de cette dernière. Toutefois, moyennant un soutien organisationnel qui le touche et fait écho à ses aspirations, on peut imaginer que les buts d'origine se modifient peu à peu, pour s'intégrer au final à l'organisation de départ. Inversement, un apprenant dont le but avéré est de réinvestir la formation dans son organisation mais qui ne rencontre pas le soutien escompté, peut au fil du temps chercher d'autres lieux d'investissement afin de valoriser sa formation et se désengager graduellement de l'organisation d'origine. Pour améliorer le soutien, il convient donc de l'évaluer régulièrement afin de rendre compte de changements dans le temps et de s'y adapter.

*Vers plus de transparence et de dialogue ?*
Nous l'avons vu, soutien n'égale pas soutien, et point de recette miracle sur comment tirer profit au maximum des

**Point de recette miracle sur comment tirer profit au maximum des nouvelles connaissances et compétences du collaborateur en formation.**

nouvelles connaissances et compétences du collaborateur en formation. Et c'est tant mieux. Car entrer dans un dialogue avec le futur apprenant, évaluer les bénéfices possibles des uns et des autres, estimer, ensemble, le pourquoi du comment de la formation, forcent à plus de transparence des deux côtés. Entre les discours bien rodés sur la nécessité à se former du côté des organisations, et les motifs d'employabilité,

---

**UNE RECHERCHE REMARQUABLE : QUELS COMPORTEMENTS DES PRATICIENS POUR SOUTENIR LE TRANSFERT D'APPRENTISSAGE ?
LE POINT DE VUE DES COLLABORATEURS-APPRENANTS**

La littérature qui étudie le transfert d'apprentissage dans les organisations, ou *transfer of training*, est essentiellement quantitative: elle utilise un paradigme explicatif et des outils d'analyse principalement statistiques. Souvent, des questionnaires sont envoyés en masse aux répondants, leur permettant d'estimer leur degré de transfert lors du retour sur leur poste de travail.

Rares sont les études qui ont une démarche qualitative, donnant la parole aux principaux concernés: les apprenants-collaborateurs. Dans ce type d'étude, les chercheurs considèrent que la réalité est multiple et subjective, représentée par les points de vue des participants, c'est pourquoi une place importante est réservée aux *verbatim* illustrateurs des interviewés. D'un point de vue épistémologique, ils tendent à réduire la distance entre eux-mêmes et leur sujet de recherche, par exemple en passant du temps sur le «terrain» pour devenir un «insider». Dans le même ordre d'idées, ils considèrent que leurs valeurs et croyances constituent des biais et tentent de les expliciter, à eux-mêmes et aux autres. Leur méthodologie est inductive, descriptive et inclut des hypothèses émergentes au fil de la recherche. Les études qualitatives dans le domaine du transfert méritent d'être distinguées du fait de leur nombre très limité. Celle conduite par Sue Lancaster, Lee Di Milia et Roslyn Cameron cherche ainsi à comprendre, du point de vue de l'apprenant-collaborateur, quels sont les comportements du supérieur hiérarchique – appartenant à la catégorie qui étudie les éléments de l'environnement de travail – facilitant ou au contraire faisant obstacle au transfert. Leurs analyses mettent en évidence trois thèmes principaux, répartis sur l'axe temporel avant/pendant/après la formation: 1) les encouragements du supérieur hiérarchique; 2) le supérieur hiérarchique comme modèle; 3) les obstacles à l'application (au transfert).

1) Encouragements du supérieur hiérarchique
*Avant*: les discussions, permettant de fixer les objectifs de la formation, de passer en revue les contenus de la formation, d'évoquer les opportunités futures au sein de l'organisation ainsi que les liens avec le rôle professionnel actuel.

*Avant/après*: les attentes formulées à l'égard du futur apprenant, témoignant de l'importance accordée à la formation.

*Avant/pendant/après*: la démonstration de l'intérêt du supérieur pour la formation, ainsi que la mise à disposition de ressources, l'aide pour la création de liens entre la formation et le travail, la prise en compte de nouvelles initiatives de la part du collaborateur.

*Après*: l'opportunité d'utiliser les nouvelles connaissances, par exemple en incluant le collaborateur dans la prise de décision, dans certaines réunions clés, voire en remplaçant ponctuellement le supérieur; l'ouverture à de nouvelles idées et au changement, sans se sentir menacé; une discussion suivant la formation, permettant de consolider les apprende mobilité et de plaisir à apprendre du côté des employés, les enjeux des uns et des autres ne sont pas toujours compatibles. Mais combien d'énergie dépensée à faire semblant et à interpréter des signes peu clairs... Si une chose peut être retenue, c'est bien le bénéfice qu'il y aurait, pour tous les acteurs impliqués, de mieux accompagner le processus de formation et de mieux gérer les compétences qui en sont issues.

tissages; le *feedback*, qui développe l'autonomie, la confiance, et donne la chance de corriger un comportement erroné; le mentorat.

2) Le supérieur hiérarchique comme modèle

*Avant/pendant/après*: le supérieur hiérarchique comprend les concepts appris, il est ainsi plus crédible; il a lui-même suivi la formation, lui permettant d'endosser la fonction de «coach» et de renforcer les nouveaux comportements; il démontre les nouvelles compétences, et exprime ainsi la pertinence de la formation et des changements organisationnels souhaités.

3) Les obstacles au transfert

*Après*: la culture organisationnelle (incarnée par le supérieur), résistante au changement, se montrant plus attentive aux procédures qu'aux personnes; les procédures, difficiles à faire évoluer, et pas en phase avec les nouveaux apprentissages; le manque d'encouragement, les marques de désintérêt de la part du supérieur, qui entament la confiance en soi des collaborateurs.

Cette étude suggère que certains comportements du supérieur hiérarchique facilitent ou au contraire inhibent le transfert. Les chercheurs concluent avec cinq recommandations à l'intention des praticiens:

*Former les supérieurs hiérarchiques aux comportements renforçant le transfert de leurs collaborateurs.* Évidents pour certains, ils ne le sont pas pour d'autres. En leur proposant un modèle auquel se référer, ils peuvent activement augmenter le transfert.

*Être un modèle en termes de comportement attendu.* Les supérieurs qui agissent en accord avec le contenu de la formation incarnent le transfert attendu des collaborateurs en formation.

*Démontrer, de manière proactive, l'intérêt pour la formation du collaborateur.* Par des rencontres régulières, les supérieurs donnent un signal clair en termes d'intérêt pour la formation.

*Créer une culture de travail soutenante, permettant aux collaborateurs d'avoir confiance en eux lorsqu'ils mettent en œuvre leurs nouvelles connaissances.* Les supérieurs qui sont ouverts aux changements – dans la mesure du possible! – et aux nouvelles idées, et qui ne réagissent pas *a priori* avec une attitude défensive, favorisent le transfert.

*Prendre conscience que les procédures peuvent changer lorsqu'il y a une raison valable pour ce changement.* Les apprenants-collaborateurs se heurtent à des procédures soi-disant immuables. Or certaines procédures doivent changer dans le temps et les supérieurs peuvent jouer un rôle déterminant dans ce processus, souvent indispensable pour permettre le transfert.

Références:
J.W. Creswell, *Qualitative Inquiry and Research Design: Choosing among five Approaches*, Thousand Oaks, SAGE Publications, 2007.
S. Lancaster, L. Di Milia et R. Cameron, «Supervisor behaviours that facilitate training transfer», *Journal of Workplace Learning*, vol. 25, n° 1, p. 6-22.

## NOTES

1. H. Hung et Y.H. Wong, « The relationship between employer endorsement of continuing education and training and work and study performance : a Hong Kong case study », *International Journal of Training and Development*, 2007, vol. 11, n° 4, p. 295-313.
2. M.L. Kraimer et coll., « Antecedents and outcomes of organizational support for development : the critical role of career opportunities », *Journal of Applied Psychology*, 2011, vol. 96, n° 3, p. 485-500.
3. F. Koster, A. De Grip et D. Fouarge, « Does perceived support in employee development affect personnel turnover ? », *The International Journal of Human Resource Management*, 2011, vol. 22, n° 11, p. 2403-2419.
4. C.H. Lee et N.T. Bruvold, « Creating value for employees : investment in employee development », *The International Journal of Human Resource Management*, 2003, vol. 14, n° 6, p. 981-1000.
5. R. Eisenberger et coll., « Perceived organizational support », *Journal of Applied Psychology*, 1986, vol. 71, n° 3, p. 500-507 ; L. Rhoades et R. Eisenberger, « Perceived organizational support : a review of the literature », *Journal of Applied Psychology*, 2002, vol. 87, n° 4, p. 698-714 ; R. Eisenberger et F. Stinglhamber, *Perceived Organizational Support : Fostering enthusiastic and productive Employees*, Washington, Magination Press, 2011.
6. P.M. Blau, *Exchange and Power in Social Life*, New York, John Wiley & Sons, 1964.
7. I. Bosset, « Le rapport à l'apprentissage en formation continue », *in* L. Türkal, S. Jacquemet et A. Girardin (dirs.), *Confrontations de l'adulte en formation continue*, Genève, Université de Genève, à paraître, p. 2-39.
8. É. Bourgeois, « La motivation à apprendre », *in* É. Bourgeois et G. Chapelle (dirs.), *Apprendre et faire apprendre*, Paris, Puf, coll. « Apprendre », 2006, p. 229-246.

# Chapitre 16
# Développement des compétences et reconstruction de l'activité collective

**Philippe Lorino**

La compétence est définie en gestion comme la « capacité démontrée de faire », la capacité qu'a une organisation ou un individu d'accomplir une activité en garantissant un certain niveau de performance – coût, qualité, délai, risque[1]. Le développement de la compétence est donc tautologiquement identifié à la réussite des organisations. Aussi n'est-il pas étonnant que le thème hante la réflexion sur les organisations et les pratiques managériales depuis des décennies. Cependant l'omniprésence du thème n'a guère permis de déboucher sur des résultats spectaculaires, ni d'un point de vue théorique, ni d'un point de vue pratique. On défendra ici le point de vue selon lequel la modestie des résultats est due à une certaine méconnaissance de l'activité collective organisée, qui se trouve à la base même de la notion de compétence.

La première partie de ce chapitre analysera le lien étroit qui relie la compétence à l'activité socialement organisée. La deuxième partie montrera le caractère réflexif du développement des compétences, qui suppose un retour du collectif de travail sur sa propre activité, une *enquête* au sens pragmatiste du terme[2], opérée dans le cadre d'une *communauté* d'enquêteurs engagés dans un dialogue pluraliste. La troisième partie esquissera la description du processus de développement des compétences, en insistant sur l'importance de communautés d'enquête réunissant les acteurs d'un même processus transversal ou les acteurs d'un même métier. On s'interrogera dans la conclusion sur les conditions organisationnelles d'un tel développement.

## La compétence, jugement porté sur l'activité organisée

*Compétence et activité, couple indissociable*

La tradition rationaliste en gestion (par exemple, le taylorisme) a volontiers séparé dynamique d'apprentissage et activité de travail. Les conséquences négatives bien connues de ce découplage – faible capitalisation de l'expérience, démotivation, savoirs déconnectés du terrain – ont conduit certains chercheurs à mettre l'accent sur l'ancrage de l'apprentissage dans l'activité[3]. La compétence est «une prise d'initiative et de responsabilité réussie de l'individu sur des situations professionnelles auxquelles il est confronté», «pour rendre un service à un destinataire»[4]. Elle est donc enracinée dans l'activité, avec deux caractérisations notables – «avec succès» et «service rendu», étroitement liées, car le «succès» de l'action est évidemment lié à la réalisation du service attendu.

**La compétence est «une prise d'initiative et de responsabilité réussie de l'individu sur des situations professionnelles auxquelles il est confronté».**

Toutefois la notion de «service rendu» est ambiguë. Lorsqu'un expert en informatique de la SNCF dépanne une application informatique requise pour la réservation en guichet, rend-il service aux guichetiers ou aux voyageurs en mal de réservation? C'est le débat en psychologie de l'action, entre le *but* immédiat et le *motif* final de l'action. Aleksei N. Leontiev prend l'exemple d'une chasse tribale[5]. Les rabatteurs crient pour faire fuir le gibier (but immédiat), pour mettre les chasseurs en situation de tuer le gibier (but intermédiaire) et pour satisfaire aux impératifs alimentaires de la tribu (motif social final). Plus la division du travail est complexe, plus la distance entre le but et le motif s'accroît. Mais il semble évident qu'en dernier ressort, le sens du travail est relié au motif: le rabatteur peut développer des techniques raffinées pour crier, mais le sens de son activité réside bien dans l'alimentation de la tribu, non dans le raffinement du cri.

*La compétence implique une «valuation»*

La compétence relève d'un jugement social de valeur: l'aptitude reconnue à accomplir une opération ne sera qualifiée de « compétence » que si l'opération contribue à satisfaire un « motif » dont la valeur est socialement reconnue. Ce jugement n'est pas une mesure physique – nombre d'heures travaillées ou surface emblavée – mais il se construit par un processus social actif d'attribution de valeur, que John Dewey désignait par le terme « valuation » pour le distinguer d'« évaluation », application automatique de protocoles normés de mesure. Dans cette vision, la valeur n'est ni subjective (appréciation par *une personne* de ce que « vaut » une prestation) ni objective (mesure physique, telle que les heures de travail), mais pratique : jugement social sur *ce qu'il faut faire dans une situation donnée*. On voit là le lien étroit entre compétence, activité et valuation : la compétence, c'est la capacité d'accomplir une action dont le motif final est jugé porteur de valeur.

*La compétence n'est pas individuelle mais organisationnelle*

L'importance du motif conduit à réexaminer d'un œil critique l'acception individuelle de la compétence, souvent privilégiée par les chercheurs comme par les praticiens. Les motifs sociaux d'agir, pour diverses raisons – notamment liées à la division du travail et au partage de ressources –, ne sont généralement pas atteignables par un « individu » au sens strict et la compétence présente le plus souvent *un caractère éminemment collectif*. Plus précisément, plutôt que *collective*, la compétence est *organisationnelle* : elle met en jeu un collectif d'acteurs situé dans un cadre organisationnel. Par organisation, on entendra ici non une entité juridique ou institutionnelle – une entreprise ou une administration, par exemple –, mais une structure *sociale* qui agence une activité collective (produire, soigner, éduquer, etc.) en distribuant des rôles (division horizontale et verticale du travail) et en coordonnant et contrôlant les opérations (allocation de ressources, standardisation des tâches, etc.). Même des activités qui paraissent essentiellement individuelles relèvent peu ou prou de normes d'organisation : un sportif de haut niveau dépend de procédures institutionnelles, d'équipements, de temps libéré, etc. Un artiste a besoin de ressources pour vivre et de temps pour créer, qu'il s'agisse d'un artiste de cour, quasi salarié, comme Bach ou Goya, d'un entrepreneur à la tête d'un atelier comme Titien ou Raphaël, d'un employé d'octroi (Rousseau) ou d'assurances (Kafka)

> Plutôt que *collective*, la compétence est *organisationnelle* : elle met en jeu un collectif d'acteurs situé dans un cadre organisationnel.

développant son œuvre sur son temps libre ou en perruque sur son temps professionnel, d'un créateur indépendant qui construit un réseau avec un galeriste, un marchand de tableaux, des critiques, des pairs autour d'une revue... Une entreprise familiale n'est plus une famille, elle distribue des rôles qui plaquent un cadre organisationnel sur la structure familiale.

Il s'agit ici d'inverser la phénoménologie de la compétence. Il est fréquent de mettre en avant comme donnée de l'expérience les compétences d'individus, puis de tenter d'en déduire – en intégrant l'environnement organisationnel comme facteur conditionnant – des compétences organisationnelles, construites comme des assemblages. On soutiendra ici que le donné empirique immédiat de la compétence concerne le plus souvent des compétences organisationnelles. La capacité de «faire» en produisant un résultat est contingente à des caractéristiques organisationnelles – division fonctionnelle et hiérarchique du travail, utilisation d'outils, respect de règles. Ce qu'un collectif donné est capable de faire dans une situation organisationnelle A, il ne sera peut-être pas capable de le faire dans la situation organisationnelle B. Si la compétence se situe dans l'organisation, réciproquement *l'organisation est présente au cœur de la compétence*.

**La capacité de «faire» en produisant un résultat est contingente à des caractéristiques organisationnelles.**

*La compétence est dialogique*

En tout état de cause, la pensée et l'action des «individus» sont intrinsèquement sociales, puisque dialogiques. La pensée est toujours adressée, même dans les situations de méditation apparemment solitaire, où le soi expose ses actes au jugement d'un autrui absent, ou d'un «autrui généralisé», regard de la société intériorisé: «ce que je fais est-il correctement fait?». Pensée et action participent d'un dialogue permanent. Leur auteur immédiat partage la paternité de ses actes et de ses discours avec de multiples auteurs indirects qui se pressent dans l'ombre derrière lui: l'acteur auquel il répond, celui dont il anticipe la réponse à venir, ceux dont l'expérience sert d'exemple, tous ceux dont il prend en compte le jugement potentiel, pairs, clients, etc. La capacité de faire dépend étroitement, non seulement de celui qui fait, mais de tous ceux auxquels celui qui fait *s'adresse* par son action. Le développement des compétences relève donc de pratiques dialogiques, la compétence dépendant des modes relationnels établis avec d'autres.

# Des visions instrumentales et individualistes à la communauté d'enquête dialogique

*Les approches instrumentale et individualiste*

La recherche et les pratiques de gestion sont imprégnées par les dualismes qui dominent la philosophie occidentale : sujet/objet, pensée/action, facteurs techniques/facteurs humains, etc. On retrouve ce dualisme dans la réflexion sur la compétence. D'une part, certains chercheurs et managers voient dans la compétence un objet que l'on peut mémoriser, classifier, transmettre, et qui peut s'encapsuler dans des outils dont l'exhaustivité et la précision seraient censées livrer la clé des développements futurs. Cette vision débouche sur des approches instrumentalistes, avec notamment les systèmes de gestion prévisionnelle de l'emploi et des compétences (GPEC).

**La recherche et les pratiques de gestion sont imprégnées par des dualismes : sujet/objet, pensée/action, facteurs techniques/facteurs humains, etc.**

À cette vision de la compétence a répondu, de manière plus complémentaire qu'antagonique, une vision subjectiviste, centrée sur l'individu au travail, exclusivement liée à la qualification, au parcours d'expérience et aux caractéristiques cognitives et comportementales de l'individu, abstraction faite des caractéristiques de l'organisation. C'est un peu comme si l'entraîneur d'une équipe de football prétendait gérer la compétence de son équipe en gérant onze compétences individuelles, sans jamais faire jouer et expérimenter l'équipe en tant que telle, et sans prendre en compte les impératifs d'organisation, de coordination, de tactique et de relation interpersonnelle.

Le couplage de ces deux visions a conduit à des pratiques descriptives et classificatoires, qui prétendent abstraire les compétences des situations organisationnelles, ainsi qu'à des pratiques de formation professionnelle coupées des situations de travail. Certes, la formation ne vise pas seulement le développement des compétences organisationnelles – elle peut, par exemple, cibler le développement des aptitudes personnelles des salariés, à des fins d'employabilité ou de progression professionnelle. Mais lorsque la formation intra-organisationnelle se propose de contribuer au développement des compétences, force est de constater que les méthodes sont souvent inadaptées. La logique de base de la formation demeure individualiste : il s'agit de former des

**Le développement des compétences exige que l'on forme des collectifs organisés pour l'action.**

personnes. Or le développement des compétences exige que l'on forme des collectifs organisés pour l'action.

L'introduction d'un système de gestion intégré (ERP) chez EDF en est une bonne illustration[6]. L'entreprise procède à cette occasion à une profonde réorganisation de son processus d'achat. Compte tenu des modifications importantes introduites dans l'activité de trois catégories d'acteur (acheteurs, techniciens de maintenance et comptables), les managers prennent soin de mettre en place un programme de gestion du changement important, avec trois actions clés. En premier lieu, l'équipe projet réalise des études d'impact, avec un volet « compétence », site par site et fonction par fonction, répondant à des questions du type : « comment le changement d'organisation et le nouvel outil vont-ils impacter l'activité et la compétence du technicien de maintenance sur le site de la centrale nucléaire de Civaux ? ». En deuxième lieu, les acteurs passent par des sessions de formation centrées sur l'usage du nouveau logiciel et sur l'acquisition des connaissances requises par les nouveaux gestes opératoires – par exemple, apprendre à un technicien comment choisir le code comptable d'une opération d'achat lorsqu'il la lance. Enfin, des outils d'aide en ligne – par exemple, un guide d'imputation comptable destiné aux techniciens – sont développés.

Le démarrage de la nouvelle organisation s'avère pourtant très difficile. Le processus achat reposait sur une coopération étroite entre les trois types d'acteur, avec de fréquentes consultations, souvent informelles, et des demandes d'informations complémentaires sur l'opération d'achat. La redéfinition des rôles, le réagencement des opérations, tant spatial (les acheteurs et les comptables quittent les sites de production et sont regroupés sur des centres régionaux) que temporel (les premières saisies comptables doivent désormais être opérées très en amont par les techniciens), déstabilisent les relations dialogiques habituelles entre acteurs. Par exemple, un acheteur savait traditionnellement interroger un technicien sur le contexte technique de l'achat. Désormais, c'est au technicien d'interroger l'acheteur sur le contexte commercial et juridique de l'achat – et ni l'un ni l'autre ne sont préparés à nouer ce type de relation, à concevoir les questions et formulations adéquates, à identifier l'interlocuteur pertinent, etc.

Une enquête dialogique de type A, bien maîtrisée, a été remplacée par une enquête dialogique de type B, dont les acteurs n'ont pas la compétence. D'après l'une des conclusions de l'étude de terrain, les formations, conçues métier par métier (session destinée aux comptables, session destinée aux techniciens), auraient dû, au moins partiellement, s'adresser à des groupes multifonctionnels et porter sur la simulation du nouveau fonctionnement du processus « acheter » dans sa transversalité. La formation a tourné le dos à l'activité collective concrète. Elle aurait dû s'adresser au collectif organisé en situation et non exclusivement à des individus dans leur métier. La vision instrumentale et individualiste de la compétence conduit à la découpler de l'organisation. Dans des environnements caractérisés par un haut degré de complexité, des niveaux élevés d'incertitude et des cadences rapides de changement, ces démarches butent sur l'écueil de la compétence organisationnelle, largement ignorée, et de ce fait déçoivent ou échouent.

*La voie de l'enquête dialogique*

Ces échecs doivent conduire à mettre en cause les orientations instrumentale et individualiste pour explorer des voies alternatives. Le développement des compétences est de fait une pratique dialogique de *reconstruction continue de l'activité organisée*, intégrant un volet de valuation, un jugement de valeur sur la capacité d'atteindre collectivement les objectifs légitimement assignés à l'organisation. Une telle démarche, consistant, en réponse à des situations nouvelles, à analyser le « faire » collectif, le reconcevoir et le mettre à l'épreuve, correspond précisément au processus que les philosophes pragmatistes baptisèrent « enquête[7] ». On peut ainsi parler d'une « enquête de compétence », qui n'est rien moins que la reconception continue de l'activité organisée, menée par les acteurs directement ou indirectement concernés.

Les acteurs qui s'engagent dans l'enquête de compétence ne fonctionnent ni de manière individualiste (l'enquête ne juxtapose pas des actes individuels), ni de manière « chorale » (l'enquête ne consiste pas en l'action chorale d'un ensemble unifié d'acteurs). L'enquête de compétence n'exprime pas une « voix unique », voix d'un sujet individuel ou unisson d'un groupe, mais une pluralité de voix se répondant les unes aux autres, dans un échange dynamique entre acteurs porteurs de points de vue distincts sur l'activité. Cet échange n'est totalement prévisible pour aucun des acteurs, pas même pour les dirigeants – il n'y a pas d'acteur

**Le développement des compétences est de fait une pratique dialogique de *reconstruction continue de l'activité organisée.***

surplombant le dialogue, c'est la définition même du dialogue. Les participants sont porteurs de visions distinctes de l'activité et des situations rencontrées, du fait de leur diversité de métiers, d'expériences et de tempéraments. Chaque acteur doit confronter ses idées de transformation de l'activité à celles des autres acteurs, ce qui peut le conduire à décentrer son regard et à prendre un certain recul sur ses propres schémas. La dimension dialogique de l'enquête constitue ainsi une source fondamentale d'apprentissage[8].

*La communauté d'enquête*

La réussite de l'enquête n'est cependant pas assurée. La diversité des schèmes de compréhension peut s'avérer bloquante. La finalité de l'enquête, à savoir le développement des pratiques et des compétences, exige que les participants soient disposés à soumettre leurs pratiques à l'examen de leurs partenaires, au risque d'en reconnaître les limites. À cette fin le groupe doit garantir un niveau minimum de compréhension et confiance mutuelles et de solidarité dans l'acceptation des résultats. Il doit dépasser le stade d'un simple groupe de travail pour constituer une communauté caractérisée par des liens de solidarité – qui n'excluent ni les différences d'identité ni les conflits –, une « communauté d'enquête » dont les caractéristiques essentielles ont été analysées dans le cas de la réforme du management public[9].

> Le groupe doit dépasser le stade d'un simple collectif de travail pour constituer une communauté caractérisée par des liens de solidarité.

## Le processus de développement de la compétence

*Quelles communautés d'enquête ?*

Quelle est la configuration de la communauté d'enquête sur la compétence ? Il existe deux types d'approche pour la définir.

Le premier angle d'attaque est le *genre professionnel*, soudé par les identités de métier. Le métier fournit les éléments de langage commun et les valeurs partagées qui rendent le dialogue possible. Il sert souvent de base à la constitution de « communautés de pratique » (CdP) : des groupes de personnes qui ont une activité similaire et apprennent à mieux la réaliser en interagissant régulièrement, par exemple des gestionnaires de risques bancaires échangeant périodiquement pour confronter leurs pratiques et leurs difficultés[10]. Dans les CdP, la pratique commune fonde la relation et le développement de la compétence repose en première instance sur la figure du *partage*, même si, au second degré, les différences de style dans l'exercice de la pratique dynamisent l'apprentissage par l'échange. Dans des situations de grand changement, la stabilité des frontières professionnelles qu'impose le métier peut devenir un obstacle au développement des compétences par les CdP.

Le deuxième angle d'attaque est le système d'activité ou processus. La théorie de l'activité inspirée par les travaux de Lev S. Vygotski[11] a conduit Aleksei N. Leontiev[12] à développer la notion de « système d'activité », qui combine des *opérations* élémentaires de travail, au *but* immédiat et local, avec des *activités* dotées de *motifs* plus larges correspondant à des finalités sociales – par exemple, chasser pour nourrir la tribu. Pour satisfaire à son motif, le système d'activité doit le plus souvent combiner des métiers distincts – par exemple, rabatteurs et tireurs. Le système d'activité, c'est ce qu'une démarche de valuation conduit à identifier comme un ensemble pratique d'opérations permettant de *produire une valeur* reconnue socialement. Le système d'activité du traitement de l'infarctus est ainsi l'ensemble des opérations qui permettent de prendre en charge un patient victime d'un infarctus, d'améliorer durablement son état, motif faisant l'objet d'une valuation par la société. Là où le genre professionnel ne regroupe, par exemple, que des cardiologues, le système d'activité associe à des cardiologues le médecin généraliste traitant le patient, le chirurgien qui l'opère, des infirmières, le service des urgences, des experts en hygiène de vie, des techniciens, etc.

La notion de système d'activité est ainsi proche de celle de « processus » en gestion : l'ensemble des opérations, exécutées par une multiplicité d'acteurs appartenant à une pluralité de métiers, qui permet de fournir un résultat donné. Par exemple, le processus de production agence les opérations qui permettent de fabriquer un type de produit, comme le processus de traitement des patients atteints d'infarctus agence les opérations qui permettent de traiter le patient, etc.[13] Le processus établit donc une passerelle entre opérations locales et motifs sociaux sources de sens.

*Solidarité mécaniste et solidarité organique*
Là où la communauté de pratique se caractérise par le caractère commun de la pratique, la communauté de

> **Pour satisfaire à son motif, le système d'activité doit le plus souvent combiner des métiers distincts.**

processus se caractérise par le caractère *non partagé de la pratique immédiate*, et la nécessité de faire un effort pour dépasser cette hétérogénéité et établir une communauté de sens[14]. Par exemple, les techniciens, acheteurs et comptables d'EDF ont des métiers très différents. Mais, pour mener à bien le processus d'achat de pièces et de services sous-traités requis par la maintenance des centrales, ils doivent conjuguer leurs efforts. Plus qu'une communauté de pratique, la communauté de processus est donc une *communauté de sens de pratiques différentes*.

**Les participants à une communauté de pratique et ceux d'une communauté de processus sont unis par des types de solidarité différents.**

Les participants à une communauté de pratique et ceux d'une communauté de processus sont donc unis par des types de solidarité différents. Les membres d'une communauté de pratique partagent des valeurs professionnelles, des signes de reconnaissance, une identité. Ils sont unis par le type de solidarité qui unit les membres d'une « tribu », cela même qu'Émile Durkheim baptisait une « solidarité mécaniste[15] ». Dans les communautés de processus, à un premier niveau les interactions entre acteurs sont en quelque sorte « obligées », elles ne procèdent pas d'un choix libre et contingent. Les ingénieurs d'étude spécialisés en électronique, qui travaillent dans divers projets et *par ailleurs* décident d'échanger entre eux sur leurs difficultés, solutions et méthodes, constituent une communauté de pratique. Mais les ingénieurs de diverses spécialités qui se débattent au jour le jour dans le même projet, dans des bureaux voisins, autour de la même plate-forme, sont contraints de se comprendre et de se coordonner pour faire avancer le projet. S'ils font un pas de côté et décident d'enquêter ensemble sur leurs méthodes de travail, ils peuvent se transformer en communauté de processus. Mais en tout état de cause ils sont *contraints* de coopérer et d'échanger par l'existence même du projet, qu'ils fassent communauté d'enquête ou non.

Dès lors, paradoxalement, l'évidence des interactions (« les ingénieurs se débattent au jour le jour dans le même projet ») rend l'existence de la communauté d'autant moins évidente. C'est par un effort de retour sur les enchaînements complexes qui relient chaque action locale à un même motif social, dans *un au-delà des réalités quotidiennes*, que les acteurs d'un processus peuvent prendre conscience, au-delà de leurs affinités ou antagonismes, d'être embarqués sur le même bateau et que leur sort est lié. La solidarité qui les unit n'a donc rien de mécaniste et correspond à ce qu'Émile Durkheim appelait « solidarité organique ».

## Conclusion : conditions organisationnelles du développement des compétences

Communautés de pratique et communautés de processus se recoupent et s'articulent au sein des organisations. C'est leur jeu combiné qui permet de développer la compétence. Toute transformation de pratique dans un métier, envisagée dans une communauté de pratique, interpelle les autres métiers engagés dans le même processus et donnera du grain à moudre à la communauté de processus. Réciproquement les modifications de processus envisagées par une communauté de processus peuvent interpeller les impératifs et les valeurs d'un métier engagé dans une communauté de pratique. La compétence se développe ainsi dans cette itération, au cours de laquelle la vision métier et la vision processus se stimulent mutuellement, conduisant les acteurs à prendre du recul sur leur métier aussi bien que sur l'organisation du travail en place, et à repenser ainsi conjointement organisation et compétences.

L'exposition à l'altérité peut cependant induire des comportements défensifs et exacerber les incompréhensions. La pratique de l'enquête exige que soient remplies des conditions de type cognitif (langage commun), politique (équilibre des pouvoirs), managérial (pas de focalisation sur la responsabilisation individuelle), éthique (ouverture au point de vue de l'autre, volonté de coopération, communication sincère, engagement) et organisationnel (disponibilité des acteurs pour prendre du recul dans le cadre de communautés, délégation de pouvoirs d'interprétation et d'action significatifs, pour concevoir et tester des transformations de l'activité). S'imposent également les trois conditions évoquées par Patricia M. Shields : la définition de la situation problématique de départ suppose un management ouvert, qui ne considère pas la désignation des problèmes comme une prérogative hiérarchique ; le recours à une méthode scientifique exige que les managers soient prêts à remettre en cause les idées reçues et soient à l'écoute des faits ; la pratique participative de l'enquête exige que les acteurs

**La pratique de l'enquête exige que soient remplies des conditions de type cognitif, politique, managérial, éthique et organisationnel.**

disposent d'une vraie voix pour intervenir[16]. L'ensemble de la démarche se définit de manière simple, mais son application reste balbutiante dans la plupart des organisations, car la difficulté se niche dans les pratiques quotidiennes : modes d'allocation des ressources, procédures d'évaluation et de contrôle, style d'encadrement. Développer les compétences, c'est aussi reconcevoir l'organisation !

## J'ai lu

### THE LOCAL AND VARIEGATED NATURE OF LEARNING IN ORGANIZATIONS : A GROUP-LEVEL PERSPECTIVE
*d'Amy C. Edmondson*

Tel que considéré par Amy C. Edmondson, l'apprentissage organisationnel (AO) est un processus visant à améliorer les actions organisationnelles par une meilleure connaissance et compréhension. Considérant qu'il nécessite tout d'abord des cognitions individuelles et que celles-ci se forment au travers de l'influence sociale, dans la proximité de l'activité collective, une approche « méso » est alors nécessaire pour l'aborder.
Ceci explique l'importance que l'auteure accorde aux équipes et groupes de travail dans les organisations, ainsi qu'au processus d'apprentissage en leur sein, appelé *team learning*. Ce dernier est un processus par lequel une équipe réfléchit et réalise des changements dans le but de s'adapter ou de s'améliorer. Mais il ne suffit pas qu'une équipe change pour que l'organisation apprenne ; il importe que le *team learning* s'inscrive dans des buts qui servent l'organisation.

La recherche qualitative menée auprès de douze équipes, de nature différente, au sein d'une même manufacture, a permis d'améliorer la compréhension du processus d'AO. Les équipes concernées comprenaient une équipe de direction, une équipe de cadres intermédiaires, des équipes de développement de produit, des unités de service interne et des équipes de production. Considérant l'apprentissage comme un processus de réflexion et d'action de changement, les résultats de l'étude ont tout d'abord mis en évidence trois modèles d'équipe différents :
– celles qui ne réfléchissent pas et qui ne changent pas – quatre équipes se trouvent dans cette catégorie (cadres intermédiaires, de service et de production) ;
– celles qui réfléchissent mais ne réalisent aucun changement – on retrouve deux équipes (direction et de développement de produit) ;
– celles qui réfléchissent et opèrent des changements – six équipes sont concernées.

De plus la dimension interpersonnelle, et en particulier la perception du pouvoir, a été identifiée comme une variable à l'origine de ces trois modèles:
1) Dans les équipes de la première catégorie, les idées des membres ne sont pas prises en considération par le responsable et celui-ci impose ses opinions. Les membres privilégient alors des objectifs de protection de soi plutôt que des objectifs collectifs, et minimisent une interdépendance dans la tâche.
2) Dans les équipes capables de réflexion et de changement (catégorie 3), le pouvoir est soit absent, soit atténué par le leader. Celui-ci encourage les débats, et une interdépendance forte existe au niveau de la tâche, créant ainsi de nombreuses opportunités de collaboration pour améliorer les processus d'équipe.
3) La situation des équipes de la catégorie 2 est plus complexe. D'après l'analyse, les membres se trouvent face à deux possibilités: soit ils s'expriment pour contribuer mais prennent le risque de dire quelque chose d'erroné; soit ils ne s'expriment pas mais sont alors sanctionnés. La solution choisie a été de privilégier des conversations abstraites, ne mettant ainsi personne en danger tout en respectant les normes de participation.

En plus de la variable du pouvoir, la nature du rôle de l'équipe au sein de l'organisation semble jouer un rôle. En effet, quatre équipes sont formées pour créer de nouvelles options alors que les huit autres sont initiées pour améliorer des capacités existantes et non pas forcément en créer de nouvelles. L'AO peut alors être considéré comme un ensemble de processus d'apprentissage, au service de buts de création ou d'amélioration de processus organisationnel.

Frédérique Rebetez

Référence: A.C. Edmondson, «The local and variegated nature of learning in organizations: a group-level perspective», *Organization Science*, 2002, vol. 13, n° 2, p. 128-146.

## NOTES

1. G. Le Boterf, *Construire les compétences individuelles et collectives*, Paris, Éditions d'Organisation, 2000.
2. J. Dewey, *Logic: the Theory of Inquiry*, New York, Henry Holt, 1938. Réédité in J.A. Boydston (dir.), *John Dewey, the later Works, 1925-1953. Volume 12: 1938*, Carbondale, Southern Illinois University Press, 2008.
3. S. Billett, « Knowing in practice: re-conceptualising vocational expertise », *Learning and Instruction*, 2001, vol. 11, n° 6, p. 431-452.
4. Ph. Zarifian, *Le Travail et la compétence: entre puissance et contrôle*, Paris, Puf, 2009, p. 159-160.
5. A.N. Leontiev, *The Development of the Mind*, Moscou, Progress Publishers, 1981 (1re publication, 1959).
6. Ph. Lorino, « L'activité collective, processus organisant. Un processus discursif fondé sur le langage pragmatiste des habitudes », *Activités*, à paraître.
7. J. Dewey, *op. cit.*
8. H. Tsoukas, « A dialogical approach to the creation of new knowledge in organizations », *Organization Science*, 2009, vol. 20, n° 6, p. 941-957.
9. P.M. Shields, « The community of inquiry: classical pragmatism and public administration », *Administration & Society*, 2003, vol. 35, n° 5, p. 510-538.
10. E. Wenger, R. McDermott et W.M. Snyder, *Cultivating Communities of Practice: a Guide to Managing Knowledge*, Boston, Harvard Business School Press, 2002.
11. L.S. Vygotski, *Pensée et langage*, Paris, La Dispute, 1997 (1re publication, 1934).
12. A.N. Leontiev, *op. cit.*
13. R. Demeestere, V. Genestet et Ph. Lorino, *Réconcilier la stratégie et l'opérationnel: l'approche « processus-compétences »*, Lyon, Éditions de l'ANACT, 2006.
14. Ph. Lorino, « A pragmatic and interpretive approach to competence-based management: the case of a telecommunications company », in R. Sanchez (dir.), *Research in Competence-based Management. Volume 4: a focused Issue on fundamental Issues in Competence Theory Development*, Bingley, JAI Press, 2008, p. 219-257.
15. É. Durkheim, *De la division du travail social*, Paris, Puf, coll. « Quadrige », 2013 (1re publication, 1893).
16. P.M. Shields, *op. cit.*

# Chapitre 17
# Travailleurs âgés et apprentissage dans l'entreprise

**Caroline Meurant et Isabel Raemdonck**

## Pourquoi l'apprentissage des travailleurs est-il important ?

Dans les sociétés modernes, les perspectives d'emploi pour les travailleurs âgés sont faibles. En effet, les entreprises préfèrent se reposer sur les travailleurs plus jeunes, jugés plus performants. Cependant le vieillissement de la population touchant la majorité des pays développés engendre un défi considérable : de plus en plus de travailleurs âgés constituent la force de travail. Or la perspective à l'égard des travailleurs âgés est souvent négative : perçus comme moins capables d'apprendre, ils reçoivent moins d'opportunités d'apprentissage.

Ce manque d'accès à l'apprentissage risquerait de mener à l'obsolescence des compétences et les amener alors à quitter prématurément le marché de l'emploi, volontairement ou non. Récemment, une perspective positive a vu le jour dans les recherches, se focalisant sur les forces des travailleurs âgés et sur ce qu'ils peuvent apporter aux entreprises. Cette perspective positive se reflète également dans le monde de l'emploi, avec la présence de campagnes de sensibilisation à l'égard de cette population.

## Vers une tentative de définition du travailleur âgé

Lorsque l'on s'intéresse au champ de l'apprentissage des travailleurs âgés, une première étape consiste à s'entendre sur la signification du concept de « travailleur âgé ». Du côté de la littérature scientifique, aucun consensus n'a jusqu'à présent été adopté par les chercheurs. Le seul point d'accord est de se référer à un seuil, en termes d'âge chronologique, qui détermine le passage dans la catégorie des travailleurs âgés. Selon les études considérées, le seuil d'âge peut se situer à quarante-cinq, cinquante ou cinquante-cinq ans. Ce manque de clarification est une source de difficulté pour les chercheurs et les professionnels. En effet, en fluctuant dans leur conception du travailleur âgé, les différentes recherches n'englobent pas toujours la même population d'individus, ce qui peut expliquer la variation des résultats. En outre, plus le seuil d'âge pour inclure un individu dans la catégorie des travailleurs âgés est bas, plus on inclut des personnes différentes dans une catégorie dont on suppose que les membres partagent des caractéristiques communes.

Ce problème est d'autant plus important que la population des travailleurs âgés est particulièrement hétérogène par rapport aux groupes d'individus plus jeunes. Face à cette hétérogénéité, certains auteurs ont suggéré d'incorporer des mesures alternatives de l'âge chronologique, comme l'âge perçu ou l'ancienneté dans l'entreprise, afin de nuancer le critère d'inclusion d'un individu dans la catégorie des travailleurs âgés.

## Changements physiques et cognitifs affectant les capacités d'apprentissage

Avant de s'interroger sur la question de la motivation à apprendre des travailleurs âgés, il est intéressant de s'arrêter sur la question de leurs capacités à apprendre. Todd J. Maurer et ses collègues ont montré qu'en général, on a tendance à penser que les travailleurs âgés ont des capacités d'apprentissage réduites par rapport aux travailleurs plus jeunes, et ce notamment à cause du déclin général associé à l'âge et au vieillissement[1]. Ce type de stéréotype est encore à ce jour assez répandu parmi les professionnels, mais qu'en est-il des recherches empiriques sur le sujet ?

Souvent, les travailleurs âgés sont perçus comme plus lents lorsqu'il s'agit de réaliser une tâche d'apprentissage, et éprouvant plus de difficultés que leurs jeunes collègues à atteindre un même niveau de performance à l'issue de la formation. Cette croyance est en cohérence avec l'idée d'un ralentissement et du fonctionnement cognitif avec l'âge. La psychologie du développement montre effectivement que certaines composantes cognitives ont tendance à décliner avec l'âge. Selon John L. Horn et Raymond B. Cattell, les aptitudes cognitives peuvent être regroupées en deux catégories : l'intelligence fluide et l'intelligence cristallisée[2]. L'*intelligence fluide* désigne le raisonnement souple qui sous-tend les capacités de raisonnement. Elle est associée à la mémoire de travail, au raisonnement abstrait et au traitement des informations nouvelles, toutes trois étant des compétences importantes dans le cadre de l'apprentissage. Cette forme d'intelligence est sensible à l'âge et commence à décroître à partir de vingt-cinq ans. L'*intelligence cristallisée* recouvre quant à elle les connaissances que l'individu accumule. Elle n'est pas affectée négativement par l'âge et tend même à augmenter au fil de la vie. Concernant l'impact de ces changements cognitifs sur les capacités d'apprentissage, une méta-analyse publiée en 1996 indique que les travailleurs âgés ont généralement besoin d'un laps de temps plus long pour accomplir les tâches d'apprentissage et qu'ils atteignent une maîtrise moins pointue du contenu de la formation[3].

Un autre déclin pouvant affecter les capacités d'apprentissage concerne le système sensoriel. Avec l'âge, les capacités visuelles et auditives décroissent progressivement. Ainsi, des travailleurs âgés pourraient éprouver des difficultés si le support écrit de la formation comporte une police d'écriture trop petite. En cas de déficit auditif, des travailleurs âgés pourraient aussi éprouver des difficultés à suivre les échanges lors d'une discussion de groupe ou d'un *workshop*.

Même s'il s'avère que l'être humain est confronté à des pertes cognitives et sensorielles dues au vieillissement et que les travailleurs âgés obtiennent des performances moins élevées à l'issue des activités de formation, le lien de causalité entre déclin cognitif et capacité à apprendre a été rela-

**Le lien de causalité entre déclin cognitif et capacité à apprendre a été relativisé dans la littérature.**

tivisé dans la littérature. D'un point de vue méthodologique, les études sur le déclin cognitif sont réalisées en contexte de laboratoire. Or, ces effets sont surestimés en comparaison aux situations de terrain. La méta-analyse évoquée plus haut souligne également l'impact considérable du contexte, du format de l'activité d'apprentissage et de la nature des tâches à réaliser[4]. Par exemple, dans les situations où ils peuvent apprendre à leur propre rythme, les travailleurs âgés réalisent des performances similaires à celles des travailleurs plus jeunes. Il en est de même lorsqu'ils se trouvent dans des situations de formation relatives à leur domaine d'expertise. D'après les travaux de Margaret E. Beier et Phillip L. Ackerman, l'expertise joue un rôle direct sur la performance d'apprentissage, tandis que les capacités d'intelligence fluide et cristallisée n'ont qu'un impact indirect sur cette performance[5].

Un autre aspect à considérer lorsqu'on parle de déclin cognitif concerne les stratégies de compensation élaborées par les individus pour dépasser les pertes cognitives. Dans leur ouvrage *Successfull Aging*, Paul B. Baltes et Margret M. Baltes ont posé les bases de ce qu'on appelle les *stratégies de sélection-compensation-optimisation*[6]. Ces stratégies SOC sont un processus de régulation face aux pertes de nature cognitive, physique et sociale liées au vieillissement : en sélectionnant certaines activités qui sont importantes à leurs yeux, en optimisant les compétences liées à ces tâches et en développant des stratégies de compensation leur permettant de dépasser les effets du déclin (voir l'encadré).

> Les stratégies de sélection-compensation-optimisation sont un processus de régulation face aux pertes de nature cognitive, physique et sociale.

Une question qui est encore floue est celle de l'âge à partir duquel l'impact du déclin se fait ressentir sur les capacités cognitives, et notamment sur les capacités à apprendre des travailleurs. Selon la psychologie développementale, ce déclin concerne majoritairement les personnes de soixante-dix ans et plus. Nous sommes donc bien au-delà de l'âge des travailleurs âgés, qui se situe entre quarante-cinq et soixante-cinq ans. Ruth Kanfer et Phillip L. Ackerman appellent d'ailleurs à la réflexion quant à un réel impact des capacités cognitives sur les capacités à apprendre des travailleurs âgés et renvoient aux questions de la motivation et de l'intérêt des individus[7].

## EN PRATIQUE : L'OPTIMISATION SÉLECTIVE AVEC COMPENSATION : UNE STRATÉGIE POUR FAVORISER L'APPRENTISSAGE DES TRAVAILLEURS ÂGÉS ?

La théorie de la *sélection-optimisation-compensation* est un modèle issu de la psychologie du développement tout au long de la vie. Cette théorie repose sur le postulat selon lequel, à tout moment de la vie, les ressources d'un individu sont limitées. L'une des causes de cette limitation des ressources est imputable aux changements liés à l'âge. En effet, le développement humain est marqué, à chaque stade, par une série de gains (par exemple, augmentation des connaissances) et de pertes (par exemple, moindre rapidité de la vitesse de traitement). Avec l'âge, la balance entre les gains et les pertes devient de moins en moins positive. Ce changement de dynamique entre gains et pertes amènerait l'individu à mettre en place des stratégies de régulation, visant à maximiser les gains et à minimiser les pertes. L'optimisation sélective avec compensation est l'une de ces stratégies.

La *sélection* désigne le processus par lequel l'individu choisit de concentrer ses efforts sur certains buts et certaines tâches, en fonction de ses valeurs, de sa motivation et des contraintes imposées par l'environnement. L'*optimisation* consiste à développer des moyens pour améliorer son fonctionnement et ainsi permettre d'atteindre les buts choisis. Enfin, la *compensation* concerne les aménagements de l'individu pour pallier les pertes de capacité et les obstacles qu'il rencontre dans l'accomplissement des buts sélectionnés.

Bien que ce sujet n'ait pas encore été abordé dans la littérature empirique, les stratégies de sélection, d'optimisation et de compensation semblent pouvoir s'appliquer au domaine de l'apprentissage et de la formation des travailleurs âgés. En effet, lorsque l'on interroge des travailleurs âgés en situation d'apprentissage, il n'est pas rare de constater qu'ils utilisent ce type de stratégie.

Dans le contexte de l'apprentissage, une stratégie de *sélection* souvent rapportée par les travailleurs âgés consiste à se concentrer sur un domaine ou une tâche d'apprentissage en particulier. Par exemple, un travailleur âgé pourrait décider de se concentrer sur l'acquisition de compétences en informatique et renoncer à l'apprentissage d'une nouvelle langue. Les raisons qui amènent à ce choix sont variées : le fait d'être déjà familier avec ce domaine, de pouvoir l'utiliser dans sa vie privée, etc.

Les stratégies d'*optimisation* ont souvent été rapportées par les travailleurs âgés. Beaucoup d'entre eux choisissent d'investir plus de temps et d'efforts pour accomplir efficacement une tâche d'apprentissage, soit en étalant leur formation sur un laps de temps plus long, soit en passant plus de temps à revoir le contenu de l'activité d'apprentissage. Une employée âgée expliquait notamment avoir aménagé son emploi du temps de façon à disposer de plusieurs heures au quotidien, au moment où elle se sent la plus efficace, pour revoir la matière exposée en formation. Un autre étudiant passait quant à lui beaucoup de temps à entraîner ses compétences en anglais en lisant chaque soir un roman anglophone.

Enfin, les stratégies de *compensation* peuvent revêtir différentes formes. L'un des travailleurs interviewés nous a par exemple confié utiliser un dictaphone pendant les cours, ce qui lui permet de pallier d'une part son déficit auditif et d'autre part son manque de rapidité dans la prise de notes. Un autre travailleur essayait systématiquement de prendre place dans les premiers rangs afin de voir correctement le contenu du diaporama projeté par le formateur.

Comme l'illustrent ces exemples, la mise en place de stratégies de sélection, d'optimisation et compensation pourrait favoriser les travailleurs âgés face à l'apprentissage. En conscientisant les travailleurs âgés des bienfaits de telles stratégies, leur sentiment d'efficacité pourrait être renforcé, les encourageant ainsi à participer davantage aux activités de formation au même titre que les autres travailleurs.

Référence : P.B. Baltes et M.M. Baltes, « Psychological perspectives on successful aging : the model of selective optimization with compensation », in P.B. Baltes et M.M. Baltes (dirs.), *Successful Aging: Perspectives from the behavioral Sciences*, Cambridge, Cambridge University Press, 1990, p. 1-34.

## Déclin de la motivation à apprendre avec l'âge : mythe ou réalité ?

Au cours des dernières années, les recherches autour des travailleurs âgés et de leurs capacités d'apprentissage n'ont cessé de croître. Parmi les recherches réalisées dans ce champ, la perspective d'un déclin, à la fois de la motivation à apprendre et des attitudes et comportements liés à l'apprentissage, a émergé comme idée dominante. Cette perspective d'un déclin de la motivation à apprendre est soutenue par deux courants principaux. La théorie de la *sélectivité socio-émotionnelle*, développée par Laura L. Carstensen, est une première théorie permettant de rendre compte de ce changement de motivation avec l'âge[8]. Pour l'expliquer, elle se centre sur la perception qu'ont les individus du temps qu'il leur reste à vivre. Ainsi, la théorie de la sélectivité socio-émotionnelle justifierait le déclin de la motivation à apprendre par le fait que les travailleurs âgés, se rapprochant du seuil de la retraite, perçoivent leur temps au travail comme limité et se focalisent sur des choses qui sont émotionnellement significatives pour eux et sur des buts orientés vers le court terme.

Dans le contexte professionnel, cette théorie sous-tendrait que la perception qu'a une personne du temps de travail qu'il lui reste (avant la retraite) influencerait ses objectifs professionnels. Un jeune travailleur serait donc plus orienté vers l'acquisition de connaissances et de compétences par rapport à un travailleur se percevant plus proche de la retraite. Ce dernier serait davantage soucieux de ses états émotionnels et favoriserait son bien-être psychologique. De fait, ce désengagement des travailleurs âgés devrait résulter en une moindre motivation à apprendre et à se former. Cependant, comme le souligne Laura L. Carstensen, ce n'est pas l'âge en soi qui permet de rendre compte de cette réorganisation des buts, mais bien la façon dont on perçoit ses perspectives futures. Une jeune personne atteinte d'une maladie peut donc être orientée vers le présent et présenter un même pattern qu'un individu plus âgé.

Alors que le cadre théorique de Laura L. Carstensen se centre sur la perception de temps, la théorie de Ruth Kanfer et Phillip L. Ackerman repose sur les changements liés à l'âge dans la cognition de l'individu, que ce soit en termes de perte, de gain ou de réorganisation[9]. Par exemple, comme nous l'avons indiqué dans le point précédent, les capacités liées à l'intelligence fluide sont réduites tandis que l'intelligence cristallisée s'accroît avec l'âge. Selon les deux chercheurs, ces changements cognitifs ont une influence sur la motivation au travail. D'abord, à cause du ralentissement cognitif, les travailleurs âgés doivent fournir de plus hauts niveaux d'effort pour atteindre un même niveau de performance en comparaison aux travailleurs plus jeunes. En outre, ayant généralement atteint un certain niveau d'accomplissement professionnel, ils perçoivent moins d'utilité à atteindre de hauts niveaux de performance et sont moins attirés par les récompenses qui en découlent – par exemple une promotion, des primes, etc. Enfin, les travailleurs âgés estiment moins utile de fournir d'importants efforts pour atteindre une performance élevée, en raison d'un déclin dans l'intensité des intérêts vocationnels. Ceci résulterait donc en un déclin de la motivation à apprendre au travail.

Bien que ces fondements théoriques soient largement développés, il n'existe aujourd'hui que très peu de tests empiriques pour évaluer l'impact réel de l'âge sur un éventuel déclin de la motivation à apprendre. Même si certaines études indiquent un déclin des intentions d'apprendre à mesure que l'âge augmente, d'autres auteurs n'ont pas obtenu des résultats similaires et pointent les faiblesses méthodologiques de ce type d'étude. À l'heure actuelle, des recherches approfondies sont encore nécessaires pour éclaircir cette question.

> **Les capacités liées à l'intelligence fluide se réduisent tandis que l'intelligence cristallisée s'accroît avec l'âge.**

## Vers une perspective positive du travailleur âgé

Une grande partie des recherches menées sur l'apprentissage des travailleurs âgés se sont centrées sur leur faible taux de participation aux activités de formation et sur les facteurs expliquant cette tendance. Ces dernières années, des recherches se sont cependant inscrites dans une perspective plus positive vis-à-vis du travailleur âgé et de l'apprentissage. Comme nous l'avons mentionné précédemment, malgré le déclin de certaines capacités cognitives liées à l'apprentissage, les travailleurs âgés disposent d'une plasticité cognitive et sont toujours capables d'apprendre.

**Les travailleurs âgés seraient intéressés par l'apprentissage et conscients de l'importance de tenir à jour leurs compétences.**

Bien qu'une majorité des études sur les différences d'âge dans l'apprentissage professionnel mettent en évidence une relation négative entre l'âge et les attitudes et comportements d'apprentissage, d'autres soutiennent l'idée d'un lien non significatif. Notamment, il n'y aurait pas de différence d'âge dans la capacité à percevoir les bénéfices liés à la participation aux activités d'apprentissage. De plus, les travailleurs âgés seraient intéressés par l'apprentissage et conscients de l'importance de tenir à jour leurs compétences.

## Un domaine qui reste à explorer

Malgré un intérêt grandissant pour la question de l'apprentissage des travailleurs âgés, de nombreuses zones d'ombre persistent dans la compréhension de leur motivation à apprendre dans un contexte professionnel. Par exemple, les caractéristiques des entreprises et leur impact sur la motivation à apprendre ont largement été délaissés dans les recherches.

Une première limite des recherches qui peut être soulignée concerne leur façon d'aborder les notions d'âge et d'apprentissage. Comme nous l'avons déjà indiqué précédemment, le concept de travailleur âgé varie beaucoup à travers les études. Il en est de même lorsque l'on parle d'apprentissage. Les activités prises en considération peuvent prendre de nombreuses formes, comme des séminaires, des cours mais également des lectures personnelles, l'assignation de nouvelles tâches, un *feedback* de la part d'un superviseur ou un échange entre collègues. Toutes ces activités revêtent des aspects spécifiques qui ne sont généralement pas pris en compte dans les études empiriques.

De plus, beaucoup de recherches se sont concentrées sur les perceptions des travailleurs âgés pour comprendre le faible taux de participation de ces travailleurs aux activités d'apprentissage. Or, elles manquent d'informations émanant d'acteurs tels que les directions des ressources humaines, les managers, les responsables de formation, etc., pour pleinement comprendre ce phénomène.

## Quels sont les obstacles à l'apprentissage des travailleurs âgés ?

Plusieurs éléments peuvent faire obstacle à l'apprentissage et au développement des travailleurs âgés dans l'entreprise. Bien qu'ils soient distinguables d'un point de vue théorique, ces obstacles sont plus difficiles à dissocier dans la pratique et viennent souvent se renforcer les uns les autres.

Un premier obstacle à souligner est l'*image stéréotypée* des travailleurs âgés au sein de l'entreprise. Souvent perçus comme moins capables d'apprendre, moins flexibles et plus résistants face aux nouvelles technologies, les managers sont plus réticents à les inclure dans les programmes de formation et de développement. Les croyances stéréotypées peuvent également influencer le comportement des travailleurs âgés eux-mêmes. Ces croyances pourraient les amener à adopter des comportements supposés appropriés à leur stade de carrière et donc à se conformer aux attentes véhiculées par les stéréotypes. Selon Todd J. Maurer, ces croyances stéréotypées peuvent affecter le sentiment d'efficacité et donc la motivation à apprendre et à se former[10].

> Un premier obstacle à souligner est l'*image stéréotypée* des travailleurs âgés au sein de l'entreprise.

D'après une recherche menée par Mathieu Gaillard et Donatienne Desmette, les stéréotypes peuvent avoir une influence considérable sur les intentions d'apprendre des travailleurs âgés ainsi que sur leur motivation à quitter prématurément le monde de l'emploi[11]. Selon cette étude, l'effet des stéréotypes sur les attitudes des travailleurs âgés peut donc différer, en fonction de la façon dont ils sont orientés. Lorsque les stéréotypes sont axés sur les aspects négatifs, comme le manque de flexibilité, les intentions d'apprendre et de continuer à travailler sont plus faibles. Au contraire, lorsque les travailleurs âgés sont exposés à des stéréotypes positifs (axés, par exemple, sur leur capacité à utiliser leur expérience), ceux-ci manifestent plus d'intention d'apprendre et de rester actifs dans le monde du travail.

Dans les entreprises, les travailleurs âgés disposent de *moins d'opportunités d'apprendre et de se développer* par rapport à leurs collègues. D'une part, les managers préfèrent leur assigner des tâches plus routinières, pour lesquelles ils peuvent utiliser des compétences déjà établies. Perçus comme moins efficaces pour réaliser des tâches complexes et nouvelles, ils sont moins concernés par les transitions de fonction et l'assignation de tâches complexes. Or, ce type d'assignation, par son caractère stimulant, constitue une véritable opportunité d'apprentissage et de développement. D'autre part, les travailleurs âgés disposent d'un accès plus restreint aux formations et activités d'apprentissage. Souvent, les entreprises évitent de les inclure dans les programmes de formation, étant perçus comme moins disposés à apprendre. De plus, du fait de la proximité avec l'âge de la retraite, les managers perçoivent un faible retour sur investissement de la formation. Par conséquent, le fait de ne pas disposer d'un travail stimulant et d'un accès équitable à la formation peut affecter la motivation des travailleurs âgés pour apprendre.

**Le faible taux de participation des travailleurs âgés aux activités d'apprentissage peut être imputable à leur *manque d'expérience antérieure d'apprentissage*.**

Leur faible taux de participation aux activités d'apprentissage peut également être imputable à leur *manque d'expérience antérieure d'apprentissage*. Un travailleur qui compte un certain nombre d'expériences positives liées à l'apprentissage se sent généralement plus efficace face aux nouvelles situations d'apprentissage, et est donc plus enclin à y prendre part. Puisqu'ils participent moins aux formations, les travailleurs âgés n'ont pas la possibilité de développer de telles expériences. En outre, ils atteignent généralement de plus faibles niveaux de performance à l'issue des formations. Ces expériences négatives vis-à-vis de la performance pourraient être à l'origine d'un sentiment d'anxiété et de peur de l'échec lors des situations d'apprentissage futures, et ainsi avoir un impact négatif sur la motivation à y participer.

Enfin, les recherches démontrent que les travailleurs âgés sont moins susceptibles de recevoir du *support social* de la part de leur supérieur hiérarchique, de leurs collègues et de leur entourage en ce qui concerne le développement et l'amélioration de leurs compétences. Ils reçoivent peu de support et d'encouragement dans la poursuite dans telles activités. De plus, ils ont moins d'occasion d'échanges avec leurs collègues plus jeunes et leur réseau social est généralement moins étendu. Or, les travailleurs âgés seraient plus sensibles que les plus jeunes à la pression sociale et accorderaient plus d'importance au support social. Ce manque de soutien pourrait donc influencer leur disposition à s'engager dans des activités d'apprentissage et de développement.

## Implications pour les professionnels

Plusieurs recommandations pratiques peuvent être tirées des recherches empiriques[12] ainsi que des communications publiées par des organismes tels que la Communauté européenne[13] ou l'OCDE. Elles demandent cependant à être considérées au regard des spécificités de chaque entreprise et du climat organisationnel qui y règne.

Une première recommandation est de « conscientiser » les travailleurs et managers à la question de la discrimination des travailleurs âgés et à l'importance de la diversité des âges au sein de l'entreprise. Il serait donc judicieux que les managers – et les travailleurs en général – prennent conscience des stéréotypes véhiculés dans l'entreprise et de leur impact sur différentes variables motivationnelles, dont la motivation à apprendre. Certains auteurs suggèrent également de véhiculer une culture d'entreprise prônant la tolérance zéro vis-à-vis de la discrimination et d'encourager les travailleurs à éviter les remarques relatives à l'âge. En outre, au regard des études réalisées sur les stéréotypes, il peut être bénéfique de valoriser une image positive des travailleurs âgés par rapport à l'apprentissage, et de souligner leur contribution à l'efficacité de l'entreprise. Les managers peuvent ainsi espérer augmenter leur confiance en soi et par conséquent leur motivation à apprendre.

Dans la continuité de cette prise de conscience, les chercheurs appellent à la prise en compte des besoins individuels lorsqu'il s'agit de créer des activités d'apprentissage. Les décisions d'inclure des travailleurs dans un programme de formation devraient se faire à partir de leurs capacités et caractéristiques individuelles, et non sur la base de leur appartenance à un groupe et des stéréotypes qui y sont liés. Certains auteurs suggèrent de favoriser la construction de plans de carrière lors de discussions entre managers et employés et d'encourager la formulation d'objectifs à long terme.

Les recherches ont également conduit à plusieurs recommandations vis-à-vis des caractéristiques des activités d'apprentissage proposées en entreprise. Les activités d'apprentissage informel seraient davantage prisées par les travailleurs âgés. Ils seraient aussi plus sensibles aux climats de coopération et d'échange. Les employeurs peuvent donc créer des espaces privilégiés d'échange entre les travailleurs

**Les décisions d'inclure des travailleurs dans un programme de formation devraient se faire à partir de leurs capacités et caractéristiques individuelles.**

de différentes générations, ainsi que des activités telles que le parrainage, le mentorat ou encore le travail en équipe sur des projets stimulants. D'après certaines études, les travailleurs âgés préfèrent suivre des formations en petit groupe, favorisant les interactions avec le formateur et les autres apprenants. Il est rassurant de pouvoir partager les expériences de travail et les problèmes qu'ils rencontrent dans le cadre de leur fonction. Favoriser les échanges entre travailleurs favoriserait donc l'échange de connaissances et permettrait de cette façon de connecter apprentissage formel et informel.

Les employeurs devraient également prêter attention à ce que ces travailleurs bénéficient d'opportunités d'apprentissage équivalentes à leurs collègues – en veillant à les inclure dans les programmes de formation et d'apprentissage et à faciliter leur accès à des tâches nouvelles, plus complexes ; en encourageant la rotation des postes et les mouvements horizontaux dans la hiérarchie, afin de varier les tâches et fournir ainsi des opportunités d'apprentissage et de développement « on the job ». Cette technique d'apprentissage est d'ailleurs prisée par les travailleurs, préférant apprendre « sur le tas » que dans des situations d'apprentissage formel, de type plus « scolaire ».

## Conclusion

**Beaucoup d'éléments restent à explorer pour répondre à la problématique du déclin de leur participation aux activités d'apprentissage.**

Malgré l'expansion de ce domaine de recherche et le regain d'intérêt pour les travailleurs âgés, beaucoup d'éléments restent à explorer pour répondre à la problématique du déclin de leur participation aux activités d'apprentissage. Face à une force de travail vieillissante et à un environnement changeant, il devient nécessaire de faire prendre conscience aux employeurs des obstacles évoqués dans ce chapitre et de travailler ensemble, entre chercheurs et praticiens, à une meilleure place dans l'entreprise pour le travailleur âgé.

## NOTES

1. T.J. Maurer, K.A. Wrenn et E.M. Weiss, « Toward understanding and managing stereotypical beliefs about older workers' ability and desire for learning and development », *Research in Personnel and Human Resources Management*, 2003, vol. 22, n° 3, p. 253-285.
2. J.L Horn et R.B. Cattell, « Age differences in fluid and crystallized intelligence », *Acta Psychologica*, 1967, vol. 26, p. 107-129.
3. J.E. Kubeck et coll., « Does job-related training performance decline with age ? », *Psychology and Aging*, 1996, vol. 11, n° 1, p. 92-107.
4. J.E. Kubeck et coll., *op. cit.*
5. M.E. Beier et P.L. Ackerman, « Age, ability and the role of prior knowledge on the acquisition of new domain knowledge », *Psychology and Aging*, 2005, vol. 20, n° 2, p. 341-355.
6. P.B. Baltes et M.M. Baltes (dirs.), *Successful Aging : Perspectives from the behavioral Sciences*, Cambridge, Cambridge University Press, 1990.
7. R. Kanfer et P.L. Ackerman, « Aging, adult development and work motivation », *Academy of Management Review*, 2004, vol. 29, n° 3, p. 440-458.
8. L.L. Carstensen, « The influence of a sense of time on human development », *Science*, 2006, vol. 312, n° 5782, p. 1913-1915.
9. R. Kanfer et P.L. Ackerman, *op. cit.*
10. T.J. Maurer et N.E. Rafuse, « Learning, not litigating : managing employee development and avoiding claims of age discrimination », *The Academy of Management Executive*, 2001, vol. 15, n° 4, p. 110-121.
11. M. Gaillard et D. Desmette, « (In)validating stereotypes about older workers influences their intentions to retire early and to learn and develop », *Basic and Applied Social Psychology*, 2010, vol. 32, n° 1, p. 86-98.
12. K. Vanmullem et A. Hondeghem, « Training the older worker », *Paper for the 5th International Conference of the Dutch HRM Network*, novembre 2007.
13. European Commission, *New Perspectives for Learning. Briefing Paper 21, Lifelong Learning for older Workers*, 2001.

# Conclusion

### Étienne Bourgeois et Sandra Enlart

Notre parcours, entamé par l'examen des sorts divers qu'ont connus quelques discours et pratiques emblématiques de la formation en entreprise ces dernières années, s'est poursuivi par une analyse de pratiques émergentes aujourd'hui, et s'est bouclé par l'examen de travaux théoriques et empiriques mettant en lumière des enjeux particulièrement importants pour penser l'apprentissage dans l'entreprise aujourd'hui. Mais ce travail ne prétend pas pour autant être exhaustif. D'autres questions n'ont sans doute pas reçu toute l'attention qu'elles auraient méritée dans notre analyse. En guise de prolongement possible des réflexions amorcées ici, nous voudrions évoquer brièvement quelques-unes de ces questions nouvelles, d'ordre très divers.

Premier point, n'a été finalement que très peu abordée la question de la définition et du périmètre de ce que l'on appelle « entreprise » aujourd'hui, comme espace d'apprentissage. Tout d'abord, nous n'avons pas précisé de quelle entreprise nous parlons : une petite structure d'une dizaine de personnes n'a rien à voir avec un groupe multinational, un sous-traitant automobile ne ressemble pas à un magasin d'alimentation ou à une agence bancaire. Ensuite, les entreprises elles-mêmes, pour la plupart, sont devenues des espaces à

**Apprendre dans l'entreprise**

géométrie variable, physiquement et organisationnellement éclatés en de multiples entités plus ou moins largement dispersées, plus ou moins lâchement coordonnées. Ce que l'on appelle l'entreprise « éclatée » depuis une quinzaine d'années est devenue une réalité qui suppose un regard particulier sur la formation. Enfin, les nouvelles technologies de l'information et de la communication, comme on l'a vu, n'ont fait que compliquer davantage encore la donne. Où sont les lieux de travail ? Qu'est-ce qu'un collectif quand il n'a plus de réalité physique et qu'il se joue entièrement à distance ?

**Qu'en est-il aujourd'hui de l'« organisation apprenante » ou du « contexte organisationnel » de l'apprentissage ?**

Dès lors, dans ces contextes multiples, qu'en est-il aujourd'hui de l'« organisation apprenante » ou du « contexte organisationnel » de l'apprentissage ? Reconnaître la dimension sociale de l'apprentissage est évidemment absolument essentiel. Mais si l'on veut ne pas réduire cette dimension à l'espace micro-social du « collectif de travail » – et à la problématique du lien entre apprentissage et interaction sociale –, comment concrètement prendre en compte le niveau méso-social de l'« organisation » et du « contexte organisationnel » pour comprendre l'apprentissage ?

Deuxième point : nous avons voulu centrer notre réflexion sur l'apprentissage dans l'entreprise ; pourtant, nous savons bien que l'apprentissage que le sujet peut réaliser autour de son activité dans l'entreprise n'en ignore pas moins les frontières. Comme nous avons pu le montrer par ailleurs à propos de la formation formelle[1], l'apprentissage en réalité se noue essentiellement au croisement de ce que le sujet expérimente à l'intérieur de l'espace de la formation et en dehors, de ce que le sujet vit au moment de la formation et de ce qu'il a vécu dans son passé. De même, on pourrait raisonnablement penser que l'apprentissage chez le collaborateur se réalisera à l'intersection de ce qu'il vit dans l'entreprise et au-dehors, au plan tant synchronique que diachronique. La question devient plus épineuse encore s'agissant de collaborateurs suivant une formation à l'extérieur de l'entreprise. Ce deuxième point rejoint, du point de vue individuel, ce que nous évoquions plus haut au sujet des formes organisationnelles éclatées : quels sont finalement les lieux et les temps qu'il faut considérer comme de l'apprentissage dans l'entreprise ? Comment imaginer les restreindre alors même que l'individu vit dans des univers toujours plus poreux et sans frontières ?

Troisièmement, sur un tout autre plan, le processus d'apprentissage a été très largement abordé ici sous un angle principalement cognitif – et, jusqu'à un certain point, conatif –, laissant quelque peu dans l'ombre les dimensions affectives et corporelles de l'apprentissage. Même si nous avons insisté sur le rôle des émotions dans les stratégies de rappel mnésique (voir le chapitre 11), la place nous manquait ici pour aborder cet immense chantier, tant pour la recherche que pour les pratiques. Au niveau de la recherche, le sujet est actuellement en pleine ébullition, s'agissant d'explorer les interactions, de jour en jour plus étroites et complexes, entre cognition, affect et corps. Il est plus que temps donc de sortir d'une vision par trop cognitiviste de l'apprentissage si l'on veut vraiment prétendre en saisir toute la dynamique et la complexité. Mais en affirmant cela, on mesure d'emblée les questions nouvelles que cela pose pour les pratiques d'accompagnement et de formation dans l'entreprise : comment prendre efficacement en compte ces dimensions dans les dispositifs et les pratiques destinés à faire apprendre, sans pour autant tomber dans le piège et les dérives de démarche intrusive de « colonisation » du sujet dans ce qu'il peut avoir de plus intime ? Ces questions se posent dans un contexte largement caractérisé par une dissolution problématique des frontières entre privé et public, et par ce que Nicole Aubert a qualifié de *tyrannies de la visibilité*[2].

> Il est plus que temps donc de sortir d'une vision par trop cognitiviste de l'apprentissage.

Dans le même registre, on pourrait davantage s'interroger sur le rôle du langage dans l'apprentissage. Nous avons vu que tout apprentissage ne passe pas nécessairement par des démarches d'explicitation. Certains rétorqueront que toute démarche de pensée, fût-elle implicite ou non consciente, suppose par essence la mobilisation de catégories langagières, même s'il s'agit, le cas échéant, de langage intérieur[3]. Ce débat reste entièrement ouvert à l'heure actuelle, et ses implications pratiques n'en sont pas moins importantes pour la formation en entreprise, bon nombre de dispositifs prétendant justement favoriser l'explicitation et de la prise de conscience, par le recours systématique à l'expression verbale de l'expérience vécue. D'autres travaux en cours tendent à montrer que les technologies de l'information et de la communication pourraient favoriser des apprentissages rapides et inconscients, qui ne feraient pas appel au langage directement et pourraient néanmoins nourrir *a posteriori* des capacités d'analyse et de verbalisation.

Le quatrième « angle mort » de notre travail concerne la question de l'apprentissage auprès d'une population particulière, en l'occurrence les travailleurs âgés (à l'exception du chapitre 17, dédié à cette thématique). Nous aurions pu tout aussi bien la poser à propos d'autres publics, définis sur d'autres paramètres. Nous pensons en particulier à la question du genre – les femmes dans l'entreprise –, des jeunes, à celle du niveau de qualification – les publics dits « faiblement qualifiés », tout comme les « hauts potentiels » –, de la fonction – la problématique des dirigeants a été seulement évoquée dans un encadré –, ou encore la dimension culturelle – interculturalité, publics issus de l'immigration, etc. Ces questions en lien avec l'entreprise ont surtout été abordées sous un angle socio-économique (équité, égalité, etc.), nettement moins sous l'angle de l'apprentissage. Un vaste chantier, là encore, est ouvert.

> On ne peut qu'être interpellé par l'ampleur et la profondeur des bouleversements engendrés par l'explosion des TIC.

Enfin, *last but not least*, comme cela a abondamment été souligné dans l'ouvrage, on ne peut qu'être interpellé par l'ampleur et la profondeur des bouleversements engendrés par l'explosion – si récente et si rapide à l'échelle de l'histoire de l'humanité – des technologies de la communication et de l'information. Ces changements se jouent à la fois au plan des modes d'organisation du travail et, plus fondamentalement, des modes d'interaction et de relation entre les individus, ainsi que, dans une mesure que l'on apprécie sans doute encore mal aujourd'hui, des façons de communiquer et de penser dans l'entreprise – comme en dehors, d'ailleurs. Faudra-t-il encore parler d'apprentissage dans le monde de demain[4]? On peut en débattre. Pour certains, peut-être va-t-on un peu vite en besogne en prenant pour acquis l'idée même de bouleversement « copernicien » des processus d'apprentissage, et partant des nouvelles pratiques de formation qui devraient s'imposer aujourd'hui, résultant de cette (r)évolution technologique, si inédite soit-elle. Du moins s'agirait-il d'examiner de façon fine et minutieuse la nature des éventuels changements réellement induits et là où précisément ils se produisent. Bien sûr, il ne faut pas être grand clerc pour constater à quel point cette évolution technologique et son impact sur le travailler, le communiquer et le vivre ensemble, ont également affecté les *modalités* d'apprentissage, les situations et les conditions dans lesquelles on apprend aujourd'hui dans un lieu comme l'entreprise. S'agit-il uniquement de modalités ou est-ce la signification même de ce qu'est apprendre qui est en train d'évoluer? Au-delà de cette diversité et de cette nouveauté, jusqu'à quel point assiste-t-on aujourd'hui à une véritable mutation des *processus* d'apprentissage eux-mêmes ? Croyons-nous réellement que nous allons nous mettre à penser si différemment de nos illustres ancêtres de l'Antiquité ou de la Renaissance ? Que l'apprentissage deviendra réellement *autre chose* qu'un processus, le plus souvent inconfortable, de mise en question de nos certitudes, nos croyances, nos habitudes de penser et d'agir ? Autre chose qu'une rencontre avec l'Autre, quelle que soit la manière, médiate ou immédiate, dont il se présente à nous ? Autre chose qu'un labeur, tantôt pénible, tantôt joyeux, mais qui nécessitera toujours l'engagement cognitif, émotionnel et comportemental du sujet, c'est-à-dire aussi du sens et de la confiance ? Tout ceci est en débat et devra être regardé attentivement dans les années à venir. Et quoi qu'il en soit, cette question n'est pas purement philosophique. Elle est aussi et surtout empirique, méritant un examen minutieux et sans préjugés idéologiques, qu'ils relèvent d'une frileuse et flemmarde position conservatrice ou à l'inverse, d'une fascination et d'une foi aveugles dans les vertus du « progrès », de l'« innovation », du « changement » comme fins en soi. Et cela prend du temps et de la patience.

Et nous reviennent alors en mémoire ces lignes écrites par Antoine de Saint-Exupéry il y a près de quatre-vingts ans, dans le contexte que l'on sait de plein essor de l'ère industrielle, et notamment d'avènement technologique de l'aviation :

> Chaque progrès nous a chassés un peu plus loin encore d'habitudes que nous avions à peine acquises, et nous sommes véritablement des émigrants qui n'ont pas fondé encore leur patrie. Nous sommes tous de jeunes barbares que nos jouets neufs émerveillent encore. Nos courses d'avion n'ont point d'autre sens. Celui-là monte plus haut, court plus vite. Nous oublions pourquoi nous le faisons courir. La course, provisoirement, l'emporte sur son objet. Et il en est toujours de même. Pour le colonial qui fonde un empire, le sens de la vie est de conquérir. Le soldat méprise le colon. Mais le but de cette conquête n'était-il pas l'établissement de ce colon ? Ainsi, dans l'exaltation de nos progrès, nous avons fait servir les hommes à l'établissement des voies ferrées, à l'érection des usines, au forage de puits de pétrole. Nous avions un peu oublié que nous dressions ces constructions pour servir les hommes. Notre morale fut, pendant la durée de la conquête, une morale de soldat. Mais il nous faut, maintenant, coloniser. Il nous faut rendre vivante cette maison neuve qui n'a point encore de visage. La vérité, pour l'un, fut de bâtir, elle est, pour l'autre, d'habiter[5].

**Il nous sera impossible d'éviter la dimension politique de nos sujets, renvoyant au modèle de société que nous souhaitons construire ensemble.**

Et nous revient ainsi, obstinée et lancinante, la question seulement évoquée – et laissée en suspens – dans l'introduction : celle des *finalités* de l'apprendre dans l'entreprise. Car il nous sera finalement impossible d'éviter la dimension *politique* de nos sujets, renvoyant sans cesse au modèle de société que nous souhaitons construire ensemble. Apprendre, oui ; apprendre différemment, sans doute ; mais pour bâtir collectivement quelle maison ? Quelle maison veut-on réellement habiter dans l'entreprise de demain ?

Genève et Paris, mai 2013

## NOTES

1. É. Bourgeois et J. Nizet (dirs.), *Regards croisés sur l'expérience de formation*, Paris, L'Harmattan, 1999.
2. N. Aubert et C. Haroche (dirs.), *Les Tyrannies de la visibilité*, Toulouse, Erès, 2011.
3. G. Claxton, « Mindfulness, learning and the brain », *Journal of Rational-Emotive & Cognitive-Behavior Therapy*, 2005, vol. 23, n° 4, p. 301-314.
4. S. Enlart et O. Charbonnier, *Faut-il encore apprendre ?*, Paris, Dunod, 2010.
5. A. de Saint-Exupéry, *Terre des hommes*, Paris, La Pléiade, 1953, p. 199.

# Liste des auteurs

**Mireille Bétrancourt**, professeure, Université de Genève

**Isabelle Bosset**, assistante doctorante, Université de Genève

**Étienne Bourgeois**, professeur, Université de Genève

**Philippe Carré**, professeur, Université Paris-Ouest Nanterre-La Défense

**Olivier Charbonnier**, directeur général, Interface

**Laurent Cosnefroy**, professeur, École normale supérieure de Lyon

**Maud Dégruel**, founding manager, D-Sides@work

**Sandra Enlart**, directrice générale, Entreprise & Personnel, directrice de recherche, Université Paris-Ouest Nanterre-La Défense

**Pauline Fatien Diochon**, maître de conférences, IAE de Lyon

**Pascale Fotius**, directrice de projets, Entreprise & Personnel

**Stéphane Jacquemet**, chargé d'enseignement, Université de Genève

**Philippe Lorino**, professeur, ESSEC Business School

**Sophie Marsaudon**, directrice de projets, Entreprise & Personnel

**Caroline Meurant**, doctorante, Université catholique de Louvain

**Cecilia Mornata**, maître-assistante, Université de Genève

**Anne Muller**, doctorante au CREF Université Paris-Ouest Nanterre

**Aine O'Donnell**, directrice de projets, Entreprise & Personnel

**Jean Nizet**, professeur, Université de Namur, Université catholique de Louvain

**Sophie Pagès**, directrice de projets, Entreprise & Personnel

**Daniel Peraya**, professeur, Université de Genève

**Isabel Raemdonck**, professeure, Université catholique de Louvain

**Frédérique Rebetez**, collaboratrice chargée de formation, HEP de Lausanne

**Nicolas Szilas**, maître d'enseignement et de recherche, Université de Genève

**Maryannick Van Den Abeele**, responsable des projets et expérimentations QVT, Groupe La Poste

**Michel Van Den Abeele**, consultant, accompagnement de managers

Cet ouvrage a été composé par IGS-CP

Achevé d'imprimer chez SoBook le 29-09-2020

Linselles - France

N° impression : 649 078